LES SOEURS MAÇONNES

RÉVÉLATIONS COMPLÈTES
SUR LA FRANC-MAÇONNERIE

LÉO TAXIL

LES SOEURS MAÇONNES

PARIS
LETOUZEY ET ANÉ, ÉDITEURS
17, RUE DU VIEUX-COLOMBIER, 17

AU LECTEUR

Et pourquoi donc hésiterai-je ?...

Il y a vingt ans à peine, le président d'une des Loges de Paris, le F.·. Charles Fauvety, Vénérable de la R.·. L.·. la Renaissance, *se trouvant pris tout à coup d'un accès de pudeur, éprouvant le besoin de protester, auprès de ses collègues de la secte, contre certain fait qui lui paraissait par trop honteux pour la Franc-Maçonnerie, écrivait ces lignes, qui n'étaient point destinées à être lues par un autre public que celui des Loges :*

« *Le Temple de notre chère Maçonnerie Française rappelle assez exactement ces temples de la Babylone antique, consacrés à Vénus Mylitta, dont l'enceinte était encombrée de femmes faisant aux étrangers l'hommage de leurs charmes... La Maçonnerie et la prostitution travaillent ainsi de compagnie et comme deux forçats rivés à la même chaîne.* »

Et, pour que les initiés auxquels il s'adressait ne pussent se méprendre sur le sens de ses paroles, le F.·. Fauvety ajoutait, à sa protestation maçonnique, cette note significative :

« *Qu'il me soit permis de reproduire ici le tableau que trace*

Hérodote des mœurs antiques dont je parle. Le rapprochement est curieux; car il y a entre ce qui se passait à Babylone et ce qui se passe à Paris des points de ressemblance vraiment frappants.

« *Toute femme, née dans le pays, rapporte Hérodote, est « obligée de se rendre, une fois dans sa vie, au temple de « Vénus pour s'y livrer à un étranger. Plusieurs d'entre elles « se font porter devant le temple dans des chars. Là, elles se « tiennent assises, ayant derrière elles les domestiques qui les « ont accompagnées; mais la plupart s'asseoient dans la pièce « dépendant du temple de Vénus, avec une couronne de ficelles « autour de la tête. Les unes arrivent, les autres se retirent. « On voit en tous sens des allées séparées par des cordages « tendus; les étrangers se promènent dans ces allées et choi- « sissent les femmes qui leur plaisent le plus. Quand une « femme a pris place en ce lieu, elle ne peut retourner chez « elle sans que quelque étranger lui ait jeté de l'argent sur « les genoux et ait eu commerce avec elle hors du lieu sacré. « Il faut que l'étranger lui dise :* J'invoque la déesse « Mylitta. *Quelque modique que soit la somme, il ne peut « éprouver aucun refus.* » (Clio, *livre Ier, paragraphe 199.*)

A cette protestation du Vénérable de la Loge la Renaissance, *le Grand Orient de France, par la plume du F.·. François Favre, l'un de ses membres haut gradés, répondit en traitant le F.·. Fauvety de « transfuge du Rite Misraïm, passé depuis trop peu de temps au Grand Orient pour avoir pu étudier la question », etc. La réponse des chefs du Rite Français, de même que l'écrit qui l'avait provoquée, ne franchit pas le seuil des Ateliers Maçonniques, et le public profane ignora, de la sorte, une discussion qui était de nature à l'édifier sur la moralité de la secte.*

Or donc, je crie aujourd'hui au public ce qu'un Maçon récalcitrant murmurait en 1866 au public restreint, au public des Loges.

Et je ne me contente pas d'établir un parallèle entre le temple contemporain de la Maçonnerie et les temples antiques de Vénus Mylitta. Je fais mieux : je dévoile, malgré le dégoût qui m'envahit, toutes les turpitudes de la plus abominable des sociétés secrètes.

Oui, il faut qu'on le sache bien, la Franc-Maçonnerie ne se contente pas d'intrigues politiques ; elle vise encore à la démoralisation la plus complète de l'humanité. Elle n'est pas seulement une association ténébreuse de gredins se poussant les uns les autres au pouvoir, trompant, frustrant et volant le peuple ; elle est aussi la lie de la race humaine, un cloaque d'immondices, une plaie honteuse et cachée, une pourriture dévorante formée et entretenue par les plus infâmes débauches.

Et cette bourbe infecte a la prétention de monter à la surface et de corrompre tout ce qui est pur !

Et cette ordure se déclare sacrée !

Et cette purulence ose s'intituler Vertu !

Dans quel temps vivons-nous ? Dans quel abîme sommes-nous tombés ? Jusqu'à quels siècles arriérés rétrograderons-nous encore ?

Quoi ! le retour à la prostitution selon la mode babylonienne constituerait le progrès, tel que l'entend une secte qui a l'ambition de dicter au monde ses lois ?

Mais, que dis-je ? Le culte de la Vénus Mylitta est chaste et pudique auprès de celui du Grand Architecte ! Les Babyloniennes n'étaient obligées à se livrer qu'une fois dans leur vie ; c'est à toute heure, c'est sans cesse, sans répit, sans merci ni grâce, c'est toujours et toujours que le vice des Frères Maçons étreint et brise ses victimes, les Sœurs Maçonnes !

Pauvres femmes !...

Ah ! si mon indignation ne saurait trop éclater pour flétrir leurs corrupteurs, je n'éprouve, par contre, à l'égard de ces malheureuses, qu'une immense pitié.

Afin de mieux clouer au pilori les Francs-Maçons, j'ai dû publier la liste des principaux d'entre eux. Mais on comprendra la réserve que je garde, quant à la question de personnes, vis-à-vis des infortunées qui sont les tristes jouets d'une horde maudite et sans pudeur. Pour atteindre la Maçonnerie des Dames, il suffit de déchirer le voile qui, jusqu'à ce jour, recouvrait ses réunions mystérieuses ; il est inutile, et il serait, au surplus, peu galant pour un Français, d'arracher les masques de nos Sœurs Maçonnes. Je m'abstiendrai donc, au cours de cet ouvrage, de toute allusion à l'égard de n'importe quelle individualité.

Et même, pour qu'on ne puisse m'accuser de couvrir indistinctement tous les Maçons du même opprobre, je considère comme un devoir de déclarer, au début de ce livre, œuvre de calme et de vérité, que les rites androgynes ne sont pas pratiqués dans toutes les Loges ; qu'il est des Vénérables qui se sont abstenus et s'abstiennent d'adjoindre aux sociétés présidées par eux ces sérails de tolérance nommés Ateliers d'Adoption ; enfin, que, malgré l'envahissement de l'obscène dans la Maçonnerie, il est encore quelques honnêtes naïfs, emboîtant le pas au F∴ Fauvety et bornant leurs travaux à la politique.

Malheureusement, malgré ces rêveurs dévoyés, envers et contre ces aveugles, l'œuvre de corruption maçonnique accroît chaque jour ses ravages secrets, s'élargit d'heure en heure comme une tache d'huile, étend sans cesse de plus en plus sa gangrène hideuse qu'elle décore du nom de Morale Indépendante.

Et partout la secte immonde se glisse; partout, hypocrite, elle réussit à se faire protéger.

Et les gouvernements, qui cependant surveillent la prostitution des bouges, ferment les yeux sur celle des Loges.

Et c'est pourquoi il n'est que temps de mettre en garde les gens honnêtes, de pousser la clameur d'alarme, de sonner le tocsin pour appeler la société à se défendre contre le plus terrible de tous les feux.

Mères françaises, cachez vos filles; voici les Francs-Maçons qui passent!

L. T.

Paris, le 1er Mai 1886.

POST-SCRIPTUM. — La publication de mes deux derniers ouvrages, *les Frères Trois-Points* et *le Culte du Grand Architecte*, a jeté le désarroi dans nos Loges. Quelques démissions se sont produites. D'autre part, des mauvais plaisants, mettant à profit mes renseignements, se sont amusés à aller assister à des réunions maçonniques. Aussi, grande est la colère chez les Enfants de la Veuve.

Le principal organe de la secte, la *Chaine d'Union*, constatant avec épouvante que les adorateurs du Grand Architecte ne se trouvent plus en sûreté dans leurs temples, publiait, en tête de son numéro de février 1886, la note suivante :

« Depuis quelque temps, des publications et des indiscrétions malsaines peuvent faciliter l'entrée de nos réunions à des personnes qui sont étrangères à notre Institution. Le vrai moyen de ne pas s'exposer à recevoir dans nos Loges d'indignes personnages, n'est point de se contenter du tuilage, du mot de semestre, etc., etc., toutes choses qui peuvent être divulguées, mais d'exiger des Visiteurs non connus qui se présentent, l'*exeat* de leur Loge, ou la dernière quittance des cotisations acquittées, et enfin leur signature, pour la comparer avec le *ne varietur* de leur diplôme. Nos honorables ennemis auront beau puiser alors dans les divulgations de Léo Taxil et *tutti quanti*, ils en seront pour leur frais et toute leur honte bue; leurs dignes acolytes resteront à la porte de nos Temples. »

Ainsi, ce qui met en rage les odieux sectaires, ce n'est pas qu'on raconte leurs infamies, c'est qu'on fournisse au public le moyen de pénétrer dans leurs antres et d'assister à leurs abominables mystères.

D'autre part, à la fin de décembre 1885, les autorités supérieures de la Maçonnerie ont changé les mots dits de semestre, conformément à l'usage.

Voici donc les mots nouveaux, qui sont en vigueur à cette heure dans les Loges françaises :

Pour les Loges dépendant du Grand Orient de France, les mots sont : *Isis, Immensité.*

Pour les Loges dépendant du Suprême Conseil du Rite Ecossais, les mots sont : *Hugo, Humanité.*

Pour les Loges dépendant du Souverain Conseil Général du Rite de Misraïm, les mots sont : *Emancipation, Egalité.*

Ces mots, bien que dits semestriels, sont valables jusqu'au 24 décembre 1886.

I

PRÉLIMINAIRES

A la fin de mon premier ouvrage sur la Franc-Maçonnerie, une question a été posée :

— Les Frères Trois-Points ont-ils des Sœurs ?

Et, répondant affirmativement, j'ai expliqué le sens de certaine phrase que prononce le Vénérable de chaque Loge, en s'adressant à un Compagnon nouvel initié, le jour de sa réception :

« — Vous avez à présent cinq ans, dit le Vénérable au néophyte du 2e degré ; cet âge vous rend apte à visiter les Loges d'Adoption, où tout se fait par cinq. »

Les Loges dites d'Adoption sont des Loges de Dames. Les Apprentis Maçons n'y sont pas admis, et même on leur en cache avec soin l'existence. En effet, l'Apprentissage, dans la Franc-Maçonnerie, est une assez longue période d'épreuve ; pendant le temps qui s'écoule entre sa première initiation et son admission au Compagnonnage, tout membre de la secte est, de la part de ses Frères, l'objet d'une surveillance secrète des plus assidue, d'un espionnage incessant : les chefs occultes ne le font parvenir au second degré qu'une fois qu'ils se sont convaincus que l'on peut, sans crainte d'indiscrétion, poursuivre son éducation maçonnique.

Or, en ce qui concerne les Loges d'Adoption, la Franc-Maçonnerie a grand besoin de pouvoir compter sur le silence de ses adeptes. Rien n'est plus immoral que les « Amusements Mystérieux » des Ateliers féminins; en de nombreux points, leurs rituels rappellent les infâmes turpitudes du sabbat des sorciers au moyen âge.

La date de la création des Loges de Dames est assez incertaine.

A ce sujet, un des auteurs de la secte, le F.·. Clavel, s'exprime ainsi, dans son *Histoire Pittoresque de la Franc-Maçonnerie* :

« Vers 1730, dit-il, fut installée la Franc-Maçonnerie des femmes. On ignore quel en fut l'inventeur : mais elle fit sa première apparition en France, et c'est bien évidemment un produit de l'esprit français. Les formes de cette Maçonnerie n'ont toutefois été fixées définitivement qu'après 1760, et elle ne fut reconnue et sanctionnée par le corps administratif de la Maçonnerie qu'en l'année 1774. »

Aujourd'hui, les Sœurs Maçonnes « travaillent » dans tous les pays où existent des Ateliers de Frères Trois-Points; Maçonnerie féminine et Maçonnerie masculine vont de pair.

Au siècle dernier, il se produisit, de 1779 à 1787, dans plusieurs États de l'Allemagne, un mouvement d'opinion contre la secte. Un certain nombre de gouvernements ordonnèrent des enquêtes, notamment celui du prince palatin Charles-Théodore qui occupa avec quelque éclat le trône de Bavière (1777-1799).

Ces recherches amenèrent la découverte de beaucoup d'écrits de Weishaupt, le plus ardent propagateur de la

Maçonnerie en Allemagne, et des principaux sectaires. De hauts personnages se trouvèrent compromis. Parmi les chefs figuraient le baron Dittfurth, conseiller à la Chambre Impériale de Wetzlar, le conseiller aulique Zwack et le baron Knigge, fondateur du Rite Eclectique (Grande Loge de Francfort).

Ces chefs correspondaient entre eux sous des noms supposés. Weishaupt avait adopté le nom d'*Hercule*, Dittfurth, celui de *Minos*, Zwack, celui de *Caton*, Knigge, celui de *Philon*.

Le document qu'on va lire, saisi à Landshut le 11 octobre 1786, fournit des renseignements curieux sur les débuts de la Maçonnerie féminine chez nos voisins d'outre-Rhin.

Minos, faisant fonction de Provincial, expose au Suprême Conseil de sa juridiction l'état de sa province et mentionne, à cette occasion, le projet formé par *Hercule* :

« *Hercule* a en tête le projet d'ériger une École Minervale. Ce projet mérite la plus sérieuse considération. J'ai souvent eu cette pensée moi-même, et j'en ai parlé plusieurs fois à *Philon*. Les femmes exercent une trop grande influence sur les hommes pour que nous puissions réformer le monde si nous ne réformons les femmes. Mais comment l'entreprendre ? Là est toute la difficulté.

« Les dames adultes, les mères surtout, qui sont imbues de préjugés, souffriront-elles que d'autres s'occupent de l'éducation de leurs filles ? Il faut donc commencer par des demoiselles et par des dames d'un certain âge.

« *Hercule* propose d'y employer l'épouse de *Ptolémée Lagus* (1), et je n'ai pas d'objection à y faire. Moi, je

---

(1) On n'a pas pu découvrir quel personnage se dissimulait sous le pseudonyme de *Ptolémée Lagus*.

propose mes quatre belles-filles. Ce sont de bonnes demoiselles. L'aînée, principalement, a tout ce qu'il faut : elle a vingt-quatre ans, a beaucoup lu et est bien au-dessus de tous les préjugés. En fait de religion, elle pense comme moi. »

Il est bon de savoir que le baron Dittfurth était matérialiste.

« Mes belles-filles, continue-t-il après cet éloge de son aînée, ont beaucoup de connaissances parmi les demoiselles de leur âge, et une petite société, sous la direction de l'épouse de *Ptolémée-Lagus*, serait bien vite formée. Mais il leur faut quelque chose qui leur serve de règle et qui les stimule : un rite, une réception, des mystères, etc. Cela devrait être conforme au but et en même temps leur présenter un attrait ; il faudrait cinq ou six grades.

« Les hommes ne devraient pas être admis à leurs réunions. L'épouse de *Ptolémée-Lagus* correspondrait seule avec son époux, mais à l'insu des autres ; l'aînée de mes filles serait régente et correspondrait avec moi. Ce serait à nous à veiller en cachette à ce qu'aucune indigne ne fût admise ; à nous, aussi, de leur suggérer quelques compositions.

« Mais qui arrangera ces grades pour la Maçonnerie des Dames ?... Il existe un recueil intitulé *Dames-Maçonnerie* (1) ; on pourrait se modeler là-dessus... Si l'on me procure un cahier de grades convenablement confectionné, je vous garantis que tout sera organisé en peu de temps. »

Dans un autre rapport maçonnique, celui-ci émanant du conseiller aulique Zwack, il est dit :

« Cet ordre (la Maçonnerie des Dames) aura deux

---

(1) Il s'agit sans doute ici d'un rituel français.

classes, formant chacune leur société, ayant même chacune leurs secrets à part. La première classe sera composée de femmes vertueuses; la seconde, de femmes volages, légères, voluptueuses.

« Les-unes et les autres devront ignorer qu'elles sont dirigées par des hommes.

« Les Frères, chargés de les diriger, leur feront parvenir leurs leçons, sans se laisser connaître. Ils conduiront les premières par la lecture de bons livres (Helvétius, Rousseau, Diderot, Voltaire, Mirabeau, etc.), et les autres en les formant à l'art de satisfaire secrètement leurs passions. »

Voilà le grand mot lâché.

L'objet et l'utilité des Sœurs Maçonnes sont exposés en ces termes :

« L'avantage que l'on peut se promettre de cet Ordre, serait de procurer au véritable Ordre, d'abord, tout l'argent que les Sœurs commenceraient par payer, et ensuite tout ce qu'elles promettraient de payer pour les mystères auxquels on aurait à les initier. Cet établissement servirait encore à arriver à la connaissance de certains secrets, à trouver des protections par l'intermédiaire des Sœurs, à satisfaire ceux des Frères qui ont du penchant pour les plaisirs. »

A ce plan, signé *Caton*, le conseiller Zwack avait joint le portrait caractéristique de quatre-vingt-quinze demoiselles ou dames de Mannheim, sur lesquelles Weishaupt et ses complices pensaient pouvoir compter pour fonder cette Maçonnerie annexe.

M. Amand Neut, qui a traduit et publié ces documents saisis par le gouvernement du prince de Bavière, ajoute, après les avoir reproduits :

« L'extrême immoralité de Weishaupt et de ses principaux adeptes perce dans bien des endroits de leur correspondance (1). »

Le projet de corruption systématique des mœurs, qui est un des buts de la Franc-Maçonnerie, éclate dans tous les rapports des chefs de la secte, à quelque pays qu'ils appartiennent.

En Italie, où les Loges dites d'Adoption pullulent, il en est comme en France et comme en Allemagne. De nombreux auteurs ont cité la correspondance, particulièrement édifiante, du F.·. Piccolo, dit Piccolo-Tigre, membre de la Haute-Vente romaine en 1822, et, bien que cette correspondance, dont l'authenticité n'a jamais été contestée, ait déjà été publiée à plusieurs reprises (2), je ne puis résister au désir de la mettre sous les yeux de mes lecteurs ; cette nouvelle reproduction d'un document, absolument écrasant pour la secte, établira, dès le début, mieux que toute dissertation personnelle, ce que cet ouvrage va démontrer.

Le F.·. Piccolo, un des chefs de la Maçonnerie Forestière italienne, écrivait donc, le 18 janvier 1822, ce qui suit, à son collègue le F.·. Vindice :

« L'essentiel est d'isoler l'homme de sa famille, de lui en faire perdre les mœurs. Il est assez disposé, par la pente de son caractère, à fuir les soins du ménage, à courir après de faciles plaisirs et des joies défendues. Il aime les longues causeries du café, l'oisiveté des spectacles.

« Entraînez-le, soutirez-le, donnez-lui une importance quelconque. Apprenez-lui discrètement à s'ennuyer de ses travaux journaliers, et, par cette manœuvre,

---

(1) *La Franc-Maçonnerie*, tome Ier, douzième série, document n° 1.

(2) Saint-Albin, *les Francs-Maçons ;* Crétineau-Joly, *l'Église romaine et la Révolution ;* N. Deschamps et Claudio Jannet, *les Sociétés Secrètes*.

après l'avoir séparé de sa femme et de ses enfants et lui avoir montré combien sont pénibles tous les devoirs, vous lui inculquez le désir d'une autre existence.

« L'homme est né rebelle. Attisez cette flamme de rébellion jusqu'à l'incendie ; mais que l'incendie n'éclate pas. C'est une préparation à la grande œuvre de rébellion que vous devez commencer.

« Quand vous aurez insinué dans quelques âmes le dégoût de la famille et de la religion, — l'un va presque toujours à la suite de l'autre, — laissez tomber certains mots qui provoqueront le désir d'être affilié à la Loge la plus voisine. Cette vanité du citadin ou du bourgeois de s'inféoder à la Franc-Maçonnerie a quelque chose de si banal et de si universel que je suis toujours en admiration devant la bêtise humaine.

« J'entendais dernièrement un de nos amis rire d'une manière philosophique de nos projets, et me dire : « Pour détruire le catholicisme, il faut commencer par « supprimer la femme ». Le mot est vrai dans un sens ; mais, puisque nous ne pouvons supprimer la femme, corrompons-la.

« Le but est assez beau pour tenter des hommes tels que nous. Ne nous en écartons pas pour quelques misérables satisfactions de vengeance personnelle. Le meilleur poignard pour frapper l'Église au cœur, c'est la corruption. A l'œuvre donc, jusqu'à la fin ! »

A ce style brutal, on reconnaît bien le cynisme mazzinien, impudence audacieuse et sans voiles. Le chef de la Jeune Italie n'eût pas écrit autrement. Nos Maçons français, au contraire, quand ils exposent leurs desseins, emploient un langage plus artificieux.

Mais ce n'est point ici le lieu de faire l'histoire de la Franc-Maçonnerie. Après ce rapide coup d'œil sur les origines des Loges dites d'Adoption, arrivons à la divulgation des « travaux » en honneur, de nos jours, chez les Sœurs Maçonnes.

Tout d'abord, disons comment sont organisés, actuellement, les Ateliers de Dames.

Dans le principe, un certain nombre de Loges d'Adoption portaient un titre distinctif, différent de celui de la Loge Symbolique (masculine) sur laquelle l'Atelier féminin était souché; car, chaque Loge d'hommes, tel est le système, a le droit de créer et de s'annexer une Loge de femmes. Telles furent les Loges : la *Candeur*, la *Fidèle Maçonne*, les *Cœurs Constants*, le *Val d'Amour*, *Belle et Bonne*, la *Sainte-Caroline*, etc. Mais, des scandales ayant éclaté, il fut décidé que, pour sauver désormais les apparences, les Ateliers féminins demeureraient complètement dans l'ombre et n'auraient plus une personnalité à part. En conséquence, — et c'est là la pratique d'aujourd'hui, — les Loges d'Adoption n'ont plus d'autres titres que ceux des Ateliers masculins auxquels elles sont inféodées. Les lettres de convocation sont même adressées aux Sœurs par le Secrétaire de la Loge d'hommes.

Voici un spécimen de ces convocations :

R∴ L∴ (*Nom de la Loge*).

UNION. — SILENCE. — VERTU

L'an le jour du mois
Climat de (*Nom de la Ville*).

T∴ C∴ S∴

Vous êtes priée, de la part des FF∴ qui composent la R∴ L∴ (*Nom de la Loge*), de leur faire la faveur de venir orner et embellir leurs Climats, le jour du mois (ère vulgaire : le), à heures du soir, au Jardin de l'Amitié, rue .

Ils réuniront leurs efforts, T:·: C:·: S:·:, pour vous donner des preuves de leur affection fraternelle, tendre et maçonnique.

Leur désir est de vous plaire; leur espérance est de vous amuser; leur récompense sera d'y réussir.

Il y aura Fête d'Adoption, bal et spectacle.

Soit que vous acceptiez ou non, T:·: C:·: S:·:, vous êtes priée de faire réponse au F:·: Secrétaire avant le

Je suis, par les serments qui nous unissent,

T:·: C:·: S:·:

Votre affectionné Frère :

(*Signature du Secrétaire de la Loge, suivie de son adresse personnelle.*)

ICI
le timbre
de
la loge.

Pour tenir cette organisation tout à fait secrète, les Annuaires Maçonniques n'indiquent pas celles d'entre les Loges d'hommes qui se sont adjoint une Loge de femmes. Cependant, chaque Atelier d'Adoption possède une Grande Maîtresse, une Sœur Inspectrice, une Sœur Dépositaire et d'autres dignitaires du sexe féminin, ainsi qu'on va le voir par la suite. Les Annuaires de la secte sont muets sur ce point, et pour cause.

On peut évaluer, en moyenne, à soixante pour cent, le nombre des Loges d'hommes ayant une Loge de femmes annexée. Cette proportion est énorme et ne tend qu'à grandir. Il y a là un danger moral qu'on ne saurait trop signaler.

La liturgie des Loges d'Adoption n'est pas uniforme. Ainsi que les Frères Trois Points, les Sœurs Maçonnes procèdent de diverses manières à leurs « travaux », c'est-à-dire à leurs « Amusements Mystérieux ». Les rites de la Maçonnerie des Dames sont nombreux et variés.

Toutefois, comme une étude complète de chaque rite féminin m'entraînerait à écrire plusieurs volumes sur une matière, au surplus, très délicate, je ne m'étendrai que sur le rite intitulé Rite Moderne, dont les cérémonies sont, les plus en usage, à cette heure, dans la Maçonnerie de tous les pays, y compris la France. Je donnerai, en gazant de mon mieux, un bref aperçu des autres rites ; les pères de famille me sauront gré d'avoir mis en latin la clef de tous ces secrets infâmes, attendu qu'un auteur, qui, dans un intérêt de moralité publique, révèle les honteux mystères de la Franc-Maçonnerie, doit prévoir le cas où, par accident, son livre tomberait entre des mains innocentes.

Le Rite Moderne d'Adoption, malgré son titre, remonte au dernier siècle. L'un de ses manuels, imprimé en 1787 et dû au F∴ Guillemain de Saint-Victor, est, à peu de chose près, semblable au manuel dont on se sert de nos jours, lequel, dû au F∴ Ragon, a été imprimé pour la première fois en 1861, se vend couramment à cette heure dans les librairies maçonniques et figure sur les catalogues du Suprême Conseil et du Grand Orient de France. En outre, les catéchismes de la Maçonnerie d'Adoption, qui font partie du *Manuel général de Maçonnerie* du F∴ Teissier, 33e, manuel imprimé en 1884 avec approbation des hautes puissances dogmatiques à trois et cinq points, ces catéchismes, dis-je, s'accordent exactement avec les rituels des FF∴ Guillemain et Ragon et en consacrent le permanent usage.

Les autres rites pratiqués, dont je parlerai ensuite sommairement, sont ceux-ci :

Le Rite Égyptien dit *de Cagliostro ;*

Le Rite du Mont-Thabor ou *des Sœurs Écossaises ;*

Le Rite Palladique, Compagnes de Pénélope ou Palladium des Dames ;

Le Rite des Mopses ;

Le Rite de la Félicité ou *des Félicitaires ;*

Le Rite des Fendeurs et des Fendeuses (particulier à la Maçonnerie Forestière) ;

Le Rite des Feuillantes ou *des Dames Philéides:*
Le Rite de la Persévérance;
Le Rite des Chevaliers et des Nymphes de la Rose;
Le Rite des Amants du Plaisir.

Tous ces rites, y compris le Rite dit Moderne, sont pratiqués par des Ateliers androgynes, c'est-à-dire par des réunions secrètes d'hommes et de femmes mêlés.

Les plans primitifs de Weishaupt et du baron Ditt-furth, on le voit, n'ont pas été suivis, en ce qui concerne la séparation des deux sexes dans la Franc-Maçonnerie.

II

L'APPRENTIE

La Loge, comme dans la Maçonnerie ordinaire, a la forme d'un rectangle; mais elle est tendue de rouge. Néanmoins, par mesure d'économie, on se sert le plus souvent du temple habituel, avec les tentures de la tenue au premier degré (Apprenti Maçon).

On ne se sert plus des noms des points cardinaux pour désigner les quatre côtés de la salle. L'orient s'appelle le *climat d'Asie;* l'occident ou côté de l'entrée, le *climat d'Europe;* le midi, le *climat d'Afrique;* le nord, le *climat d'Amérique.*

Au climat d'Asie, sont deux fauteuils ou trônes sous un même dais. Devant ces fauteuils est une table ou autel, sur laquellese trouvent unmaillet, une épée nue et les statuts. Sur les côtés, sont placées huit statues ou huit figures peintes représentant la Sagesse, la Prudence, la Force, la Tempérance, l'Honneur, la Charité, la Justice et la Vérité, distinguées par leurs attributs; la Vérité — ai-je besoin de le dire? — n'est là que pour donner un prétexte de faire figurer la représentation d'une femme sans aucun vêtement.

La salle est éclairée par cinq grandes terrines où brûlent des résines produisant une flamme vive et répandant une odeur parfumée. Une grande étoile à cinq rayons, placée à l'Asie, contribue aussi à donner de la lumière.

Les tables, placées devant les dignitaires, sont pentagonales au lieu d'être triangulaires.

Les Sœurs Maçonnes ne s'assemblent jamais seules ; leurs réunions sont toujours ouvertes aux Frères Trois-Points, pourvus au moins du second degré. Aussi, les offices sont-ils doublés en Loge d'Adoption.

Le Vénérable, qui porte, dans ces tenues androgynes, le titre de Grand Maître, siège, au climat d'Asie, auprès de la Grande Maîtresse. A côté du Premier Surveillant, est assise la Sœur Inspectrice, et la Sœur Dépositaire à côté du Second Surveillant ; il en est de même pour les autres fonctions.

N'oublions pas l'Orateur en jupons ou Sœur d'Eloquence, qui siège aux côtés de l'Orateur en culotte ; c'est cette Sœur qui remplit les fonctions de préparatrice des récipiendaires. Notons encore la Sœur Introductrice, qui garde la porte d'entrée en compagnie du Frère Couvreur.

Quant aux Sœurs non dignitaires, elles se placent, les Apprenties, au climat d'Amérique, les Compagnonnes, au climat d'Afrique, et les Maîtresses, indistinctement sur ces deux climats. Frères et Sœurs sont rangés sur deux lignes, de chaque côté, les Sœurs assises sur le premier rang, et les Frères assis derrière elles, l'épée à la main.

Le Tableau de la Loge est un tapis, étalé au milieu sur le carreau de la salle. Il représente, par quatre allégories, les quatre parties du monde dont les noms servent à désigner les côtés du temple, et en outre :

1o l'échelle de Jacob; 2o l'arche de Noé sur le mont Ararat; 3o la tour de Babel; 4o le soleil; 5o la lune.

Les Sœurs sont en toilette de ville, robe blanche. De même que les Maçons, elles portent un petit tablier. il est de peau blanche, doublé et bordé en soie bleue, pour les Apprenties et les Compagnonnes; la bordure et la doublure sont en soie cramoisie, pour les Maîtresses. Tout le monde est en gants blancs, sauf les dignitaires dont les gants sont noirs. Toutes les Sœurs portent en écharpe, de droite à gauche, un cordon bleu moiré. Les Maîtresses se distinguent des Compagnonnes et des Apprenties par une petite truelle d'or suspendue au bout de leur cordon; pas de truelle au cordon des Sœurs des deux premiers degrés, mais un bijou représentant un cœur enflammé et contenant une pomme. Les Compagnonnes ont un voile de gaze qui leur couvre la tête; ce voile les distingue des Apprenties qui ne l'ont pas. Les Sœurs dignitaires portent leur cordon en sautoir; la petite truelle d'or est ainsi suspendue sur leur poitrine. Toutes les Sœurs, sauf les Apprenties, portent, autour du bras gauche, la jarretière de l'Ordre, en satin blanc, doublure bleue; la devise *Silence et Vertu* y est brodée en soie bleue.

Habillement des Frères: habit noir, gilet et pantalons blancs. Toutefois, dans un certain nombre de Loges, les Frères se mettent complètement en noir, tenue de cérémonie. Les Officiers portent les cordons de leurs dignités, et les Frères non dignitaires, ceux de leurs grades. En outre, chacun a un cordon bleu moiré, mis en sautoir, au bas duquel est attaché un bijou en or représentant une petite échelle à cinq échelons.

Quelques instants avant l'ouverture de la séance, la dame ou demoiselle, qui s'est laissé enjôler par la secte, est conduite dans la Chambre des Réflexions. C'est un cabinet, assez semblable à ceux qui servent aux initiations des Frères Trois-Points, mais moins lugubre ; en tout cas, on a soin de ne pas effrayer la récipiendaire par des exhibitions sanglantes. Le réduit en question est seulement lugubre par sa tenture noire et une tête de mort déposée sur la table ; ce qui suffit bien pour chasser les idées gaies que pourrait avoir la prosélyte. Un tabouret est devant la table. Une seule lampe éclaire la pièce. Sur la table, du papier et tout ce qu'il faut pour écrire. Le papier porte, en grosses lettres imprimées, ces trois questions : « Que doit-on à ses père et mère ? Que doit-on à son mari et à ses enfants ? Que doit-on à l'amitié et à la société ? »

Parfois, on place un oiseau sous un bol renversé, et l'on recommande à l'aspirante de ne pas retourner le bol ; mais, le plus souvent, celle-ci, une fois seule, s'empresse de soulever le vase, et l'oiseau s'échappe. Cela fournit au Vénérable le sujet d'un grand discours sur la curiosité, discours qu'il débite à la récipiendaire avec force reproches.

Dès son arrivée, la postulante a donc été conduite, par une Maîtresse des Cérémonies, dans la Chambre des Réflexions. La Sœur, l'ayant fait asseoir sur le tabouret, lui demande si elle a bien réellement le désir d'entrer dans un Ordre aussi respectable que celui dans lequel elle va être admise. Elle s'informe si elle est dans un état de santé convenable, vu qu'elle va passer par d'assez fortes épreuves ; mais, ajoute la fine mouche, ces épreuves n'ont rien de contraire à la bienséance ni à la vertu, et elle lui en donne sa parole au besoin. Elle l'engage à se munir d'une ample provision d'énergie. Elle remplace sa jarretière gauche par un ruban bleu et lui enlève ses boucles d'oreilles, ses manchettes et ses gants. Enfin, elle l'invite à se recueillir et à répondre aux trois questions imprimées ; bientôt, conclut-elle, elle viendra prendre ses réponses.

Tandis que la récipiendaire réfléchit et écrit, la séance s'ouvre.

La Grande Maîtresse, après avoir frappé cinq coups. — Frères et Sœurs Inspecteurs et Dépositaires, le Vénérable Grand Maître et moi engageons nos Frères et nos Sœurs, tant de l'Afrique que de l'Amérique, à vouloir bien se joindre à vous et à nous pour nous aider à ouvrir la Loge d'Apprentie Maçonne, au climat de (*ici le nom de la ville*), sous les auspices de la Respectable Loge (*ici le nom de la Loge d'hommes a laquelle l'Atelier féminin est annexé*), et à faire notre office par cinq.

La Sœur Inspectrice, après avoir frappé cinq coups. — Sœur Dépositaire, Frères et Sœurs de l'Afrique, vous êtes engagés, de la part du Vénérable Grand Maître et de la Grande Maîtresse, à vouloir bien vous joindre à eux et à nous pour les aider, etc.

La Sœur Dépositaire, après avoir frappé cinq coups. — Frères et Sœurs de l'Amérique, vous êtes engagés. etc... (Puis, s'adressant au Premier Surveillant et à la Sœur Inspectrice): Frère et Sœur Inspecteurs, l'annonce est portée sur le climat de l'Amérique.

La Sœur Inspectrice. — Grande Maîtresse, l'annonce est portée sur les deux climats.

La Grande Maîtresse, frappant un coup. — A l'ordre! L'Asie se lève.

La Sœur Inspectrice, frappant un coup. — A l'ordre! L'Afrique se lève.

La Sœur Dépositaire, frappant un coup. — A l'ordre! L'Amérique se lève.

La Grande Maîtresse. — Sœur Inspectrice, quelle est l'attention des Maçons et Maçonnes?

La Sœur Inspectrice. — C'est de veiller à ce que la Loge soit close, Grande Maîtresse.

La Grande Maîtresse. — Vous en êtes-vous assurée?

La Sœur Inspectrice. — Grande Maîtresse, la Loge est close intérieurement et extérieurement.

La Grande Maîtresse. — Sœur Dépositaire, quels sont les devoirs de l'Apprentie Maçonne ?

La Sœur Dépositaire. — Écouter, travailler, obéir e se taire.

La Grande Maîtresse. — Écoutons, travaillons, obéissons et taisons-nous sur nos mystères envers les Profanes !... A moi, Frères et Sœurs de tous les climats, à l'ordre !

Tout le monde se met à l'ordre d'Apprentie Maçonne : On place les deux mains sur la poitrine, la droite sur la gauche et les deux pouces se touchant en forme d'équerre.

La Grande Maîtresse. — Et maintenant, faisons notre office par cinq !

Frères et Sœurs, à cette invite, exécutent la batterie et poussent l'acclamation. Pour cela, chacun frappe dans ses mains cinq coups égaux, puis bat trois fois le bout des doigts en disant tout haut : — Èva ! Èva ! Èva !

La Grande Maîtresse. — Les travaux d'adoption sont ouverts. Portez cette annonce sur vos climats, Sœurs Inspectrice et Dépositaire. Et nous, Frères et Sœurs de l'Asie, prenons place.

L'Asie s'assied.

La Sœur Inspectrice. — Sœur Dépositaire, Frères et Sœurs de l'Afrique, les travaux d'adoption sont ouverts ; prenons place.

L'Afrique s'assied.

La Sœur Dépositaire.—Frères et Sœurs de l'Amérique, les travaux d'adoption sont ouverts ; prenons place.

L'Amérique s'assied.

La Sœur Inspectrice. — Grande Maîtresse, les Frères et les Sœurs ont pris place sur les deux climats.

La Grande Maîtresse. — Sœur Secrétaire, veuillez

nous communiquer l'échelle tracée des derniers travaux.

La Sœur Secrétaire donne lecture de son procès-verbal. En Loge de femmes, on dit : *échelle*, au lieu de : *planche*.

Voici la formule officielle d'une échelle de Loge d'Adoption :

« A la gloire du Grand Soleil de Lumière et sous les Auspices du Grand Orient (ou : du Suprême Conseil) de France.

« Union, silence, vertu.

« L'an maçonnique 58... le jour du mois, la Respectable Loge sous le titre distinctif de (*ici le nom de la Loge d'hommes à laquelle l'Atelier féminin est annexé*), en ses travaux d'adoption régulièrement assemblée par échelles de convocation, en la manière accoutumée, au Jardin d'Éden, les travaux ont été ouverts à l'Asie par le Vénérable Frère Grand Maître (*ici le nom du président de la Loge*), assisté de la Respectable Sœur Grande Maîtresse (*ici le nom de la présidente*), aidés de la Très Aimable Sœur Inspectrice (*ici le nom*), gouvernant le climat d'Afrique, et de la Très Chère Sœur Dépositaire (*ici le nom*), dirigeant le climat d'Amérique, en présence des Frères Officiers, Sœurs Officières, membres de la Respectable Loge.

« *A cette place figure le compte rendu, aussi bref et aussi peu explicatif que possible.*

« Après quoi, les travaux ont été fermés dans le sein de la paix et de l'amitié, les jours et an que dessus. »

Le procès-verbal porte la signature de la Sœur Secrétaire.

Communication de l'échelle tracée ayant été donnée à la Loge, la Sœur Inspectrice, sur l'avis de la Sœur Introductrice, annonce les Visiteurs, s'il y en a dans le parvis. La Grande Maîtresse ordonne leur introduction, les complimente et les fait placer, selon leurs dignités, par les Maîtres et Maîtresses des Cérémonies.

A ce moment, la Sœur d'Éloquence, qui, pendant la lecture du procès-verbal, s'est rendue, en compagnie du Frère Orateur, auprès de la récipiendaire, frappe cinq coups égaux à la porte de la Loge. La Sœur Introductrice répond par cinq autres coups frappés de l'intérieur et lui donne l'entrée.

La Sœur d'Éloquence, tenant à la main les réponses écrites de la postulante. — Respectable Grande Maîtresse, il y a, dans la Chambre des Réflexions, une élève de la sagesse qui aspire à l'honneur d'être reçue Maçonne ; elle a répondu aux trois questions qui lui ont été présentées.

Lecture est faite des réponses de la postulante.

La Grande Maîtresse, ayant demandé et reçu l'assentiment de la Loge pour l'admission de la récipiendaire, après les conclusions favorables de la Sœur d'Éloquence, ordonne la présentation.

La Grande Maîtresse. — Bénissons nos travaux. Nous allons donc donner encore un soutien à la vertu ; nous ne pouvons trop nous en réjouir. Chers Frères et Chères Sœurs, applaudissons.

Tous, en exécutant la batterie. — Èva ! Èva ! Èva !

Il est à remarquer que la Sœur d'Éloquence, seule, est revenue, de la Chambre des Réflexions, apporter à la Loge, les réponses de la récipiendaire. Pendant la délibération de l'Atelier, le Frère Orateur est resté en tête-à-tête, dans le petit cabinet, avec l'aspirante. Les rituels traitent « d'esprits étroits » ceux qui suspecteraient la Franc-Maçonnerie en cette circonstance. A ce sujet, le F.·. Guillemain de Saint-Victor insère en bas de page, dans son rituel, une note qui mérite les honneurs de la reproduction textuelle : « Ceux pour qui la vertu n'est qu'un mot vide de sens, dit-il, pourront exiger qu'il y ait une Sœur Conductrice avec le Frère Orateur; mais quelle honte pour l'humanité ! O mortels, la pureté de vos actions, au moins envers les autres, la sagesse et l'estime ne seront-elles toujours que des chimères parmi vous? » Nous verrons, par la suite de cet ouvrage, ce que valent ces belles protestations de moralité et en quoi consiste la vertu maçonnique. Quand nous en serons au Rite des Chevaliers et des Nymphes de la Rose, nous ferons connaissance avec le Frère Sentiment et la Sœur Discrétion, avec l'Autel de l'Amour et le Bosquet du Mystère, etc.

Quoi qu'il en soit, le Frère Orateur, « qui doit demeurer seul avec la récipiendaire » dans la Chambre des Réflexions, « lui adresse un discours pathétique sur la vertu et sur la charité » (*sic*, dans le rituel). Va pour le discours pathétique !

La Sœur d'Éloquence ayant repris sa place en Loge, la Sœur Dépositaire couvre le temple, c'est-à-dire sort de la salle à son tour, et vient interrompre le discours pathétique en faisant une soudaine irruption dans le petit local.

Elle demande à la récipiendaire si elle persiste dans sa résolution d'être admise et de subir les épreuves. « Sur sa réponse affirmative, elle lui bande les yeux et lui demande, foi de Sœur à venir, si elle ne voit pas clair » (*sic*).

La récipiendaire, escortée du Frère Orateur et de la Sœur Dépositaire, est amenée à la porte de la salle. La Sœur Dépositaire frappe cinq coups.

La Sœur Inspectrice. — Grande Maîtresse, on vient de frapper à la porte du temple.

La Grande Maîtresse. — Informez-vous et voyez.

La Sœur Introductrice, sur l'ordre de la Sœur Inspectrice, ouvre les portes, fait entrer la postulante et son escorte, et les place entre les deux colonnes.

La Sœur Dépositaire. — Grande Maîtresse, je vous présente une postulante qui aspire à l'honneur d'être reçue Maçonne.

La Grande Maîtresse. — Sœur Dépositaire, de quelle part est-elle présentée ?

La Sœur Dépositaire. — De la part de...

La Grande Maîtresse. — La présentation est heureuse; néanmoins, nous ne connaissons pas cette personne... Est-elle en puissance de mari, de père, de mère ou de tuteur?

La réponse de la postulante est transmise à haute voix par la Sœur Dépositaire à la Sœur Inspectrice et par la Sœur Inspectrice à la Grande Maîtresse.

La Grande Maîtresse. — Demandez à la postulante son nom, ses prénoms, *son surnom, si elle en a un*, son âge, sa profession, les lieux de sa naissance et de son domicile.

Réponse de la postulante et transmission de sa réponse.

Cette formalité accomplie, on couvre d'un voile blanc la tête de la récipiendaire, on la couronne de roses blanches et on lui attache aux poignets une chaîne de fer-blanc.

La Grande Maîtresse. — Faites approcher la postulante.

On lui fait faire trois pas, et on lui donne un siège, en l'invitant à s'asseoir. Les portes de la salle sont refermées avec grand fracas.

La Grande Maîtresse interroge alors la récipiendaire sur les motifs qui lui ont inspiré le désir d'être admise dans l'Ordre, sur l'idée qu'elle s'est formée de la Franc-Maçonnerie, « cette association tant décriée par ceux qui ne la connaissent pas » ; elle lui demande enfin si elle est décidée à subir les épreuves.

Ces épreuves, loin d'être désagréables comme

celles que subissent les Frères Trois-Points à leur entrée dans la secte, se bornent à trois voyages légèrement accidentés : autour de la salle, aux endroits par où passe la récipiendaire, on a placé simplement des planches sur lesquelles sont clouées, de loin en loin, des boules de bois sciées en deux ; cela forme quelques inégalités de terrain, mais la récipiendaire, étant conduite par la main, s'y heurte sans trébucher. Au troisième voyage, les Frères, changeant de place avec les Sœurs, se mettent au premier rang et forment la voûte d'acier en entrecroisant leurs épées par la pointe ; quand la récipiendaire passe sous cette voûte, on froisse les glaives au-dessus de sa tête de façon à produire un cliquetis. La postulante est ensuite ramenée à son siège.

La Grande Maîtresse. — Madame (ou : Mademoiselle), ainsi se passe la vie : on rencontre bien des obstacles, avant d'obtenir le repos ; mais, de ces obstacles, on triomphe toujours, par la persévérance dans le bien.

Un silence.

La Grande Maîtresse. — Madame, êtes-vous disposée à répondre à plusieurs questions que je désire vous adresser ?

Réponse (affirmative) de la postulante.

La Grande Maîtresse. — Madame, qu'est-ce que l'honneur?

Réponse de la postulante.

Réplique de la Grande Maîtresse. — L'honneur est une vertu qui nous porte à accomplir des actions nobles, courageuses, loyales, nous attirant la considération et la gloire ; c'est l'instinct, le sentiment du besoin de l'estime publique et de soi-même. Pour la femme, l'honneur consiste encore dans la pudicité, dans la chasteté. En un mot, l'honneur est tout ce qui honore.

La Grande Maîtresse. — Qu'est-ce que la considération ?

Réponse de la postulante.

Réplique de la Grande Maîtresse. — La considération se dit des égards qu'obtiennent les talents, les vertus, les dignités, les bonnes actions. La noblesse n'est rien sans la considération. La considération fait plus d'heureux que la gloire. Le goût des plaisirs nuit à la considération de toutes les femmes. Si vous entendez une femme médire de l'amour et un homme de lettres déprécier la considération publique, dites de l'une que ses charmes se passent, et de l'autre que son talent se perd.

La Grande Maîtresse. — Qu'est-ce que la vertu ?

Réponse de la postulante.

Réplique de la Grande Maîtresse. — La vertu est une énergie de l'âme appliquée à la pratique habituelle du devoir. De toutes les vertus, la première pour la femme, *du moins sous l'empire des préjugés de la société*, est la pudeur, la chasteté. Celle-ci semble même renfermer toutes les autres ; car, une fois qu'elle l'a perdue, tout est perdu pour la femme. Cela est si vrai qu'on est convenu, en parlant de la pudeur d'une femme, de dire simplement sa vertu, c'est-à-dire son ornement, son mérite, ce par quoi seulement elle est digne d'estime et d'amour. Une femme coupable peut encore aimer la vertu, mais il ne lui est plus permis de la prêcher.

La Grande Maîtresse. — Qu'est-ce que la chasteté ?

Réponse de la postulante.

Réplique de la Grande Maîtresse. — C'est la vertu qui sait nous régler dans les plaisirs de l'amour et même nous en faire abstenir, surtout de ceux qui sont illicites. La dot qu'apporte en mariage une jeune fille doit être, avant toute chose, la chasteté. Quant à la chasteté absolue et systématique, loin d'être une vertu, elle est en opposition directe avec le vœu de la nature ; elle cesse même, on peut le dire, d'être une vertu sociale.

La Grande Maîtresse. — Qu'est-ce que la pudicité ?

Réponse de la postulante.

Réplique de la Grande Maîtresse. — La pudicité est la vertu par laquelle on a de la pudeur, sentiment qui, surtout chez la femme, exprime le respect dû à ce qui est honnête. La femme sans pudeur n'est jamais belle ; la femme qui ne rougit pas n'a aucun charme. L'honneur, la pudicité de la femme doivent être sous la protection publique.

La Grande Maîtresse. — Qu'est-ce que la modestie ?

Réponse de la postulante.

Réplique de la Grande Maîtresse. — La modestie est la modération, la retenue, sans affectation cependant, dans la manière d'être, de penser et de parler de soi. C'est, dit Zénon, la science du mouvement décent. Elle est, avec la pudeur et la décence, le plus bel ornement de la femme. C'est le doute de son propre mérite.

La Grande Maîtresse. — Qu'est-ce que la douceur ?

Réponse de la postulante.

Réplique de la Grande Maîtresse. — La douceur est une qualité de l'âme qui modère l'humeur, l'emportement, l'impatience, l'irritabilité, la colère, etc. Elle est l'opposé de la violence. Il n'y a que les personnes qui ont de la fermeté qui puissent avoir de la douceur. Toutes les femmes ne savent pas combien la douceur leur donnerait d'empire.

La Grande Maîtresse. — Qu'est-ce que la gloire ?

Réponse de la postulante.

Réplique de la Grande Maîtresse. — La gloire est la réputation à laquelle se joignent l'estime et l'admiration. Elle agrandit la vie ; elle n'est jamais où la vertu n'est pas. La pureté de l'âme et de la conduite est la première gloire des femmes.

La Grande Maîtresse. — Qu'est-ce que la flatterie ?

Réponse de la postulante.

Réplique de la Grande Maîtresse. — La flatterie est une louange fausse ou exagérée, donnée dans l'intention de se rendre agréable ou d'obtenir quelques faveurs. Quand la flatterie ne réussit pas, c'est la faute du flatteur. Qui flatte s'avilit. Qui flatte son maître le trahit. La flatterie perd plus de femmes que l'amour.

La Grande Maîtresse. — Qu'est-ce que l'hypocrisie ?

Réponse de la postulante.

Réplique de la Grande Maîtresse. — L'hypocrisie est une fausse apparence de piété, de vertu, de sentiment, de probité, imaginée dans le dessein de faire des dupes. Elle est l'affectation froidement raisonnée des qualités et des vertus qu'on n'a pas. Il ne faut pas confondre l'hypocrisie avec la dissimulation : l'homme dissimulé cache sa pensée, retient son secret, obéit souvent à la prudence ou à la nécessité ; l'hypocrite, lui, pousse la dissimulation jusqu'à faire mentir ses impressions et à tromper, par ses paroles et par ses actes, jusqu'au moment où un succès obtenu lui permettra de lever le masque. C'est contre l'hypocrisie que Molière a écrit sa comédie du *Tartufe.* Il prit pour type le dévot, qui ne croit à rien et qui s'arme d'une dévotion affectée pour commettre toutes sortes de scélératesses. La vie des courtisans est une hypocrisie perpétuelle. La femme est en général plus hypocrite que l'homme, parce que la société la contraint à la dissimulation en lui refusant les droits qu'a l'homme.

La Grande Maîtresse. — Qu'est-ce que la jalousie ?

Réponse de la postulante.

Réplique de la Grande Maîtresse. — La jalousie est le dépit, le chagrin qu'on a de voir posséder par un autre un bien qu'on voudrait uniquement pour soi. C'est la peine et l'envie que causent la prospérité et le bonheur d'autrui. Il n'y a point de passion plus violente, plus tragique que la jalousie qui naît d'un extrême amour. C'est une passion inquiète, inspirée par la crainte ou la certitude d'être trahi par la personne qu'on aime, d'être aimé d'elle moins qu'une autre personne. Un de nos plus gracieux poètes, Boufflers, a dit de cette passion :

L'amour, par ses douceurs et ses tourments étranges,
Nous fait trouver le ciel et l'enfer tour à tour ;
La jalousie est la sœur de l'amour,
Comme le diable est le frère des anges.

Mais l'auteur qui a le mieux défini cette passion est Diderot : « La jalousie, dit-il, est la disposition ombrageuse d'une personne qui aime et qui craint que l'objet aimé ne fasse part de son cœur, de ses sentiments et de tout ce qu'elle prétend lui devoir être réservé, s'alarme de ses moindres démarches, voit dans ses actions les plus indifférentes des indices certains du malheur qu'elle redoute, vit en soupçon et fait vivre un autre dans la contrainte et le tourment. Cette passion, cruelle et petite, marque la défiance de son propre mérite, un aveu de la supériorité d'un rival et hâte communément le mal qu'elle appréhende. Peu d'hommes et de femmes sont exempts de la jalousie ; les amants délicats craignent de l'avouer et les maris en rougissent. C'est surtout la folie des vieillards, qui avouent aussi leur insuffisance, et celle des habitants des climats chauds, qui connaissent le tempérament ardent de leurs femmes. » La jalousie, enfin, dirons-nous pour nous résumer, est surtout causée par le désir de la possession exclusive ; le jaloux se trouve livré à un véritable tourment par la seule idée du partage. Toutes ces craintes se fortifient l'une l'autre, en se mêlant dans son esprit ; aussi, une personne jalouse est-elle constamment assiégée de soupçons et de fantômes. On ne saurait donc trop refréner cette passion ; car la jalousie, d'ailleurs, éteint l'amour comme les cendres éteignent le feu.

La Grande Maîtresse. — Une dernière question, madame : qu'est-ce que les mœurs ?

Réponse de la postulante.

Réplique de la Grande Maîtresse. — Les mœurs sont des habitudes naturelles ou acquises, bonnes ou mauvaises, dans la manière de vivre et de se conduire. Les mœurs des peuples sont leurs usages, leurs coutumes. Les mœurs sont plus fortes que les lois. Les hommes font les lois, les femmes font les mœurs. L'appréciation qu'on a des mœurs dépend du point de vue auquel on se place : tels peuples, telles coutumes ; autres temps, autres mœurs ; changeons les opinions des hommes, et leurs mœurs, par cela même, changeront. La liberté serait un vain mot, a dit Michelet, si l'on gardait des mœurs d'esclaves.

Pendant cet interrogatoire à répliques, les Sœurs passent sans bruit dans la pièce qui précède le local des séances.

La Grande Maîtresse, restée seule comme femme. — Madame, que désirez-vous ?

Le Frère Orateur. — Permettez-moi de répondre ici pour la postulante. Elle désire jouir du fruit de ses voyages, contempler la réunion des plus aimables vertus et contribuer aux bienfaits de l'association.

La Grande Maîtresse. — Que vos vœux soient accomplis !... Levez-vous, madame.

La postulante se lève. La Grande Maîtresse se cache sur l'estrade, en se dissimulant derrière le Vénérable qui est debout.

Le Vénérable Grand Maître frappe cinq coups sur l'autel. Au cinquième coup, le Frère Second Surveillant ou un Maître des Cérémonies arrache le bandeau qui recouvre les yeux de la récipiendaire, et celle-ci ne voit autour d'elle que des hommes armés, les uns dirigeant leurs glaives contre elle, les autres s'en servant pour former une voûte d'acier au-dessus de sa tête.

« La récipiendaire, à cette vue, est généralement saisie ou tout au moins bien étonnée de se trouver seule de son sexe au milieu d'une telle réunion d'hommes » (*sic*, dans le rituel).

Le Grand Maître lui fait observer la haute imprudence qu'elle a commise en s'exposant ainsi, seule et sans appui, dans une société dont elle ignore la composition et les mœurs, et où sa pudeur pourrait bien être en danger (*sic*).

Il ajoute :

— Nous voulons bien croire que l'inconséquence ni même la curiosité n'ont aucune part à votre démarche, et que l'idée avantageuse que vous avez conçue de la Maçonnerie est l'unique motif qui vous engage à vous faire recevoir parmi nous ; mais, malgré la confiance et l'estime que vous nous inspirez, avant de vous révéler nos mystères, je dois vous apprendre que le grand point de la Maçonnerie est de rendre la société aussi parfaite qu'elle peut l'être, que le caractère du vrai Maçon est d'être juste et charitable, d'être au-dessus des préjugés, de fuir l'artifice et le mensonge. Toujours guidés par la vertu, nous ne devons être occupés que de nous acquérir l'estime et mériter l'amitié de nos Frères et de nos Sœurs.

Tandis qu'il prononce ces derniers mots, la Grande Maîtresse reparaît, et les Sœurs, le plus doucement possible, reprennent leurs places.

Le Grand Maître, continuant son discours sans s'interrompre. — Voilà, madame, une légère idée des devoirs que vous allez vous imposer. Nous sommes convaincus que vous n'aurez point de peine à les remplir. L'engagement que vous allez contracter, en vous liant étroitement à nous, vous confirmera dans ce que vous devez à la religion et à l'humanité.

Une pause.

Le Grand Maître. — Persistez-vous toujours dans le désir d'être initiée à notre Ordre?

Réponse (affirmative) de la postulante.

Le Grand Maître. — Trouverai-je en vous une femme forte et courageuse?

Réponse de la postulante. Généralement, elle dit : — Je l'espère.

Le Grand Maître. — Chers Frères et Chères Sœurs, ouvrons donc à cette élève de la sagesse la porte de la vertu. Déliez-la de ses fers, il faut être libre pour entrer dans nos temples.

Le Maître des Cérémonies débarrasse la récipiendaire de sa chaîne de fer-blanc. Tous les Frères qui avaient leurs épées tournées contre la postulante, s'alignent et les croisent en voûte jusqu'au pied de l'estrade.

Le Grand Maître. — Madame, venez à moi, en traversant cette voûte d'acier.

Le Maître des Cérémonies prend l'aspirante par la main et, la conduisant à l'estrade, la fait agenouiller devant l'autel.

Sur l'invitation de la Grande Maîtresse, toute la Loge se tient debout et à l'ordre.

Le Grand Maître. — Madame, vous allez répéter avec moi votre obligation.

Il dicte à la postulante, qui répète phrase par phrase, le serment suivant:

Serment de l'Apprentie Maçonne. — En présence du Grand Architecte de l'Univers, qui est Dieu, et devant cette auguste assemblée, je promets et jure de garder fidèlement dans mon cœur les secrets de la Maçonnerie, qui vont m'être confiés, sous peine d'être déshonorée et méprisée(1). Mais pour me garantir du juste châtiment dû au parjure, puisse une portion de l'esprit divin descendre dans mon cœur, l'éclairer, le purifier et me conduire dans les sentiers de la vertu. Que le Grand Architecte me soit en aide. Ainsi soit-il.

Le Grand Maître. — Ce serment solennel, que vous venez de prononcer, madame, ne vous donne-t-il aucune inquiétude ?

Réponse (négative) de la récipiendaire.

Le Grand Maître. — Vous sentez-vous la force de l'observer ?

Réponse (affirmative) de la récipiendaire.

Le Maître des Cérémonies fait alors relever la récipiendaire, sur l'épaule gauche de laquelle le Grand Maître pose son glaive (épée de fer battu, tordue en zig-zags).

Le Grand Maître. — Au nom de la Grande Maîtresse, et en vertu des pouvoirs qui nous sont conférés par cette Respectable Loge, je vous reçois et constitue Apprentie Maçonne, membre de cette assemblée.

En disant cela, il frappe cinq coups de maillet sur le plat de son épée touchant l'épaule gauche de la récipiendaire.

Sur un signal de la Grande Maîtresse, toute la Loge s'assied.

Le Grand Maître, à la néophyte. — Ma Sœur, car c'est le titre que désormais nous vous donnerons, puissiez-vous n'oublier jamais les devoirs que vous impose un nom si doux !... Vous allez recevoir les marques certaines de notre estime... Je vous donne, Chère Sœur, le baiser de paix (il l'embrasse sur le front), le baiser de confiance (il l'embrasse sur la joue

(1) Dans beaucoup de Loges, on ajoute ici : « et, de plus, d'être frappée du glaive de l'Ange exterminateur ». (Rituel du F∴ Guillemain de Saint-Victor).

droite) et le baiser d'amitié (il l'embrasse sur la joue gauche).

« Ce triple baiser, dit le cahier du grade, doit être donné très respectueusement ». Nous n'en sommes pas encore, il est vrai, au baiser en cinq points. Pour le moment, il s'agit d'apprivoiser la néophyte.

Le Grand Maître, à la récipiendaire. — Veuillez vous présenter à la Grande Maîtresse.

La récipiendaire obéit.

La Grande Maîtresse. — Ma Sœur, nous avons, pour nous reconnaître, des signes, un attouchement, un mot de passe et un mot sacré ou sainte parole.

Elle donne à la néophyte communication des secrets du grade qui sont les suivants :

Ordre. — On se met à l'ordre en plaçant les deux mains sur la poitrine, la droite sur la gauche et les deux pouces se touchant en forme d'équerre.

Signe de reconnaissance. — Le signe de ce grade est le figuratif de l'échelle de Jacob. Il se fait en formant avec la main droite une ligne de haut en bas sur le côté droit de la poitrine, et l'on remonte de bas en haut sur le côté gauche, ce qui figure les deux montants d'une échelle ; puis, avec la même main, on trace cinq traverses sur l'estomac en descendant la main à mesure, ce qui figure les cinq échelons. — L'initié, Frère ou Sœur, qui aperçoit un Maçon ou une Maçonne faire ce signe, doit y répondre en se prenant la narine droite avec le pouce et le petit doigt de la main droite.

Attouchement. — Il se donne en se présentant mutuellement la main droite ouverte, les doigts allongés, serrés les uns contre les autres, le bout des doigts en haut ; on s'applique les paumes de la main l'une contre l'autre, ce qui forme une jonction des doigts de la main droite de l'un avec les cinq doigts de la main droite de l'autre.

Batterie pour entrer en Loge. — On frappe à la porte cinq coups égaux: OOOOO.

Mot de Passe. — ÈVA.

Mot Sacré ou Sainte Parole. — FEIX-FÉAX. On explique ce mot en disant qu'il signifie: Académie ou École de Vertus.

Batterie avec Acclamation. — On frappe cinq coups égaux dans les mains ; puis, on bat trois fois le bout des doigts, en disant tout haut: Èva! Èva! Èva!

La Grande Maîtresse, après l'enseignement des secrets. — Je vous donne, Chère Sœur, la triple accolade fraternelle (Elle l'embrasse comme vient de le faire le Grand Maître).... Maintenant, présentez-vous à la Sœur d'Éloquence, en vous faisant reconnaître comme Maçonne.

Le Maître des Cérémonies conduit la néophyte à la Sœur d'Éloquence et lui fait donner l'attouchement qu'on vient de lui enseigner.

La Sœur d'Éloquence, après l'avoir reconnue. — Prenez, Chère Sœur, ce tablier avec joie et respect; des rois et des reines, des princes et des princesses se sont fait et se feront toujours un honneur de le porter. Sa blancheur va bien avec le voile qui vous couvre et les roses qui vous couronnent. (En disant cela, elle lui ceint le tablier.) Il est l'emblême du travail, et, sans le travail, Chère Sœur, une femme serait bien à plaindre. (Elle l'embrasse.)

Le Maître des Cérémonies conduit la néophyte vers la Sœur Inspectrice, qui la tuile à son tour.

La Sœur Inspectrice. — Recevez, Chère Sœur, cette paire de gants de femme et souvenez-vous toujours que la candeur est la première vertu d'une Maçonne. (Elle l'embrasse).... Allez vous faire reconnaître par la Sœur Dépositaire.

Le Maître des Cérémonies conduit la néophyte à la

Sœur Dépositaire qui procède à un nouveau tuilage, afin de la familiariser avec les signes et attouchement du grade.

La Sœur Dépositaire. — Recevez, Chère Sœur, cette paire de gants d'homme; ne la donnez qu'à un homme éprouvé, digne de vous et de nous.

Nouvelle embrassade.

Le Maître des Cérémonies fait placer la néophyte entre les deux colonnes.

La Sœur Dépositaire. — Sœur Inspectrice, les signes, paroles et attouchement, rendus par la néophyte, sont justes.

La Sœur Inspectrice. — Grande Maîtresse, les signes, paroles et attouchement, rendus par la néophyte, sont justes.

La Grande Maîtresse. — Chers Frères et Chères Sœurs, debout et à l'ordre!

Tout le monde se lève et se mèt dans la posture consacrée.

La Grande Maîtresse. — Chères Sœurs Inspectrice et Dépositaire, invitez les Frères et Sœurs de vos climats à reconnaître à l'avenir pour Apprentie Maçonne, membre de cette Respectable Loge, la Sœur N...., à lui porter amitié, secours et assistance en cas de besoin, et à vouloir bien se joindre à vous et à moi pour applaudir à son heureuse initiation.

La Sœur Inspectrice. — Chère Sœur Dépositaire, Chers Frères et Chères Sœurs du climat de l'Afrique, la Grande Maîtresse nous invite à reconnaître à l'avenir pour Apprentie Maçonne, etc.

La Sœur Dépositaire. — Chers Frères et Chères Sœurs du climat de l'Amérique, la Grande Maîtresse nous invite, etc.

La Sœur Inspectrice. — Grande Maîtresse, l'annonce est portée sur les deux climats.

La Grande Maîtresse commande une batterie d'ensemble avec acclamation générale. On l'exécute.

Le Maître des Cérémonies et la néophyte y répondent par une semblable batterie avec même acclamation.

Après quoi, le Maître des Cérémonies fait placer la nouvelle initiée au premier rang du climat de l'Amérique et sur le siège le plus rapproché de l'autel.

Sur l'ordre de la Grande Maîtresse, tout le monde s'assied.

La Grande Maîtresse. — Frère Orateur, vous avez la parole pour répandre quelques fleurs d'éloquence sur les charmes de cette aimable réunion.

(Si la Sœur d'Éloquence est une personne capable de prononcer un petit discours de circonstance, c'est à elle que la Grande Maîtresse donne la parole).

Ce discours, du Frère Orateur ou de la Sœur d'Eloquence, est d'ordinaire fort banal.

Les rituels le résument ainsi :

L'Orateur. — Mes Chères Sœurs, rien n'est plus capable de nous faire connaître votre véritable et sincère estime pour vous, que la faveur que nous vous accordons en vous donnant l'entrée dans notre société. Le vulgaire, toujours grossier *(sic)*, rempli des préjugés et des superstitions les plus ridicules, a osé répandre sur nous les noirs poisons de la calomnie; mais quel jugement pouvait-il porter?... Privé des lumières de la vérité, n'est-il pas hors d'état de ressentir tous les biens qui résultent de sa parfaite connaissance?... Vous seules, mes Chères Sœurs, éloignées de nos assemblées, aviez le droit de nous croire injustes; mais aussi, avec quelle satisfaction devez-vous apprendre que la Maçonnerie est l'école de la vertu et que, par ses lois, nous domptons les faiblesses qui dégradent l'honnête homme, afin de retourner auprès de vous plus dignes de votre confiance et de votre affection !... Cependant, quelque douceur que ces sentiments nous aient fait goûter, nous n'avons pu remplir le vide que votre absence laissait parmi nous; et j'avoue, à votre gloire, que rien n'est plus naturel et raisonnable que d'appeler dans nos sociétés des Sœurs qui, en les rendant plus respectables, en feront à jamais les agréments et les délices:... Nos Loges sont nommées, à bon droit, « Temples de la Vertu » ; en effet, c'est la vertu, la vertu pure et naturelle, que nous pratiquons dans ces climats embellis par votre présence. Les mystères que nous célébrons ont un noble but : nous apprendre le grand art de vaincre nos passions. Et le serment, que nous prêtons, de ne rien révéler, est pour ne point faire entrer l'amour-propre et l'orgueil dans le bien que nous devons faire.... Le nom chéri d'Adoption vous dit assez que nous vous choisissons pour participer au bonheur dont nous jouissons, en cultivant l'honneur et la charité. Ce n'est qu'après un examen scrupuleux que nous vous avons admise à partager avec nous les douceurs de la fraternité; car, malheureusement, le jour est encore éloigné où l'humanité entière pourra participer aux bienfaits de la Maçonnerie, et, en attendant, avec une juste impatience, qu'il nous soit donné de voir se lever l'aurore de ce jour béni, nous avons le devoir de procéder à des choix prudents, de n'admettre parmi nous que les femmes vraiment dignes de nous comprendre, de n'ouvrir discrètement nos portes qu'à des Sœurs méritant bien le titre glorieux de Maçonnes.... A présent que vous connaissez la Maçonnerie, nous sommes persuadés que le flambeau de la sagesse éclairera toutes les actions de votre vie, et que vous n'oublierez jamais que plus les choses ont de prix, plus il faut les conserver; c'est là le principe du silence que nous observons, il doit être inviolable. Daigne le Grand Architecte de l'Univers, qui nous entend, nous donner la force de le rendre tel.

Ce discours — ou tout autre du même genre — prononcé, le Sac des Propositions et le Tronc de la Veuve circulent, par les soins du Frère Maître des Cérémonies et de la Sœur Hospitalière. Le dépouillement a lieu comme dans les Loges d'hommes.

La Grande Maîtresse, à la nouvelle initiée. — Chère Sœur, chaque grade de la Maçonnerie à son catéchisme qui porte en lui le résumé d'un enseignement. Veuillez donc prêter une oreille attentive à l'instruction qui va être faite en votre faveur.

Les Catéchismes des Maçonnes ne sont pas imprimés à part en opuscules et ne sont jamais remis aux Sœurs; aussi, leur récitation, entre la Grande Maîtresse et la Sœur Inspectrice, est-elle de rigueur, à la fin de chaque initiation.

La Grande Maîtresse. — Sœur Inspectrice, êtes-vous Apprentie Maçonne?

La Sœur Inspectrice. — Je le crois, Grande Maîtresse.

La Grande Maîtresse. — Si vous le croyez, pourquoi ne dites-vous pas oui?

La Sœur Inspectrice. — Pour marquer qu'il est de la prudence humaine de douter de tout, et parce qu'une Apprentie n'est sûre de rien.

La Grande Maîtresse. — Où vous a-t-on conduite avant de vous faire entrer en Loge ?

La Sœur Inspectrice. — Dans un lieu mélancolique, propre à faire réfléchir sur la vanité et les autres défauts des mortels.

La Grande Maîtresse. — Comment avez-vous été introduite en Loge?

La Sœur Inspectrice. — Par cinq coups et les yeux bandés.

La Grande Maîtresse. — Pourquoi les yeux bandés?

La Sœur Inspectrice. — Pour m'apprendre qu'avant de parvenir à la connaissance des sublimes mystères il faut vaincre sa curiosité, et pour représenter dans quel aveuglement sont les Profanes quand ils décrient la Maçonnerie.

La Grande Maîtresse. — Qu'a-t-on exigé de vous avant de vous introduire en Loge?

La Sœur Inspectrice. — Mes boucles d'oreilles, mes manchettes et mes gants.

La Grande Maîtresse. — Pourquoi?

La Sœur Inspectrice. — Pour me faire connaître la confiance que l'on doit avoir envers les Maçons et les Maçonnes.

La Grande Maîtresse. — Comment êtes-vous parvenue à la Maçonnerie?

La Sœur Inspectrice. — Par une voûte d'acier.

La Grande Maîtresse. — Que représente cette voûte?

La Sœur Inspectrice. — Force et stabilité.

La Grande Maîtresse. — Où avez-vous été reçue?

La Sœur Inspectrice. — Entre l'échelle de Jacob, la tour de Babel, et au pied de l'arche de Noé.

La Grande Maîtresse. — Que représente l'arche?

La Sœur Inspectrice. — Le cœur de l'homme agité par les passions, ainsi que l'était l'arche par les eaux du déluge.

La Grande Maîtresse. — Donnez-moi quelques détails sur cette arche.

La Sœur Inspectrice. — Elle avait trois étages: le premier, renfermant les animaux immondes, symbolise les vices qui dégradent l'humanité; le second, occupé par Noé et sa famille, symbolise les vertus qui honorent l'homme; et le troisième, rempli d'oiseaux au mélodieux ramage, est un emblême du concert de voix reconnaissantes qui doit s'élever du sein des temples maçonniques vers le Grand Architecte de l'Univers.

La Grande Maîtresse. — Quel est le nom hébreu de ce vaisseau ?

La Sœur Inspectrice. — Thébah.

La Grande Maîtresse. — Ce nom n'a-t-il pas un homonyme avec lequel il aurait quelque analogie ?

La Sœur Inspectrice. — Oui, *Thébah*, arche sainte, qui eut le dépôt sacré de la race humaine, rappelle l'antique et fameuse *Thèbes*, ville sainte, qui eut le dépôt sacré des connaissances humaines.

La Grande Maîtresse. — Que représente la tour de Babel ?

La Sœur Inspectrice. — L'orgueil et la faiblesse des enfants de la terre, dont on ne peut se garantir qu'en leur opposant un cœur discret, apanage des vrais Maçons.

La Grande Maîtresse. — Que représente l'échelle de Jacob ?

La Sœur Inspectrice. — Cette échelle est toute mystérieuse. Elle symbolise les rapports invisibles et incessants entre les cieux et la terre et réciproquement. Le pied de l'échelle pose sur la terre, et le sommet dépasse les nuages.

La Grande Maîtresse. — N'y a-t-il pas une autre interprétation de l'échelle ?

La Sœur Inspectrice. — Cette alliance du ciel et de la terre par l'esprit des astres s'alliant à la matière des éléments terrestres a fait dire allégoriquement que « les fils des dieux épousent les filles des hommes. »

La Grande Maîtresse. — Que représentent les deux montants et les cinq échelons ?

La Sœur Inspectrice. — Les deux montants représentent l'amour de Dieu et l'amour du prochain et les cinq échelons représentent les vertus divines qui dérivent d'une belle âme.

La Grande Maîtresse. — Quels sont les noms de ces vertus ?

La Sœur Inspectrice. — Candeur, clémence, franchise, tempérance, discrétion.

La Grande Maîtresse. — Comment nommez-vous votre Loge?

La Sœur Inspectrice. — Elle porte le nom glorieux d'*Éden*, Jardin d'Amitié ou Paradis Terrestre.

La Grande Maîtresse. — Pourquoi ce nom ?

La Sœur Inspectrice. — Parce que ma Loge est peuplée de Frères et de Sœurs qui pratiquent les vertus de l'âge d'or et ignorent les vices des autres âges.

La Grande Maîtresse. — Quelles qualités doivent apporter en Loge un bon Maçon et une bonne Maçonne ?

La Sœur Inspectrice. — L'horreur du vice et l'amour de la vertu.

La Grande Maîtresse. — Comment nommez-vous ceux qui ne sont pas Maçons ?

La Sœur Inspectrice. — Profanes ; mais, si tous les hommes vertueux sont nos frères, tous les Maçons sont nos amis.

La Grande Maîtresse. — A quoi nous appliquons-nous particulièrement ?

La Sœur Inspectrice. — A régler notre conduite et nos mœurs.

La Grande Maîtresse. — Êtes-vous contente de votre sort ?

La Sœur Inspectrice. — Tous mes Frères et toutes mes Sœurs peuvent en juger.

La Grande Maîtresse. — Comment ?

La Sœur Inspectrice. — Par mon empressement à être reçue, en récompense duquel ils m'ont donné leurs suffrages.

La Grande Maîtresse. — Promettez-vous un profond silence sur tous les secrets de la Maçonnerie ?

La Sœur Inspectrice, en mettant la main sur l'épaule

du Premier Surveillant. — Celui que je garde en est un sûr garant.

La Grande Maîtresse. — A quoi nous reconnaissons-nous ?

La Sœur Inspectrice. — A nos mots, signes et attouchements.

La Grande Maîtresse. — Donnez-moi le signe d'Apprentie.

La Sœur Inspectrice. — J'obéis (elle fait le signe). Vous me comprenez (la Grande Maîtresse fait le signe de réponse).

La Grande Maîtresse. — Donnez-moi le mot de passe.

La Sœur Inspectrice. — *Èva.*

La Grande Maîtresse. — Donnez-moi le mot sacré.

La Sœur Inspectrice. — *Féix-Féax.*

La Grande Maîtresse. — Que signifie cette sainte parole ?

La Sœur Inspectrice. — Académie ou École de Vertus.

La Grande Maîtresse. — Quelle est cette école ?

La Sœur Inspectrice. — La Franc-Maçonnerie.

La Grande-Maîtresse. — Comment y êtes-vous parvenue ?

La Sœur Inspectrice. — Grâce à un Frère secourable qui, étant devenu mon guide, m'a remise à la porte du Temple des Vertus, dont l'éclat a dissipé les ténèbres qui m'enveloppaient en ma qualité de Profane

La Grande Maîtresse. — Quel est le salaire d'une Maçonne ?

La Sœur Inspectrice. — Le respect des Freres, l'amitié des Sœurs, les bénédictions du pauvre, et la considération dans le monde.

La Grande Maîtresse. — Quels sont les devoirs des Maçons et des Maçonnes ?

La Sœur Inspectrice — Écouter, obéir, travailler et se taire sur tous les mystères de l'Ordre.

La Grande Maîtresse. — De quelle espèce est votre obéissance?

La Sœur Inspectrice. — Libre et volontaire.

La Grande Maîtresse. — A quoi travaillez-vous?

La Sœur Inspectrice. — A me rendre meilleure.

La Grande Maîtresse, solennellement. — Nous avons écouté, travaillé, obéi, et nous nous taisons. C'est pourquoi je ferme cette Loge, en faisant notre office par cinq.

Le Vénérable Grand Maître, frappant un coup. — Debout, Chères Sœurs et Chers Frères!

Tout le monde se lève.

La Grande Maîtresse. — A moi, Frères et Sœurs de tous les climats, à l'ordre!

Chacun prend la posture consacrée.

La Grande Maîtresse, sur laquelle tout le monde a les yeux, donne le signal de la batterie et de l'acclamation.

Tous, ensemble, exécutant la batterie. — Èva! Èva! Èva!

La Grande Maîtresse. — La Loge d'Apprentie Maçonne est fermée; retirons-nous en paix au sein de nos familles et de nos affections.

La Sœur Inspectrice et la Sœur Dépositaire répètent ces paroles de clôture, et l'on se sépare, chacun avec sa chacune.

Le plus souvent, la réunion se termine par un banquet, suivi de bal. Quelquefois même, la Loge s'offre l'agrément d'un spectacle. On verra plus loin de quel genre sont ces spectacles.

En attendant, faisons une remarque : cette initiation de l'Apprentie Maçonne montre bien avec quelle habileté vraiment infernale la secte procède pour recruter son personnel féminin et ne pas effrayer ses victimes au moment où elle les saisit.

Il faut plaindre surtout les malheureuses qui se laissent entraîner dans ces repaires du vice et à qui l'on ne parle hypocritement, en les démoralisant, que d'honneur et de vertu.

On dit, aujourd'hui, à la postulante, que « l'engagement qu'elle va contracter la confirmera dans ce qu'elle doit à la religion et à l'humanité. » Dans ces paroles, elle ne trouve rien de répréhensible; ce langage perfide dont elle n'aperçoit pas le double sens, ne la heurte nullement.

Ce n'est que plus tard, lorsqu'elle sera mûre pour les révélations, qu'on lui apprendra ce que parler veut dire, en Maçonnerie. Ce que la secte considère que l'on doit à la religion, c'est la haine ; et l'amour que la Sœur Maçonne doit avoir pour l'humanité, c'est l'amour bestial, tout devant être envisagé au matériel.

On lui dit que la pudeur est la première des vertus, pour la femme; mais on a soin d'ajouter : « du moins il en est ainsi sous l'empire des préjugés. » Et d'autre part, on lui déclare que la Maçonne vraiment digne de ce titre est celle qui fait litière de tous les préjugés.

Les mœurs, lui a-t-on affirmé encore, ne sont qu'une affaire de convention, elles sont bonnes ou mauvaises, suivant le point de vue auquel on se place. Et, dans la définition qu'on lui donne des mœurs, on mélange adroitement ce qui a rapport à la moralité et ce qui concerne les usages des peuples. « Autre temps, autres mœurs, » conclut-on, après avoir jeté la confusion dans son esprit; comme si la morale n'était pas immuable!

Un jour viendra où l'on expliquera à la malheureuse en quoi consiste « ce vœu de la nature » que la Maçonnerie déclare « être en opposition directe avec la chasteté absolue et systématique ; » on lui raconte qu'il y a des nuances dans la chasteté, et on la renseignera sur ces diverses nuances, telles que la secte les comprend.

« La modestie est la science du mouvement décent. » Que de sous-entendus libertins dans cette définition éminemment maçonnique!... Sera-t-elle honnête, cette femme, cette jeune fille, — on peut être reçue-Maçonne à dix-huit ans, — sera-t-elle honnête, quand la modestie, au lieu d'être chez elle instinctive, sera devenue pour elle une science, une étude de pose et de mouvement?

« La femme sans pudeur n'est jamais belle ; la femme qui ne rougit pas n'a aucun charme. » Comprenez-vous dans quel sens la Maçonnerie entend la pudeur? Sera-t-elle honnête, cette jeune fille, quand elle connaîtra l'art de charmer en rougissant à propos?

Tout cela est artificieux. A quelles abominations sont réservées les infortunées, dont on demande le nom, les prénoms, et le surnom, le cas échéant, et dont la secte fait sa proie!

Et songez qu'à d'aussi coupables manœuvres ces hypocrites mêlent sans cesse le nom de Dieu, trompant avec un sacrilège leurs ignorantes recrues ; car, par Dieu, ils entendent, non l'Éternel qu'adorent les chrétiens, mais l'ange déchu dont ils font son rival révéré.

On connaît la légende du lion dévoré vivant par les rats: la gent trotte-menu s'introduit de nuit dans l'antre du terrible roi du désert; les rongeurs, grattant et léchant tout ensemble, grignottent lentement les pattes du lion; celui-ci, à demi endormi, n'éprouve qu'un chatouillement agréable; nulle douleur, attendu que les malfaisantes bêtes étanchent au fur et à mesure le sang des plaies qu'elles creusent, liment les griffes avec une douceur extrême; finalement, le robuste animal, se trouve, par cette œuvre de destruction progressive privé, à un moment donné, de ses moyens de défense, et, quand il n'est plus qu'une masse informe, les rats le dévorent sans pitié.

Telle la pudeur, ce sentiment de vertu innée que Dieu a mis chez la femme, est détruite peu à peu par la Maçonnerie. Avec un art satanique, la secte déchire et caresse tout à la fois ; ses flatteries endorment sa victime ; graduellement, patiemment, insensiblement, elle ronge tout, en commençant par les croyances pieuses ; aussi, quand il ne reste à la Maçonne ni foi ni pudeur, son corps n'est plus qu'une proie à la merci de tous les libertinages, et son âme est à jamais perdue.

III

LA COMPAGNONNE

Pour la réception au second degré de la Maçonnerie féminine, on se sert de la salle telle qu'elle était arrangée à la réunion au grade d'Apprentie, sauf toutefois les modifications que voici :

Sur l'autel, devant la Grande Maîtresse, une grosse bougie allumée, une auge, appelée « l'auge sacrée, » avec une truelle dedans ; cette auge est, ainsi que la truelle, petite, en argent ou en vermeil ; elle contient une pâte liquide faite avec de la gelée de pomme ou bien avec de la farine parfumée et de l'eau.

Vers l'entrée de la salle, à l'intérieur, deux petits cabinets sont ménagés, au moyen de cloisons mobiles.

Dans le cabinet à droite de la porte d'entrée, on a formé une espèce de jardin avec des branches d'arbres, coupées et vertes, ou tout autre verdure. Au milieu, est un petit autel entouré d'une tapisserie verdoyante. Au fond, derrière cet autel, un tableau représentant un homme et une femme, tous deux dans un état de nudité complète ; le prétexte de cette représentation indécente est qu'elle figure Adam et Ève dans le Paradis terrestre ; mais leur attitude n'est nullement celle de nos premiers parents à l'état d'innocence. Devant ce tableau et près de l'autel, on a placé un arbre fait de branches artificielles ou naturelles : un serpent en cuir bouilli ou en caoutchouc est enroulé autour de la tige et passe la tête entre le tronc et le premier rameau, soit environ à quatre-vingts centimètres du sol ; la tête du serpent est particulièrement flexible ; en outre, un mécanisme, peu compliqué, du reste, permet de faire redresser, comme d'un mouvement nerveux, le haut du serpent. Plusieurs pommes d'api sont attachées aux branches de l'arbre. De nombreuses bougies, non allumées, sont sur le petit autel.

L'autre cabinet, celui qui est à gauche de la porte d'entrée, est tendu de noir ; cette tapisserie lugubre est parsemée de larmes, de têtes de mort et de tibias croisés ; au fond est une table couverte d'un tapis noir ; au-dessus de la table est un tableau transparent qui représente Dieu maudissant Caïn qui vient de tuer Abel. Un squelette est auprès de la table. Ce cabinet, laissé obscur, n'est éclairé que par la lumière du transparent, ou, au besoin, par une lampe sépulcrale. Au-dessus du tableau, on lit cette inscription : « Le crime a vaincu l'innocence. »

Par contre, la Loge est vivement éclairée par de nombreuses bougies, en nombre indéterminé.

Vers l'entrée, est une terrine pleine d'esprit de vin, ou'on allume après y avoir mis un peu de sel.

Au milieu de la salle, sur le pavé, est étendue une toile peinte, représentant, en allégories, les quatre parties du monde dont les noms servent à désigner les côtés du temple, et l'arche de Noé reposée sur le mon

Ararat, au moment où la colombe revient avec un rameau d'olivier. A chaque angle de la toile est écrit le mot: *Èva*.

La séance s'ouvre comme au grade précédent, avec la seule différence que, chaque fois qu'on disait « Apprentie, » on dit maintenant « Compagnonne, » et que les Sœurs n'ayant pas obtenu le second degré n'assistene pas à la réunion.

L aGrande Maîtresse tient une branche d'oliviter à la main gauche.

On lit et on approuve le procès-verbal de la séanc précédente, et l'on introduit avec compliments les Visiteurs, en attendant que la récipiendaire soit prête.

Celle-ci est dans la Chambre des Réflexions, en compagnie du Frère Orateur qui l'exhorte à se soumettre à toutes les épreuves qu'on lui fera subir. Il lui fait ôter les diamants et autres bijoux qu'elle peut avoir, cela pour marquer son humilité. Il lui demande sa jarretière de la jambe gauche, et, lorsqu'elle la lui a remise, il lui bande les yeux et la conduit à la Loge.

La Sœur d'Éloquence est là, attendant la récipiendaire à la porte de la salle.

La Sœur d'Éloquence frappe cinq coups, et annonce à la Sœur Dépositaire, qui le répète à la Sœur Inspectrice et celle-ci à la Grande-Maîtresse, que « c'est une Apprentie Maçonne qui a fait son temps et qui demande à passer Compagnonne. »

La Grande Maîtresse. — Quelles preuves notre Sœur a-t-elle données, pour garant de sa soumission aveugle à ce que nous exigerons d'elle?

La Sœur d'Éloquence, — Grande Maîtresse, notre Chère Sœur a remis ses bijoux et sa jarretière.

On dépose ces objets sur l'autel.

L'introduction de la postulante est ordonnée ; on l'a fait asseoir.

La Grande Maîtresse. — Ma Chère Sœur, c'est avec un plaisir extrême que je vois votre zèle à vouloir parvenir à la connaissance de nos mystères. Cependant, quoique vous nous confirmiez de plus en plus dans l'idée que nous avons conçue de vous, je me crois encore l'obligation de vous engager à ne rien précipiter. Sachez que, s'il vous arrivait de faiblir une seule fois au cours des épreuves que nous allons vous imposer, il ne nous serait plus possible de vous recevoir désormais parmi nous. C'est à vous de voir si vous persistez à vouloir être reçue à ce prix.

La récipiendaire. — Je persiste.

La Grande Maîtresse lui fait alors passer un rapide examen, portant sur l'appréciation qu'elle s'est faite de la Maçonnerie depuis son initiation première.

Cet examen n'est que pour la forme ; car, avant l'introduction de la récipiendaire, on a voté sur son admission au Compagnonnage.

La Grande Maîtresse, après l'examen. — Ma Sœur, vous allez faire cinq voyages ; ils vous rappelleront les cinq compagnons expérimentés et fidèles qui vous guideront dans le chemin de la vie.

On fait faire à la récipiendaire cinq fois le tour de la Loge.

La Sœur Inspectrice. — Grande Maîtresse, les cinq voyages sont terminés.

La Grande Maîtresse, à la récipiendaire. — Ma Sœur, ces cinq voyages figurent les cinq sens, la vue, l'ouïe, l'odorat, le goût et le toucher. La nature est pour nous une mère : en nous dotant de ces cinq sens, elle nous a donné des conseillers sûrs et d'un jugement exact. Ce ne sont pas leurs impressions qui peuvent nous tromper ; car ils ne se prononcent qu'en parfaite connaissance de cause. Aussi, devons-nous toujours les consulter avant d'agir.

Si la Grande Maîtresse possède des qualités oratoires, elle développe cette thèse, laissant de côté la conscience, « qui est souvent faussée par suite d'une éducation défectueuse, c'est-à-dire imbue de préjugés, corrompue par la superstition, » et exaltant « les conseillers naturels », — lisez : matériels, — qui sont les cinq sens.

La Grande Maîtresse, à la récipiendaire. — Ma Sœur, afin de vous mettre à même de convaincre de votre courage vos Frères et vos Sœurs, nous allons vous faire passer par l'épreuve du feu.

On fixe aux deux poignets de la postulante les extrémités d'une chaîne de fer-blanc.

Le Maître des Cérémonies conduit la récipiendaire à la terrine où brûle de l'esprit-de-vin et il lui place les mains un peu au-dessus de cette flamme inoffensive.

La Grande Maîtresse, s'adressant au Maître des Cérémonies dès que la récipiendaire a senti la chaleur de l'esprit-de-vin. — C'en est assez, mon Frère ; l'épreuve est suffisante ; le courage de notre Sœur est démontré et nous sommes contents de sa soumission.... (S'adressant ensuite à la récipiendaire :) Vous, ma Chère Sœur, ne craignez rien : souvenez-vous que la bonne foi est sacrée chez les Maçons ; le bandeau que vous avez sur les yeux nous assure de la vôtre et nous présente l'innocence dans laquelle vivaient nos premiers pères, se confiant aveuglément dans les promesses du ciel.... Continuez, ma Sœur, à vous soumettre à tout ; il ne vous reste plus qu'une épreuve à subir, et bien qu'elle soit terrible, elle n'est pas au-dessus de la vertu courageuse.... Nous allons vous conduire dans un lieu de délices, où vous achèverez de nous convaincre de l'estime que nous devons faire de votre amitié. Allez, ma Chère Sœur ; puissent la sagesse et la prudence vous inspirer sur tout ce qu'il vous reste à faire et vous ramener vers moi avec des marques certaines de votre innocence!

Le Frère Orateur conduit la récipiendaire au petit cabinet de verdure qui figure le Paradis Terrestre ; les bougies, destinées à l'éclairage de ce réduit, viennent d'être allumées. Toutefois, on ne délivre pas encore la postulante de son bandeau. En la laissant là, le Frère Orateur lui dit, sans autre explication, « qu'il l'abandonne à ses réflexions. »

A peine s'est-il retiré qu'un Frère, spécialement délégué, — c'est toujours un Frère lié d'amitié avec la récipiendaire qui est choisi, ou, tout au moins, un à qui elle a eu l'occasion de marquer sa confiance, — entre dans le petit cabinet et se fait connaître de la postulante, à voix basse, comme s'il enfreignait une défense pour lui venir en aide. Il la fait approcher de l'arbre qui est auprès de l'autel et lui dit qu'il est venu afin de la guider dans l'épreuve à laquelle la Loge la soumet. Puis, embrassant la malheureuse, interdite sous le bandeau qui lui couvre les yeux, il lui prend la main et lui donne à tenir un instant la tête du serpent artificiel ; cet objet, aussitôt, se redresse nerveusement, par l'effet du mécanisme que le Frère fait fonctionner.

Presque immédiatement, l'Instigateur, — c'est le nom donné au Frère qui remplit ce rôle, — détache de l'arbre une pomme et la présente à la récipiendaire, en lui disant :

— Voici un fruit qu'il vous faut manger tout de suite, sans me demander quel il est. La Maçonnerie exige de vous cette marque d'obéissance. Si vous vous refusiez à manger ce fruit, vous ne pourriez pas être reçue Compagnonne, et même la Loge prononcerait impitoyablement votre exclusion de la société.

Si la récipiendaire hésite, l'Instigateur ajoute, à voix basse, en se penchant à son oreille :

— Allons, ne perdez pas de temps, les instants que vous passez ici sont comptés ; c'est une simple pomme, vous n'avez rien à craindre.

Dès que la récipiendaire se met à croquer la pomme, l'Instigateur donne un signal, et aussitôt les Maîtres des Cérémonies font manœuvrer les instruments dont le mécanisme produit des grondements de tonnerre et des bruits de grêle (1). En même temps, le Frère Orateur, qui s'est tenu prêt, entre à pas précipités dans le cabinet de verdure, tandis que l'Instigateur se cache derrière l'arbre au serpent.

Le Frère Orateur, saisissant la récipiendaire par le bras et lui arrachant son bandeau. — Malheureuse! Qu'avez-vous fait? Est-ce ainsi que vous pratiquez les leçons de sagesse que l'on vous a données? Se pourrait-il que vous méconnaissiez ces sentiments d'honneur et de vertu, premiers fondements de notre Ordre?... Quoi! au mépris des promesses que vous a faites la Grande Maîtresse de récompenser votre courage et votre prudence, vous vous laissez séduire par ce monstre, (en disant cela, il lui montre le serpent dont l'Instigateur, caché, fait remuer la tête), qui n'a d'autre but que celui de corrompre votre innocence!... Que devez-vous attendre à présent, en punition d'une pareille faiblesse?

Comme bien l'on pense, la récipiendaire, plus interdite que jamais et n'y comprenant décidément rien, balbutie.

Alors, sans lui donner le temps de la réflexion, l'Orateur ajoute : — Suivez-moi, madame, et sortons au plus vite d'un lieu qui vous rappellerait sans cesse votre faute!

La récipiendaire, entraînée aussitôt au milieu de la Loge, est remise entre les mains du Premier Surveillant

---

(1) Voir la description de ces instruments dans le premier volume des *Frères Trois-Points*, chapitre V, page 377.

et de la Sœur Inspectrice. L'Orateur porte au Grand Maître la pomme mordue.

Toute la Loge garde le plus profond silence.

Le Grand Maître, d'une voix grave. — Je vois trop, madame, le peu de cas que vous avez fait des sages conseils qui vous ont été donnés ; mais, indépendamment du remords que doit vous causer l'oubli de vos devoirs, connaissez l'excès des malheurs occasionnés par votre inconséquence !... Sœur Inspectrice, conduisez Madame à la Chambre du Crime.

La récipiendaire est introduite un moment dans le petit cabinet funèbre qui est à gauche de la porte d'entrée. La Sœur Inspectrice l'invite à considérer le spectacle de mort qu'elle a devant les yeux, à découvrir l'enseignement contenu dans le tableau transparent qui représente Dieu maudissant Caïn après le meurtre d'Abel, et à comprendre le vrai sens de l'inscription : « Le crime a vaincu l'innocence. »

La Sœur Inspectrice ramène la récipiendaire en Loge, et, l'ayant placée entre les deux colonnes, reprend son siège auprès du Premier Surveillant.

Le Grand Maître. — Mes Frères et Sœurs, que dois-je faire ?

Le Premier Surveillant. — Consulter votre sagesse et appliquer nos lois.

Le Grand Maître, s'adressant à la récipiendaire, avec beaucoup de douceur. — Madame, nous ne voulons pas examiner aujourd'hui l'acte que j'ai appelé tout à l'heure votre inconséquence. La Maçonnerie, quand elle punit une faute, considère d'abord si elle a été commise avec intention et de mauvaise foi. La Grande Maîtresse vous le disait, il n'y a qu'un instant : « la bonne foi est sacrée chez les Maçons. » Or, dans l'aventure qui vient de vous arriver, il nous apparaît, avant tout, que vous avez agi en ne croyant pas mal faire, subissant une influence amie, ignorant les conséquences de votre action, ayant même la pensée qu'on vous avait fourni le moyen d'avancer dans la voie de la perfection. Les yeux couverts par le bandeau de la naïve innocence, vous avez donc été d'une bonne foi parfaite. Dans ces conditions, nous aurions mauvaise grâce à vous reprocher davantage un acte d'inexpérience et d'ignorante simplicité. L'indulgence est, du reste, une des bases de la Maçonnerie Aussi, pour vous faire connaître entièrement le caractère des vrais Maçons, persuadés, comme ils le sont, des faiblesses de l'humanité, apprenez que tous les Frères et Sœurs, ici présents, vous pardonnent, et moi tout le premier, à la seule condition que vous allez prêter, devant nous et sur cet autel, le serment de ne jamais employer d'autre vengeance envers les Frères et les Sœurs que vous saurez avoir commis une faiblesse. Le voulez-vous, madame ?

Réponse (affirmative) de la récipiendaire, qui souvent ne saisit pas le double sens de cette dernière phrase.

Sur l'invitation de la Grande Maîtresse, on applaudit.

Le Maître des Cérémonies fait avancer la récipiendaire vers l'estrade, par cinq pas en partant du pied droit. Quand elle est arrivée à l'estrade, il la fait agenouiller devant l'autel. Le Grand Maître prend la chaîne dont elle a les extrémités fixées aux poignets et la lui passe sur le cou. Sur un signal de la Grande Maîtresse, toute la Loge se lève.

Le Grand Maître. — Ma Sœur, vous allez répéter avec moi votre obligation de Compagnonne Maçonne.

Serment de la Compagnonne. — En présence du Grand Architecte de l'Univers, qui est Dieu, et devant cette auguste assemblée, je promets et jure, sous les peines de mon premier serment, de garder fidèlement dans mon cœur les secrets des Compagnonnes envers les Apprenties, comme j'ai promis de garder ceux des

Apprenties envers les Profanes. Je promets, de plus, d'aimer, de protéger et de secourir mes Frères et mes Sœurs, chaque fois que j'en trouverai l'occasion, et d'avoir pour leurs faiblesses l'indulgence que commande une sincère fraternité. Je promets, en outre, de garder sur moi, cette nuit, la jarretière de l'Ordre, et de n'en jamais découvrir le sens mystérieux aux Profanes. Que le Grand Architecte me soit en aide. Ainsi soit-il.

Le Maître des Cérémonies fait relever la récipiendaire après la prestation du serment.

Le Grand Maître, appuyant son glaive sur l'épaule droite de la néophyte. — Au nom de la Grande Maîtresse, et en vertu des pouvoirs qui nous sont conférés par cette Respectable Loge, je vous reçois et constitue Compagnonne Maçonne, second degré de la Maçonnerie d'Adoption.

En disant cela, il frappe cinq coups de maillet sur le plat de son épée touchant l'épaule droite de la récipiendaire.

Le Grand Maître, présentant à la néophyte la pomme qu'elle avait entamée dans le cabinet de verdure. — Ma Sœur, le lieu de délices, où vous avez été incitée à manger ce fruit, figure le Paradis Terrestre. L'arbre qui produit ces pommes symbolise la source même de la vie ; nous l'appelons l'Arbre du Milieu. Vous pouvez continuer à manger de son fruit si doux : mais, chaque fois que vous en mangerez, vous aurez bien soin de n'avaler aucun pépin ; car le pépin n'est autre que la semence ; aussi ne doit-il aller que là où il peut germer. On vous donnera, quand il sera temps, l'explication de ce mystère.

Il lui fait mordre la pomme.

Le Grand Maître. — Je vais maintenant, Chère Sœur, vous appliquer le sceau de la discrétion. Veuillez fermer un instant la bouche et approcher vos lèvres.

La récipiendaire obéit. Le Grand Maître prend dans l'auge sacrée un peu de pâte liquide au bout de sa petite truelle et applique cette pâte par cinq fois sur la bouche de la récipiendaire.

Le Grand Maître. — Je vous applique le sceau de la discrétion sur les lèvres, Chère Sœur, afin de vous faire bien comprendre que vous ne devez jamais les ouvrir pour la moindre allusion à nos secrets et à nos réunions.

Ensuite, il lui essuie la bouche et l'embrasse comme au grade d'Apprentie, pendant que, sur un signal de la Grande Maîtresse, toute la Loge s'assied.

Le Grand Maître, remettant à la néophyte le reste de la pomme mordue. — Reprenez ce fruit ; il est le symbole d'un grand mystère, et de notre Ordre et de notre religion.... Présentez-vous à la Grande Maîtresse ; elle va vous donner les marques certaines de notre confiance et de notre estime.

Une jarretière est, en ce moment, entre les mains de la Grande Maîtresse. C'est la Jarretière de l'Ordre, en satin blanc, doublé de bleu ; elle est ornée de rubans de pareille couleur, pour la nouer ; la devise « Silence et Vertu » y est brodée en soie bleue.

La Grande Maîtresse. — Recevez, Chère Sœur, la Jarretière de l'Ordre ; elle est l'emblême de l'amitié parfaite qui unit les Maçonnes et les Maçons.

Elle lui remet la jarretière.

La Grande Maîtresse. — N'oubliez jamais la devise « Silence et Vertu », qui est sur cet ornement mystique. *Vertu*, c'est-à-dire l'énergie de l'âme appliquée à la pratique habituelle du devoir ; *Silence*, c'est-à-dire la discrétion la plus absolue sur notre enseignement et nos assemblées.... Enfin, ma Chère Sœur, je vais vous faire connaître les signes, mots et attouchement secrets que nous avons dans ce grade, de même qu'il en existe dans le grade précédent.

Ordre. — On se met à l'ordre comme au grade d'Apprentie.

Signe de reconnaissance. — Il se fait en portant le petit doigt et le pouce de la main droite à l'oreille gauche, dont on prend le bout entre les deux doigts. En réponse, on s'applique sur la bouche l'index et le médius de la main gauche, le pouce tenu sous le menton.

Attouchement. — Il se donne en se prenant réciproquement la main droite, de façon à ce que les deux pouces soient entrelacés.

Batterie et Acclamation. — Comme au grade d'Apprentie.

Mot de Passe. — LAMMA-SABACTANI. Il se traduit ainsi : « Seigneur, je n'ai péché que parce que vous m'avez abandonnée. »

Mot Sacré. — BELBA. On l'interprète ainsi : « Tour de Confusion. »

La Grande Maîtresse, après l'enseignement des secrets du grade, rend à la néophyte ses bijoux, l'embrasse et charge la Maîtresse des Cérémonies de présenter aux Sœurs Inspectrice et Dépositaire la nouvelle Compagnonne pour la faire reconnaître.

Ces formalités ont lieu comme au grade d'Apprentie. La Sœur Dépositaire, chargée du dernier tuilage, attache au bras gauche de la néophyte la jarretière qui lui a été remise par la Grande Maîtresse.

Enfin, lorsque la Sœur Inspectrice a annoncé que les signes, paroles et attouchements, rendus par la néophyte, sont justes, la Grande Maîtresse la proclame définitivement Compagnonne, et fait applaudir à son heureuse initiation.

La néophyte est placée au climat d'Afrique, à proximité de l'autel, et la parole est donnée au Frère Orateur.

Le discours du Frère Orateur traite comme toujours,

les différents épisodes de la réception. Il ne revient guère sur les cinq voyages, qui ont été suffisamment expliqués, et s'attache surtout aux incidents dont le Frère Instigateur a été cause dans le petit cabinet de verdure :

Voici la substance de ce discours :

— La réception de la Compagnonne Maçonne rappelle les origines de l'humanité. Adam et Ève, formés par un être supérieur préexistant, ont été placés dans un jardin de délices, le Paradis Terrestre. Au milieu de ce jardin, est un arbre dont les fruits ont un privilège : une fois qu'on en a goûté, on sait discerner le bien du mal. C'est l'arbre qui recèle le plus grand secret de la nature : le secret de la perpétuité de l'espèce humaine. Les Maçons le désignent sous le nom d'Arbre du Milieu... Qu'est-ce qui est le bien ? qu'est-ce qui est le mal ? Adam et Ève l'ignorent, et ils l'ignoreront tant qu'ils n'auront pas mangé du fruit de ce merveilleux Arbre du Milieu. Ils sont aveugles, et c'est cet aveuglement qu'on est convenu d'appeler leur innocence... L'humanité, qui ne se compose alors que d'un couple, est immortelle ; la promesse de l'immortalité a été faite par le ciel, et c'est bien en aveugles qu'Adam et Ève s'y confient. Mais, si l'humanité est immortelle, elle est, d'autre part fatalement destinée, par le fait même de son ignorance, à ne jamais s'accroître ; elle sera toujours réduite à deux individus... Est-ce là le bien? Réfléchissez, ô vous qui êtes filles d'Ève, de cette Ève qui devait la première goûter au fruit de l'arbre de vie !... Ève, donc, est tentée. Elle cède à la tentation. C'est une simple curiosité, une faiblesse, si l'on veut, mais une faiblesse bien excusable, puisqu'elle a pour mobile le désir de s'instruire, de connaître, d'apprendre à discerner le bien du mal. Elle ne raisonne pas, elle ne réfléchit point aux conséquences que pourra avoir sa faiblesse, elle ne se dit pas que sa légèreté va mettre en fureur l'être supérieur de qui elle dépend ; non, elle est simple et naïve, sans malice aucune, elle agit d'instinct... Elle mord à une pomme, et elle y a à peine mordu, que ses yeux se dessillent, que la lumière de la mystérieuse science luit à ses regards à la fois étonnés et charmés. Elle comprend que le bien de l'humanité n'est pas dans son isolement au milieu de la nature, mais, au contraire, dans sa reproduction incessante, dans son accroissement, dans sa multiplication. Tandis qu'elle a goûté à ce fruit de vie, elle a éprouvé une sensation délicieuse, jusqu'alors inconnue d'elle, et, en même temps, elle a eu la révélation du grand secret que recèle l'Arbre du Milieu... Heureuse de sa découverte, elle s'empresse d'en faire profiter Adam : ils mangent ensemble de ce fruit aussi suave que précieux ; Ève donne à Adam la leçon que tout à l'heure elle a reçue... Soudain, le tonnerre et la grêle font entendre leurs éclats terribles ; les cieux se déchirent, la terre tremble, la nature entière frissonne épouvantée ; c'est l'être supérieur à qui Adam et Ève doivent d'avoir été formés, qui apparaît écumant de colère, prêt à détruire son œuvre, tant il est furieux et courroucé. D'un mot, il renie ses promesses puisque l'homme et la femme, oubliant ses injonctions, ont cueilli le fruit défendu et qu'ainsi le mystère de la génération n'est plus un secret pour eux, puisque désormais l'espèce humaine engendrera et se multipliera, eh bien, le privilège de l'immortalité, qui devait la distinguer des autres êtres animés, lui sera retiré ; Adam et Ève, ainsi que leurs descendants, mourront ; pour une inconséquence, en somme, très discutable, l'humanité entière est condamnée à perpétuité à cette peine dont les effets sont horribles, la mort... Adam et Ève, chsassés du Paradis Terrestre, ne tardent pas néanmoin à se consoler, dans la mesure du possible, des avantages qu'ils ont perdus : à leur improductive ignorance a succédé l'amour, tendre et fécond ; le travail, qui les honore, remplace, à leur foyer persécuté, l'oisiveté méprisable. Si leur existence est maintenant restreinte à une limite fixée par l'arbitraire, du moins, elle n'est plus stérile et sans but. Ils connaissent les douces joies de la famille ; ils ont des enfants, et leur mère, que l'adversité n'a rendue que meilleure, ne regrette point les douleurs que leur naissance lui coûte.... Hélas ! pourquoi faut-il qu'un tragique événement vienne bientôt faire comprendre à Adam et à Ève combien est terrible la peine infligée à l'humanité ?... Une rivalité ayant surgi entre Abel et Caïn, celui-ci frappe trop violemment son frère, et, pour la première fois, la famille humaine a sous les yeux l'épouvantable et désolant spectacle de la mort.... Tel est, Chères Sœurs et Chers Frères, le sujet d'étude que la Maçonnerie a entendu livrer à vos méditations, en composant l'initiation de Compagnonne des épisodes symboliques que vous savez.

En vertu de ce raisonnement maçonnique, c'est Dieu, on le voit, qui est en tout le grand coupable, même au sujet de la mort d'Abel. Il est facile, dans ces conditions, de comprendre le sens que la secte attache à l'inscription mise sur le tableau de la Chambre du Crime : « Le crime a vaincu l'innocence. » L'innocence, c'est l'humanité, et le crime, c'est Dieu.

Quant aux sous-entendus infâmes qui émaillent la légende du grade de Compagnonne, ils montrent jusqu'où peut aller, dans ses inventions abominables, la malice diabolique, instigatrice et inspiratrice de la Franc-Maçonnerie.

Après le discours du Frère Orateur, ont lieu la circulation du Tronc de la Veuve, et, ensuite la récitation du Catéchisme de Compagnonne par la Grande Maîtresse et la Sœur Inspectrice.

La Grande Maîtresse. — Sœur Inspectrice, êtes-vous Compagnonne?

La Sœur Inspectrice. — Grande Maîtresse, donnez-moi une pomme, et vous en jugerez.

La Grande Maîtresse. — Comment êtes-vous parvenue au grade de Compagnonne ?

La Sœur Inspectrice. — Par un fruit et un ligament.

La Grande Maîtresse. — Comment jugerai-je, au moyen d'un fruit, que vous avez été initiée au second degré de la Maçonnerie d'Adoption ?

La Sœur Inspectrice. — En me faisant mordre à ce fruit; car je le mordrai sans toucher au pépin.

La Grande Maîtresse. — Pourquoi cette précaution?

La Sœur Inspectrice. — Parce que le pépin n'est autre que la semence et que la semence ne doit aller que là où elle peut germer.

La Grande Maîtresse. — Qu'est ce fruit?

La Sœur Inspectrice. — Il est doux.

La Grande Maîtresse. — Que représente sa douceur?

La Sœur Inspectrice. — Le caractère d'un vrai Maçon.

La Grande Maîtresse. — Qu'est-ce qu'un ligament?

La Sœur Inspectrice. — C'est un terme d'anatomie employé pour désigner un tissu fibreux qui sert le plus souvent à soutenir un os.

La Grande Maîtresse. — Que signifie le ligament dont vous entendez parler?

La Sœur Inspectrice. — La force d'une amitié parfaite, basée sur la vertu.

La Grande Maîtresse. — Qu'est-ce que la vertu ?

La Sœur Inspectrice. — C'est l'énergie de l'âme appliquée à la pratique habituelle du devoir.

La Grande Maîtresse. — Quel est le devoir des Maçons et des Maçonnes?

La Sœur Inspectrice. — C'est de se rendre mutuellement heureux.

La Grande Maîtresse. — Ne vous a-t-on pas fait voyager avant de vous recevoir Compagnonne?

La Sœur Inspectrice. — J'ai fait cinq voyages.

La Grande Maîtresse. — Quelle est la signification de ces voyages?

La Sœur Inspectrice. — Ils doivent me rappeler les cinq conseillers expérimentés et fidèles que la nature m'a donnés pour me guider dans le chemin de la vie.

La Grande Maîtresse. — Quels sont ces conseillers?

La Sœur Inspectrice. — Les cinq sens: la vue, l'ouïe, l'odorat, le goût et le toucher.

La Grande Maîtresse. — Qu'avez-vous vu?

La Sœur Inspectrice. — Un épais bandeau couvrait mes yeux; mais j'y voyais avec les yeux de la raison.

La Grande Maîtresse. — Qu'avez-vous entendu?

La Sœur Inspectrice. — La voix aimable et persuasive de la sagesse.

La Grande Maîtresse. — Qu'avez-vous flairé?

La Sœur Inspectrice. — Une joie suave et pure.

La Grande Maîtresse. — Qu'avez-vous goûté?

La Sœur Inspectrice. — La paix du cœur.

La Grande Maîtresse. — Qu'avez-vous touché?

La Sœur Inspectrice. — La main de l'amitié.

La Grande Maîtresse. — N'avez-vous pas eu à passer par d'autres épreuves?

La Sœur Inspectrice. — Oui, Grande Maîtresse.

La Grande Maîtresse. — Quelles sont-elles?

La Sœur Inspectrice. — Le feu, la tentation et l'aspect de la mort.

La Grande Maîtresse. — Êtes-vous passée par le feu sans danger?

La Sœur Inspectrice. — Le feu des vertus anime et ne fait aucun mal.

La Grande Maîtresse. — Où avez-vous été tentée?

La Sœur Inspectrice. — Dans un jardin délicieux.

La Grande Maîtresse. — Comment nommez-vous ce jardin ?

La Sœur Inspectrice. — Le jardin d'Éden. Il rappelle le Paradis Terrestre, où furent placés nos premiers parents et où nous devrions vivre dans une sécurité parfaite.

La Grande Maîtresse. — Qu'y a-t-il de plus remarquable dans ce jardin ?

La Sœur Inspectrice. — Un arbre de vie, que nous nommons l'Arbre du Milieu.

La Grande Maîtresse. — Que signifie cet arbre ?

La Sœur Inspectrice. — La Maçonnerie, laquelle nous apprend à connaître le mal que nous avons fait et le bien qu'il nous reste à faire.

La Grande Maîtresse. — Ne signifie-t-il rien de plus ?

La Sœur Inspectrice. — Il symbolise encore le grand mystère de la nature ; c'est grâce à ce mystère que, si les hommes sont mortels, l'humanité, du moins, ne périra pas.

La Grande Maîtresse. — Qu'est-il résulté de l'épreuve que vous avez subie dans le jardin d'Éden ?

La Sœur Inspectrice. — Un acte d'ignorance, accompli de bonne foi.

La Grande Maîtresse. — Avez-vous été punie pour cet acte d'ignorance ?

La Sœur Inspectrice. — Non, Grande Maîtresse, la bonne foi est sacrée chez les Maçons.

La Grande Maîtresse. — Pourquoi a-t-on mis aussitôt sous vos yeux le spectacle de la mort ?

La Sœur Inspectrice. — Pour me faire bien ressentir l'horreur du crime ; pour que je n'oublie jamais comment la souffrance et la destruction sont entrées dans le monde ; pour me faire souvenir, enfin, que la science de la mort n'a été utile que depuis ce temps-là.

La Grande Maîtresse. — Que signifie le mot *Èva*, mis à chaque côté du Tableau de la Loge ?

La Sœur Inspectrice. — Il me rappelle mon origine, ce que je suis, ce que je dois être.

La Grande Maîtresse. — Que vous est-il arrivé à la suite des épreuves ?

La Sœur Inspectrice.— On m'a conduite au Vénérable Grand Maître, par cinq pas en partant du pied droit.

La Grande Maîtresse. — Qu'a-t-il fait de vous ?

La Sœur Inspectrice. — Il m'a mis une chaîne sur le cou et a reçu mon obligation.

La Grande Maîtresse. — Que représente cette chaîne ?

La Sœur Inspectrice. — L'aimable lien de l'union maçonnique.

La Grande Maîtresse. — Qu'a-t-on exigé de vous ?

La Sœur Inspectrice. — De coucher, la nuit de ma réception, avec la Jarretière de l'Ordre.

La Grande Maîtresse. — Qui vous a faite Compagnonne ?

La Sœur Inspectrice. — La truelle et ma vertu.

La Grande Maîtresse. — A quoi sert la truelle ?

La Sœur Inspectrice. — A réunir dans le cœur les sentiments d'honneur et de probité, et à faire oublier les offenses reçues.

La Grande Maîtresse. — Que vous a-t-on applique, lorsqu'on vous a reçue Compagnonne ?

La Sœur Inspectrice. — Le sceau de la discrétion, pour m'apprendre que ma bouche doit se taire sur les mystères de la Maçonnerie.

La Grande Maîtresse. — Comment se fait votre signe ?

La Sœur Inspectrice. — En prenant l'oreille droite avec le petit doigt et le pouce de la main droite.

La Grande Maîtresse. — Comment y répond-on ?

La Sœur Inspectrice. — En posant l'index et le doigt du milieu de la main droite sur la bouche, le pouce sous le menton.

La Grande Maîtresse. — Que signifie le premier signe ?

La Sœur Inspectrice. — Que notre oreille ne doit s'ouvrir qu'à ce qui peut nous édifier, et qu'elle doit se fermer à ce qui peut nous corrompre.

La Grande Maîtresse. — Que signifie le second ?

La Sœur Inspectrice. — Que notre bouche doit toujours être fermée à la médisance et à la calomnie.

La Grande Maîtresse. — Donnez-moi le mot de passe des Compagnonnes.

La Sœur Inspectrice. — *Lamma Sabactani.*

La Grande Maîtresse. — Que signifie-t-il ?

La Sœur Inspectrice. — Seigneur, je n'ai péché que parce que vous m'avez abandonnée !

La Grande Maîtresse. — Donnez-moi le mot sacré.

La Sœur Inspectrice. — *Belba.*

La Grande Maîtresse. — Que signifie-t-il ?

La Sœur Inspectrice. — Il signifie que la Maçonnerie rétablira la paix dans le monde par le renversement de la Tour de Confusion.

La Grande Maîtresse. — Quel est l'état d'une Maçonne ?

La Sœur Inspectrice. — D'être heureuse, destinée pour laquelle l'humanité fut formée.

La Grande Maîtresse. — Comment parvient-on à cette félicité ?

La Sœur Inspectrice. — Par le secours de l'Arbre du Milieu.

La Grande Maîtresse. — A quoi sont obligés les Maçons et les Maçonnes ?

La Sœur Inspectrice. — A s'éclairer réciproquement, à s'édifier par leurs vertus et à s'assister dans leurs besoins.

La Grande Maîtresse. — Quelle doit être leur attention ?

La Sœur Inspectrice. — Écouter, obéir, travailler et se taire.

La Grande Maîtresse, solennellement. — Nous avons écouté, obéi, travaillé, et nous nous taisons sur nos mystères envers les Profanes. C'est pourquoi je ferme cette Loge, en faisant notre office par cinq.

La fermeture des travaux a lieu avec le même cérémonial que celle d'Apprentie.

Les dernières paroles de la Grande Maîtresse, répétées par les Sœurs Inspectrice et Dépositaire, sont celles-ci :

— La Loge de Compagnonne est fermée ; retirons-nous en paix au sein de nos familles et de nos affections !

On ne dira pas que le second degré de la Maçonnerie d'Adoption est un grade de remplissage. Dans la voie du mal, la secte accomplit ici de rapides progrès.

IV

LA MAITRESSE

Le grade de Maîtresse est le troisième degré de la Maçonnerie d'Adoption.

La tenture de la salle, pour la réception à ce grade. est cramoisie.

Au-dessus de l'autel qui est sur l'estrade, se trouve un transparent figurant l'arc-en-ciel. Une échelle, composée de cinq échelons, est placée contre le mur, auprès du Frère Orateur et de la Sœur d'Éloquence.

Au milieu, à proximité de l'estrade, mais un peu du côté de l'Afrique, il y a une sorte de tour en bois, ayant la forme d'une spirale et haute d'un mètre environ : la plate-forme de cette tour est assez large pour qu'une personne puisse s'y tenir ; cet objet est de construction solide. On y lit, en gros caractères, ces mots : « Tour de Babel, monument de l'orgueil des hommes. » Une planche, large d'un mètre, conduit à la plate-forme de la tour : cette planche est très longue ; posée sur des tréteaux de hauteur graduée, elle forme une pente extrêmement douce, qui part du sol même de la salle.

Vers l'entrée, auprès de l'autel où se tiennent le Premier Surveillant et la Sœur Inspectrice, est un établi de menuisier, sur lequel sont un maillet, un ciseau et une boîte; ce dernier objet mérite une description particulière. C'est une boîte carrée, en bois couleur de pierre. Sa forme est celle-ci: 21 centimètres de long, 9 de large, et 9 de haut. Son couvercle s'ouvre, au moyen de charnières, en deux parties égales; il y a, aux quatre coins du couvercle, un clou doré, et, au milieu un cinquième clou, lequel, lorsqu'on le presse, fait jouer un ressort qui ouvre brusquement les deux parties du couvercle. Ce que contient cette boîte est une pièce anatomique en bois peint, de laquelle je ne puis donner ici aucune description; les personnes qui devineront de quoi il s'agit comprendront et approuveront mon silence. Deux bougies allumées sont placées sur l'établi, des deux côtés de la boîte à surprise. L'endroit où se trouve cet établi avec ses accessoires est entouré de paravents et forme en quelque sorte un petit cabinet à part en entrant dans la Loge.

Le tableau de la Loge, grande toile peinte étalée entre les colonnes au milieu de la salle, représente:

1° Les quatre parties du monde, dont les noms servent à désigner les côtés du temple; figures allégoriques;

2° Dans le haut, un arc-en-ciel;

3° Du côté de l'Afrique, un bûcher enflammé consumant un agneau, ledit bûcher étant placé sur un autel;

4° A l'opposite, Abraham sacrifiant son fils Isaac;

5° Un peu plus bas, du côté de l'Afrique, l'arche de Noé sur le mont Ararat, avec la colombe prête à y rentrer, rapportant dans son bec une branche d'olivier, et un corbeau au pied de la montagne;

6° A l'opposite, la tour de Babel, et, à côté de cette tour, une auge, une truelle, une règle et un maillet;

7° Au milieu du tableau, on voit l'échelle mystérieuse de Jacob, où montent et descendent des anges, et Jacob sommeillant, étendu à terre au pied de l'échelle

8° Au bas, vers l'Afrique, est une ville embrasée par le feu du ciel, représentant Sodome; on distingue aussi, en cet endroit, la femme de Loth ayant la tête tournée vers la ville et changée en statue de sel ;

9° A l'opposite, est une citerne dans laquelle est représenté Joseph, ayant, au-dessus de lui, le soleil, la lune et onze étoiles.

On a eu soin de placer à terre, aux deux côtés du Tableau de la Loge, des flambeaux garnis de bougies allumées, savoir : sept du côté de l'Afrique, et six du côté de l'Amérique.

En outre, trois flambeaux garnis de bougies allumées sont placés sur l'autel de l'estrade. Un autre flambeau est devant la Sœur Inspectrice, et un autre devant la Sœur Dépositaire. Deux terrines enflammées se trouvent au pied de l'estrade.

Le reste de la Loge est éclairé à volonté.

La récipiendaire, ayant été conduite dès son arrivée dans la Chambre des Réflexions, y reçoit la visite du Frère Orateur, accompagné de la Sœur d'Éloquence, qui remplit le rôle de préparatrice. On invite la récipiendaire à se décolleter, tout en lui tenant un discours sur la dignité du grade qu'elle va recevoir, et l'on pose ensuite un mouchoir sur ses épaules et sa gorge mises à nu; ce mouchoir, lui dit-on, est l'emblème de sa modestie. Après quoi, on lui bande les yeux.

Pendant ce temps, la séance est ouverte conformément au rituel, qui diffère peu de celui des deux grades précédents. Toutefois, à la question : « Quels sont les devoirs d'une Maçonne? » on ne répond plus : « Obéir, écouter, travailler et se taire », mais : « Aimer ses Frères et ses Sœurs, les protéger et les secourir. »

Au moment voulu, la récipiendaire est amenée à la porte du temple, sous la conduite du Frère Orateur et de la Sœur d'Éloquence.

La Sœur d'Éloquence, ayant frappé les cinq coups habituels, annonce « une Compagnonne Maçonne qui demande à être reçue Maîtresse. »

Les portes s'ouvrent, et la récipiendaire est introduite.

La Grande Maîtresse lui demande quels sont les progrès qu'elle a fait dans la Maçonnerie.

Celle-ci, dûment stylée par le Frère de la Loge qui s'intéresse à elle, répond en conséquence.

La Grande Maîtresse lui demande encore les mots d'Apprentie et de Compagnonne.

Elle les donne.

Alors, la Grande Maîtresse ordonne que l'on fasse voyager la récipiendaire et qu'elle subisse l'épreuve de la confusion.

Le Maître des Cérémonies, donnant la main à la récipiendaire, lui fait effectuer le tour du temple. Arrivé à l'Europe, il s'engage avec elle sur la planche en pente, et, comme la pente est très douce et que la postulante a les yeux bandés, elle arrive au sommet de la petite tour sans s'en apercevoir. Le Maître des Cérémonies, une fois qu'elle est là, lui recommande de ne pas bouger. Sans faire de bruit, on retire la planche et ses supports, de sorte que la récipiendaire se trouve isolée sur la plate-forme, à une hauteur d'un mètre environ.

La Grande Maîtresse. — Sœur Compagnonne, quel est le sujet qui vous amène en Loge?

La récipiendaire. — Le désir de monter au grade de Maîtresse.

La Grande Maîtresse, feignant un étonnement mêlé de quelque irritation. — Quoi! vous prétendez être reçue Maîtresse?... Sachez, ma Sœur, qu'on n'obtient des dignités parmi nous qu'à force de vertu, de travail et d'humilité. C'est pourquoi, nous ne pouvons, sans agir contre nos lois, vous conférer le grade auquel vous prétendez. Du reste, pour vous prouver que le refus que je vous oppose est juste et mérité, nous allons vous rendre la lumière et vous faire connaître la témérité de votre démarche.... Allons, ma Sœur, ôtez votre bandeau, je vous l'ordonne, et soyez punie de votre présomption.

La récipiendaire obéit. Débarrassée de son bandeau, elle ne manque pas d'être surprise et même un peu penaude de se trouver en l'air, dans une position ridicule, d'autant plus que l'assistance, comme on pense bien, ne se prive pas de rire.

Après que la récipiendaire a été laissée une minute ou deux sur la plate-forme, en proie aux moqueries des Frères et des Sœurs, deux Experts placent un escabeau de chaque côté de la tour, y montent, et, soulevant la récipiendaire par le dessous des bras, la descendent sur le sol de la salle. On lui fait lire alors l'inscription: «Tour de Babel, monument de l'orgueil des hommes.»

La Grande Maîtresse, à la récipiendaire. — Vous voyez, ma chère Sœur, combien le flambeau de la sagesse et de la vérité nous est nécessaire, et dans quel excès d'erreur l'ignorance et l'aveuglement peuvent nous conduire. Il vous est facile de juger qu'étant montée, quoique innocemment, au plus haut degré de l'orgueil, nous ne pouvions vous recevoir dans notre temple. Vous apprendrez bientôt les mystères que renferme l'épreuve par laquelle vous venez de passer. Contentez-vous, à présent, de vous soumettre à l'humilité qu'on doit pratiquer pour entrer dans le sanctuaire de la vertu.

La récipiendaire. — Oui, Grande Maîtresse.

La Grande Maîtresse, s'adressant au Maître des Cérémonies. — Vous, mon Frère, enseignez à la Sœur avec quel respect elle doit venir à l'autel pour y prêter son obligation.

Le Maître des Cérémonies invite l'aspirante à ôter ses souliers, et, quand elle a obéi, il lui fait faire, pieds nus, cinq pas sur le Tableau de la Loge, de droite à gauche et de gauche à droite, alternativement, de telle façon qu'au cinquième pas elle se trouve au bas de l'estrade. Il lui en fait gravir les degrés. Là, agenouillée, devant l'autel, la main droite posée sur le *Livre de la Sagesse*, de Salomon, elle prononce son serment de Maîtresse, que lui dicte le Vénérable. — Remarque : en Loge de Maîtresse Maçonne, le Vénérable porte le titre de Très Respectable Grand Maître.

Serment de la Maîtresse. — En présence du Grand Architecte de l'Univers, qui est Dieu, et devant cette auguste assemblée, je jure, sur cet autel respectable, par les sacrifices de Noé et d'Abraham et par l'échelle de Jacob, de ne jamais révéler aucun des secrets des Maçons et de ne rien expliquer aux Compagnonnes de ce qu'on m'apprendra sur les mystères de la Maîtrise, et je renouvelle la promesse, que j'ai faite dans mes précédentes obligations, d'aimer, protéger et secourir mes Frères et Sœurs, toutes les fois que j'en trouverai l'occasion. Si jamais j'étais capable de manquer à mes engagements, je consens à encourir la honte, le mépris et l'infamie que tout bon Maçon réserve au parjure ; mais, pour me garantir d'un tel malheur, j'invoque ici le Grand Architecte de l'Univers et je le prie de m'être en aide. Ainsi soit-il.

Pendant le serment, le Très Respectable Grand Maître a tenu son épée au-dessus de la tête de la récipiendaire; tous les assistants sont debout et à l'ordre.

La récipiendaire se relève, une fois son obligation prononcée, et on l'autorise à remettre ses souliers.

La Grande Maîtresse. — Très chers Frères et très chères Sœurs, prenez place.

Tout le monde s'assied, sauf la postulante et le Maître des Cérémonies.

La Grande Maîtresse, à la récipiendaire. — Ma chère

Sœur, le grade auquel vous aspirez n'est dû qu'au travail et à la constance ; je ne puis donc pas encore vous en découvrir les mystères, attendu qu'il vous reste un devoir essentiel à remplir. Y consentez-vous?

La récipiendaire. — Oui, Grande Maîtresse.

La Grande Maîtresse. — C'est bien ; je n'en attendais pas moins de votre docilité. On va vous conduire à l'Atelier des Maîtresses, où vous achèverez de nous convaincre, par le zèle et l'ardeur que vous montrerez, que vous méritez l'auguste rang, objet de vos sollicitations.

Le Maître des Cérémonies conduit la récipiendaire dans le petit cabinet où se trouve l'établi de menuisier.

Là, il lui indique l'emploi et le maniement du ciseau et du maillet.

— Je vais me retirer, lui dit-il ; vous prendrez ce ciseau de la main gauche et ce maillet de la main droite ; vous frapperez cinq coups, un sur chacun des quatre clous dorés qui sont aux angles de cette pierre (il montre la boîte peinte couleur de pierre), et le cinquième sur le clou du milieu. Vous verrez alors ce que produira votre travail ; vous apercevrez le symbole de la morale maçonnique.

Aussitôt dit, il se retire, et la récipiendaire, à la fois obéissante et curieuse, frappe les cinq coups sur la boîte couleur de pierre. Au cinquième coup frappé sur le clou du milieu, le couvercle s'ouvre, et la postulante aperçoit....

Qu'aperçoit-elle?

S'il faut en croire les rituels imprimés, vendus dans les librairies maçonniques, « au fond de la boîte est un cœur en bois peint en rouge dans la forme d'un cœur naturel avec ses veines. »

Mais cette explication des manuels imprimés n'existe

que pour dérouter les Profanes, si, par impossible, un exemplaire de ces livres tombait entre leurs mains.

Il ne faut pas perdre de vue les dimensions de la boîte (21 centimètres de long, 9 de large et 9 de haut), qui n'ont aucun rapport avec la forme d'un cœur.

L'objet, renfermé dans la boîte à surprise, portera le nom de « cœur » en langage maçonnique; mais s'il symbolise l'amour, c'est l'amour brutal et matériel, et non l'affection dans le sens sentimental. Suivant en cela la mode des poètes licencieux du XVIIIe siècle, la Maçonnerie emploie le mot « cœur », qui est un terme honnête, pour désigner un objet honteux, une chose obscène.

Le Maître des Cérémonies, l'oreille collée à la porte de l'Atelier des Maîtresses, attend que la récipiendaire ait frappé les cinq coups ; le cinquième étant frappé, il laisse s'écouler une ou deux minutes, entre ensuite brusquement, referme le couvercle de la boîte mystérieuse et dit à la postulante sans sourciller :

— Ma Sœur, le cœur que votre travail a produit est le symbole de la morale maçonnique ; ce symbole vous enseigne le grand mystère de la nature, objet d'horreur pour les âmes vicieuses, mystère sacré pour la vertu.

Après quoi, il prend la boîte à surprise, d'une main, et, de l'autre main, il entraîne la récipiendaire au milieu de la Loge.

Le Maître des Cérémonies. — Très Respectable Grande Maîtresse, la Sœur a travaillé.

La Grande Maîtresse. — Qu'a produit l'ouvrage?

Le Maître des Cérémonies. — Un cœur qui renferme vertu et silence.

La Grande Maîtresse. — Votre travail, ma très chère Sœur, vient de vous faire comprendre ce que notre respectable institution exige de vous pour y être définitivement adoptée: un cœur bon, droit, vertueux, sincère et discret. Voilà cette adoption expliquée par les cinq qualités que vous ne devez jamais perdre du vue; ce but auquel tendent tous nos mystères, nous ne le dissimulons que pour donner plus d'envie aux gens de bien de se joindre à notre société et pour écarter, grâce à nos rigoureux examens, les personnes vicieuses que nous regardons comme seules vraiment profanes. Vous devez sentir maintenant, ma très chère Sœur, que nos secrets ont une trop belle fin pour craindre l'indiscrétion; et, quand même les serments les plus inviolables ne vous obligeraient pas au silence absolu, nous sommes bien persuadés, à présent, que nos mystères seront ineffaçables et immuables dans votre cœur et que c'est là qu'ils demeureront à jamais.

En d'autres termes, cette allocution, entre les lignes de laquelle il faut savoir lire, signifie:

— Ma très chère Sœur, on vient de vous faire voir quelque chose qui vous a clairement fixée sur le but de la Maçonnerie d'Adoption, si, par impossible, vous ne l'aviez pas encore deviné. On ne vous a pas fait cette révélation du premier coup; car elle eût pu vous heurter, et nos Frères avaient d'abord besoin de savoir à quoi s'en tenir sur votre compte. Nous étudions nos recrues par l'Apprentissage; la façon dont elles se tirent de l'épreuve du Paradis Terrestre, à leur réception au grade de Compagnonne, nous renseigne exactement sur leur savoir ou leur ignorance; et alors, laissant au second degré les ignorantes tant qu'elles n'arrivent pas à comprendre, nous faisons parvenir à la Maîtrise les femmes intelligentes qui ont compris notre but et savent se mettre au-dessus des préjugés du monde profane. Vous êtes de ces dernières, et, tous ici tant que nous sommes, Frères et Sœurs, nous en avons la certitude. De votre côté, vous êtes aussi sûre de nous que nous sommes sûres de vous; car vous savez maintenant par quoi nous avons passé. Donc, nous ne redoutons pas votre indiscrétion, et il est bien certain que vous ne redoutez pas la nôtre. Ce qui nous lie à présent, vous à nous, et nous à vous, est bien plus inviolable qu'un serment; c'est la nature même de nos mystères qui nous oblige, les unes et les autres, à un mutisme absolu. Le monde profane étant loin d'être mûr pour recevoir la lumière maçonnique, les initiés formant dans la société humaine une minorité infime et considérant comme la vraie vertu ce que les non-initiés, imbus de préjugés absurdes, considèrent comme le vice, il est clair que le secret nous est assuré par lui-même et que rien de ce qui se passe dans nos réunions androgynes ne peut transpirer au dehors.

Le Maître des Cérémonies remet à la Grande Maîtresse la boîte à surprise.

La Grande Maîtresse. — Très cher Frère Maître des Cérémonies, veuillez faire monter à la Sœur N.... les cinq degrés de l'échelle mystérieuse.

On couche sur le Tableau de la Loge l'échelle à cinq degrés. Le Maître des Cérémonies conduit la récipiendaire au bas de l'échelle, c'est-à-dire à l'extrémité proche de l'Europe; il lui fait mettre le pied gauche, puis le droit, parallèles, sur le premier échelon, ensuite sur les autres.

Le Maître des Cérémonies, quand la récipiendaire a les deux pieds posés sur le dernier échelon, extrémité proche de l'Asie. — Très Respectable Grande Maîtresse, la Sœur N.... est parvenue au sommet de la félicité.

La Grande Maîtresse, se levant. — Debout, très chers Frères et très chères Sœurs, et à l'ordre!

On obéit.

La Grande Maîtresse, à la récipiendaire. — Vous, ma très chère Sœur, veuillez vous approcher.

La récipiendaire monte à l'estrade.

Le Grand Maître, appuyant son glaive sur la tête de la néophyte, tandis que la Grande Maîtresse enlève à celle-ci le mouchoir qui recouvre ses épaules et sa gorge. — Au nom de la Grande Maîtresse, et en vertu des pouvoirs qui nous sont conférés par cette Respectable Loge, je vous reçois et constitue Maîtresse Maçonne, troisième degré de la Maçonnerie d'Adoption.

En disant cela, il frappe légèrement cinq coups de maillet sur le plat de son épée touchant la tête de la récipiendaire. Après quoi, la Grande Maîtresse replace sur les épaules et la gorge de la néophyte le mouchoir dont elle l'a débarrassée pendant la consécration.

La Grande Maîtresse, tendant obligeamment la main à la néophyte. — Très chère Sœur, en suivant les principes que nous donne la sagesse, nous trouvons que c'est trop peu d'accorder à la vertu l'estime que chacun lui doit.... (Lui enlevant son cordon de Compagnonne, et le remplaçant par le cordon de Maîtresse, auquel pend une petite truelle en or:) C'est pourquoi, je vous décore de ce bijou, comme étant la marque honorable du pur hommage que nous rendons à vos mérites. Cette truelle, parmi nous, est le signe distinctif de la Maîtrise, parce que, en ne l'accordant qu'à la vraie vertu, nous en faisons l'emblème de l'âme courageuse et maîtresse d'elle-même.... Je vais aussi vous communiquer les moyens de nous reconnaître dans ce haut degré.

Elle lui communique alors les secrets du grade, après l'avoir embrassée à cinq reprises, ainsi que le Grand Maître. Ce baiser en cinq points se donne sur les joues, sur les yeux et sur la bouche (Voir au chapitre X, le « Cantique Maçonnique » sur le *Nombre cinq*).

Ordre. — On se met à l'ordre comme au grade d'Apprentie.

Signe de reconnaissance. — Il se fait en posant le petit doigt de la main droite sur l'œil droit.

Attouchement. — Il se donne en se posant mutuellement et ensemble l'index et le médius de la main droite sur les deux doigts du Frère ou de la Sœur, en ayant soin de mettre chacun et en même temps le pouce dessus et entre les jointures de ces mêmes doigts, près des ongles.

Batterie et Acclamation. — Comme au grade d'Apprentie.

Mot de Passe. — BABEL.

Mot Sacré. — HAVOTH-JAÏR. On l'interprète ainsi : « L'éclatante lumière de la vérité a dessillé mes yeux. »

La Grande Maîtresse, après la communication des secrets du grade. — Allez maintenant, très chère Sœur, rendre aux Sœurs Officières les signes et paroles que je viens de vous donner.

Le Maître des Cérémonies veille, comme dans les autres réceptions, à l'exécution de ces formalités, et la Sœur Inspectrice, après le dernier tuilage, annonce que la nouvelle Maîtresse a rendu exactement les signes et paroles.

La Grande Maîtresse proclame la néophyte définitivement Maîtresse Maçonne et fait applaudir à son heureuse initiation.

La nouvelle Maîtresse, ayant remercié, est placée à la droite du Grand Maître, qui donne la parole au Frère Orateur.

Le discours de l'Orateur est, en grande partie, l'explication, à la mode maçonnique, des épisodes de la Bible dont la représentation figure sur le Tableau de la Loge. Tout cela est interprété à contre-sens et d'une manière impie, mais avec cette habileté diabolique qui est le propre de la secte.

L'Orateur explique encore aux Frères et aux Sœurs qui l'écoutent le sens des objets symboliques et des appellations emblématiques de la Franc-Maçonnerie. A raison du caractère particulièrement scabreux de cet enseignement, la mission de le donner en Loge n'est confiée qu'à un Frère ayant fait ses preuves et possédant la confiance de l'autorité suprême : il s'agit, en effet, pour l'Orateur, de délayer, dans une phraséologie hypocritement vertueuse, une instruction de la dernière obscénité ; le discours de l'Orateur, est-il dit dans le rituel du F.·. Guillemain de Saint-Victor, doit être « aussi respectueux qu'instructif. » Étant donné le sujet traité, le Frère Orateur est donc obligé d'accomplir un vrai tour de force. Aussi, lorsqu'une Loge, par un vote peu conforme aux vues du Grand Orient ou du Suprême Conseil, a élu aux fonctions d'Orateur un Frère non pourvu des hauts grades et n'ayant pas, en conséquence, communication des instructions secrètes de l'autorité dogmatique, le discours de la réception au grade de Maîtresse Maçonne roule forcément sur des banalités ; et c'est là ce qui explique que tous les Maçons du 3e degré ne connaissent pas, — à leur honneur, je me hâte de le dire, — le sens infâme des symboles et emblèmes de leur Ordre abominable.

Il m'est absolument impossible, je dois le déclarer, de donner en français le texte secret qu'un Orateur haut-gradé a mission de paraphraser devant les Frères et les Sœurs, sous prétexte d'adresser une harangue instructive à la nouvelle Maîtresse ; je me vois donc obligé d'interrompre ici mes révélations et de laisser une lacune dans la divulgation des infamies qui caractérisent la réception au 3e degré de la Maçonnerie d'Adoption.

Toutefois, comme il ne faut pas que la secte puisse, par le fait de ma réserve, se prétendre calomniée sous forme de réticences, dire qu'il n'existe aucune instruction secrète inavouable, je publierai — en latin, bien entendu, — à la fin de ce volume, la *Clef des Symboles Secrets de la Franc-Maçonnerie*, document qui résume ce que l'Église de Satan appelle son « Dogme », et j'accompagnerai ce document de la citation complète de ses sources, de façon à en établir la parfaite et indiscutable authenticité. Ainsi présentée, ainsi rendue incompréhensible aux personnes qui n'ont pas déjà fait des études spéciales, cette publication répondra au but que je me suis proposé : démasquer la Maçonnerie jusque dans ses plus honteuses turpitudes, sans faire néanmoins une divulgation de nature à scandaliser les personnes qui doivent rester dans l'ignorance.

Ma tâche est particulièrement ardue, délicate et pénible, on le reconnaîtra. Les abominations maçonniques sont telles que, si l'on ne déchire pas une bonne fois leurs voiles hypocrites, on fait le jeu des sectaires, protégés dans leur secret infâme par le caractère même de son ignominie, et que, si on les révèle, ces abominations, on risque de troubler des âmes innocentes, quelle que soit la prudence dont on se sera prémuni.

Cela dit, je me bornerai à faire connaître ici la partie du discours du Frère Orateur qui a trait à la prétendue explication de certains épisodes bibliques, représentés sur le Tableau de la Loge.

Abraham, se rendant sur la montagne pour sacrifier Isaac, n'est qu'un nigaud, obéissant trop complaisamment au cruel Adonaï ; cette légende prouve la bonne nature du patriarche, mais, au dire de l'Orateur, ce n'est pas le Grand Architecte qui aurait demandé un tel sacrifice à un père.

Noé, aussi, est une bonne nature ; mais il se trompe étrangement en s'imaginant que c'est Adonaï qui a veillé sur l'arche. Adonaï, abhorrant l'espèce humaine, ne demandait qu'à la noyer ; heureusement, le Bon Principe (n'oublions pas que, selon la secte, la divinité est double et qu'Adonaï est le Principe du Mal) s'est fait le défenseur du genre humain. Du reste, un peu avant le déluge, la femme de Cham avait connu un descendant de

Caïn et elle porte dans ses flancs un fils qui perpétuera la race aimée du Bon Principe. Ce n'est donc pas avec Adonaï que Noé a fait alliance, comme on le donne à entendre. Quant à l'arche, elle a un sens emblématique qui ne peut être indiqué qu'en latin.

L'épisode de la tour de Babel fournit aussi une ample matière à diatribe contre Adonaï ; il est bien le Dieu de la Discorde, lui qui a jeté la division dans l'humanité en créant la confusion des langues. Si nos pères, à cette époque, avaient adoré le Grand Architecte, un tel malheur ne serait pas arrivé ; mais ils étaient dans l'aveuglement et livrés au despotisme de Nemrod, qui personnifie la tyrannie politique.

A propos de Sodome, nouvelle divagation immorale ; si l'Orateur flétrit le crime des Sodomites, ce n'est que pour se lancer à corps perdu dans un éloge du dogme maçonnique de la génération. Multiplions partout et toujours, telle est la thèse ; tout est permis, même hors et contre le mariage, du moment qu'il s'agit de multiplier.

Enfin, Joseph, — qui le croirait ? — est un ancêtre de la Franc-Maçonnerie. On sait que la secte prétend tirer ses mystères de ceux de l'ancienne Égypte. Or, Joseph, victime d'une famille chérie d'Adonaï, est devenu un haut personnage égyptien ; il a donc été lui-même un adorateur d'Osiris et d'Isis. Ce n'est pas plus malin que cela.

Nous laissons de côté l'échelle de Jacob. C'est là une simple figure, dont l'explication est donnée par le Catéchisme de Maîtresse.

La récitation du Catéchisme suit le discours de l'Orateur ; elle a lieu entre le Très Respectable Grand Maître et la Très Aimable Sœur Inspectrice.

Le Grand Maître. — Très Aimable Sœur Inspectrice, êtes-vous Apprentie ?

La Sœur Inspectrice. — Je le crois, Très Respectable Grand Maître.

Le Grand Maître. — Êtes-vous Compagnonne?

La Sœur Inspectrice. — Donnez-moi une pomme, et vous en jugerez. (*On répond aussi :* Je connais le fruit défendu.)

Le Grand Maître. — Êtes-vous Maîtresse?

La Sœur Inspectrice. — J'ai monté l'échelle mystérieuse.

Le Grand Maître. — Que représentent les deux montants de cette échelle?

La Sœur Inspectrice. — L'amour de Dieu et l'amour du prochain?

Le Grand Maître. — Que représente le premier échelon?

La Sœur Inspectrice. — La candeur, vertu propre à une belle âme, susceptible de prendre toutes les bonnes intentions des Maçons. (C'est à raison de cette vertu que le premier baiser de Maîtresse, donné sur la joue droite, est appelé « baiser de candeur ».)

Le Grand Maître. — Que représente le second échelon?

La Sœur Inspectrice. — La douceur ou clémence, que je pratiquerai envers tous les hommes, surtout à l'égard de mes Frères et Sœurs. (C'est à raison de cette vertu que le second baiser de Maîtresse, donné sur la joue gauche, est appelé « baiser de clémence ».)

Le Grand Maître. — Que représente le troisième échelon?

La Sœur Inspectrice. — La vérité qui doit être sacrée parmi nous, comme étant un des rayons du Grand Soleil de l'Univers, qui est Dieu. (C'est à raison de cette vertu que le troisième baiser de Maîtresse, donné sur l'œil droit, est appelé « baiser de vérité ».)

Le Grand Maître. — Que représente le quatrième échelon?

La Sœur Inspectrice. — La tempérance, qui nous apprend à mettre un frein à nos passions, en fuyant tout excès déréglé. (C'est à raison de cette vertu que le quatrième baiser de Maîtresse, donné sur l'œil gauche, est appelé « baiser de tempérance ».)

Le Grand Maître. — Que représente le cinquième échelon?

La Sœur Inspectrice. — La discrétion, que nous devons observer sur tous les mystères de la Maçonnerie. (C'est à raison de cette vertu que le cinquième baiser de Maîtresse, donné sur la bouche, est appelé « baiser de discrétion ».)

Le Grand Maître. — Y a-t-il d'autres échelons à l'échelle mystérieuse?

La Sœur Inspectrice. — Oui, Très Respectable Grand Maître; mais je ne les connais pas.

Le Grand Maître. — A qui est-il réservé de les connaître?

La Sœur Inspectrice. — A tous bons Maçons et Maçonnes qui, sachant monter le premier échelon, auront mis leurs vertus en pratique pour parvenir à la perfection.

Le Grand Maître. — Où est posée la base de cette échelle?

La Sœur Inspectrice. — Sur la terre, marchepied du Seigneur.

Le Grand Maître. — Où atteint le sommet?

La Sœur Inspectrice. — Au trône du créateur, séjour de la félicité.

Le Grand Maître. — Comment les Frères et Sœurs parviennent-ils à la perfection et en même temps à la félicité?

La Sœur Inspectrice. — En unissant leurs vertus.

Le Grand Maître. — Quel est le premier Maçon qui connut l'échelle mystérieuse?

La Sœur Inspectrice. — Le patriarche Jacob, dans un songe merveilleux.

Le Grand Maître. — Que représente le sommeil de Jacob ?

La Sœur Inspectrice. — La paix et la tranquillité qui doivent régner en Loge.

Le Grand Maître. — Qui vous a fait Maîtresse Maçonne ?

La Sœur Inspectrice. — L'humilité, le travail et la discrétion.

Le Grand Maître. — Comment avez-vous été humiliée ?

La Sœur Inspectrice. — En subissant l'épreuve de la confusion : conduite par mon aveuglement au sommet de la tour de Babel, j'en fus précipitée.

Le Grand Maître. — Où avez-vous travaillé ?

La Sœur Inspectrice. — Dans l'Atelier des Maîtresses.

Le Grand Maître. — Comment avez-vous travaillé ?

La Sœur Inspectrice. — Avec zèle et en gardant le silence.

Le Grand Maître. — Qu'a produit votre travail ?

La Sœur Inspectrice. — Un cœur vertueux et discret.

Le Grand Maître. — Quelle a été votre récompense ?

La Sœur Inspectrice. — La truelle de l'Ordre.

Le Grand Maître. — A quoi vous sert-elle ?

La Sœur Inspectrice. — A fixer la sagesse dans mon cœur.

Le Grand Maître. — Où avez-vous été reçue Maîtresse ?

La Sœur Inspectrice. — Auprès du sacrifice de Noé.

Le Grand Maître. — Que représente le Tableau de la Loge ?

La Sœur Inspectrice. — L'arc-en-ciel, le sacrifice de Noé, celui d'Abraham, l'arche de Noé sur le mont Ararat en Arménie, la tour de Babel, l'échelle mystérieuse de Jacob, l'embrasement de Sodome, Joseph dans la citerne, ayant au-dessus de lui le soleil, la lune et onze étoiles, et enfin les quatre parties du monde.

Le Grand Maître. — Que signifie l'arc-en-ciel ?

La Sœur Inspectrice. — L'harmonie des sentiments d'amour fraternel qui unissent les Maçons et les Maçonnes, symbolisée par l'éclatant mélange de couleurs qui forme l'arc-en-ciel.

Le Grand Maître. — Que signifie le sacrifice de Noé ?

La Sœur Inspectrice. — Le sacrifice étant une marque de reconnaissance et de gratitude, celui de Noé nous apprend qu'un vrai Maçon doit profiter de l'expérience qu'il tire des dangers courus et remercier le Grand Architecte d'avoir préservé ses jours.

Le Grand Maître. — Que signifie le sacrifice d'Abraham ?

La Sœur Inspectrice. — Obéissance et résignation.

Le Grand Maître. — Que représente l'arche arrêtée sur le mont Ararat ?

La Sœur Inspectrice. — Le salut de ceux qui pratiquent la vertu.

Le Grand Maître. — Qui fut le fondateur de l'arche ?

La Sœur Inspectrice. — Noé, procréateur du genre humain.

Le Grand Maître. — Pourquoi la fit-il ?

La Sœur Inspectrice. — Pour préserver de la destruction totale l'humanité engloutie et noyée dans les eaux du déluge.

Le Grand Maître. — Combien mit-il de temps pour la construire ?

La Sœur Inspectrice. — Cent ans.

Le Grand Maître. — De quel bois était-elle ?

La Sœur Inspectrice. — De cèdre.

Le Grand Maître. — Combien avait-elle d'étages ?

La Sœur Inspectrice. — Trois.

Le Grand Maître. — Comment était-elle éclairée?

La Sœur Inspectrice. — Par une seule fenêtre ménagée dans le comble, pour nous enseigner que toutes les actions des Maçons doivent être éclairées par la raison seule.

Le Grand Maître. — Quelle longueur avait-elle?

La Sœur Inspectrice. — Trois cents coudées.

Le Grand Maître. — De quoi fut-elle enduite?

La Sœur Inspectrice. — De bitume en dehors et de ciment en dedans.

Le Grand Maître. — Que signifie le bitume?

La Sœur Inspectrice. — Le bitume, mis au dehors de l'arche pour lui permettre de résister aux eaux soulevées contre l'humanité, symbolise le don que le genre humain a reçu de la Nature pour se perpétuer.

Le Grand Maître. — Que signifie le ciment?

La Sœur Inspectrice. — Il est l'emblème de l'union affermie par l'amitié.

Le Grand Maître. — Sur quelle montagne s'arrêta l'arche après le déluge?

La Sœur Inspectrice. — Sur le mont Ararat, en Arménie; ce qui montre que les Maçons doivent chercher des lieux à l'abri des Profanes.

Le Grand Maître. — Quel oiseau sortit le premier de l'arche?

La Sœur Inspectrice. — Le corbeau qui ne revint point, et qui est le symbole des faux-frères.

Le Grand Maître. — Quel oiseau sortit le second?

La Sœur Inspectrice. — La colombe, qui rapporta à son bec une branche d'olivier, et qui est le symbole des bonnes Maçonnes, avides de venir en Loge et d'y apporter le charme, la soumission et la paix.

Le Grand Maître. — Puisque vous parlez de l'arche au moins la connaissez-vous?

La Sœur Inspectrice. — Oui, je suis Maçonne, je travaille dans l'arche, j'en connais les propriétés, et je viens en Loge pour apprendre à pratiquer la vertu.

Le Grand Maître. — Que signifie la tour de Babel?

La Sœur Inspectrice. — L'orgueil et la faiblesse des enfants de la terre, dont on ne peut se garantir qu'en leur opposant un cœur discret, apanage des vrais Maçons.

Le Grand Maître. — Qui forma le projet d'élever cette tour?

La Sœur Inspectrice. — Le cruel Nemrod, père et tyran des hommes.

Le Grand Maître. — Sur quelle base cette tour fut-elle construite?

La Sœur Inspectrice. — Sur la folie.

Le Grand Maître. — Quelles en furent les pierres?

La Sœur Inspectrice. — Les passions déréglées des hommes.

Le Grand Maître. — Quel en fut le ciment?

La Sœur Inspectrice. — Le poison de la discorde.

Le Grand Maître. — Que nous apprend sa destruction?

La Sœur Inspectrice. — Que, sans l'union, l'harmonie de la société ne peut subsister.

Le Grand Maître. — Que représente Jacob endormi au pied de l'échelle qui conduit au séjour de la félicité?

La Sœur Inspectrice. — La paix et la tranquillité que goûte une âme vertueuse.

Le Grand Maître. — Que nous enseigne l'embrasement de Sodome?

La Sœur Inspectrice. — Que nous devons avoir en horreur le crime qui attira à cette ville son châtiment. Les deux terrines enflammées sont l'effrayante image de cette punition.

Le Grand Maître. — Que signifie la femme de Loth changée en statue de sel ?

La Sœur Inspectrice. — Que notre curiosité ne doit pas chercher à pénétrer ce qui nous est tenu caché.

Le Grand Maître. — Pourquoi, dans le Tableau de Maîtresse, rappelle-t-on l'épisode biblique de Joseph trahi par ses Frères ?

La Sœur Inspectrice. — Pour nous enseigner que l'on peut être trahi par ceux qui vous touchent de plus près. La représentation de cet épisode, telle qu'elle figure sur le Tableau de la Loge nous enseigne aussi que, si la vertu est parfois trahie, elle ne tarde pas à triompher avec éclat ; les onze étoiles, placées au-dessus de la citerne, rappellent les onze frères de Joseph, qui, voulant se défaire de lui, ne réussirent qu'à lui procurer son bonheur et son élévation ; le soleil et la lune symbolisent la gloire de la vertu récompensée par le Grand Architecte de l'Univers.

Le Grand Maître. — De toutes les clartés que dispensent ces astres, laquelle préférez-vous ?

La Sœur Inspectrice. — La lumière morale et philosophique, qui survit à toutes les autres dans les cœurs purs et chez les nations éclairées.

Le Grand Maître. — Que représentent les quatre parties du monde ?

La Sœur Inspectrice. — Que nous devons secourir nos Frères et Sœurs dans quelque endroit qu'ils soient.

Le Grand Maître. — Que faut-il pour rétablir entre votre sexe et le nôtre les droits respectifs et sacrés de la société ?

La Sœur Inspectrice. — L'équité et l'indulgence.

Le Grand Maître. — Pourquoi l'équité ?

La Sœur Inspectrice. — Parce qu'elle est la base de la société humaine et la loi naturelle qui nous dit : « Fais à autrui ce que tu voudrais qu'il te fît ; ne fais à personne que ce que tu veux qu'il te soit fait. »

Le Grand Maître. — Pourquoi l'indulgence ?

La Sœur Inspectrice. — Parce que la perfection morale à laquelle nous travaillons, ne pouvant jamais être complète, l'indulgence est indispensable pour se pardonner mutuellement quelques faiblesses inséparables de l'humanité.

Le Grand Maître. — Quel est le signe de Maîtresse Maçonne ?

La Sœur Inspectrice. — Le voici. (Elle le fait.)

Le Grand Maître. — Que signifie-t-il ?

La Sœur Inspectrice. — Il signifie que tout ce qui frappe nos yeux doit nous faire admirer la grandeur du Grand Architecte de l'Univers.

Le Grand Maître. — Veuillez donner l'attouchement au Vénérable Frère Inspecteur (Premier Surveillant).

La Sœur Inspectrice donne l'attouchement au Frère Inspecteur, qui est auprès d'elle.

Le Grand Maître. — Mon Frère, l'attouchement est-il juste ?

Le Premier Surveillant. — Oui, Très Respectable Grand Maître.

Le Grand Maître. — Très Aimable Sœur Inspectrice, donnez-moi le Mot de Passe.

La Sœur Inspectrice. — *Babel.*

Le Grand Maître. — Donnez-moi le Mot Sacré.

La Sœur Inspectrice. — *Havoth-Jaïr.*

Le Grand Maître. — Quel est le sens de ce mot ?

La Sœur Inspectrice. — L'éclatante lumière de la vérité a dessillé mes yeux.

Le Grand Maître. — Quels sont les devoirs des Maçons et des Maçonnes ?

La Sœur Inspectrice. — De s'aimer mutuellement, de se protéger et secourir les uns les autres.

Le Grand Maître. — Aimons-nous mutuellement, protégeons-nous et secourons-nous les uns les autres, suivant nos promesses.

La séance se ferme avec le même cérémonial qu'aux grades précédents, — et les Frères et Sœurs vont mettre en pratique leurs vertus dans les cabinets particuliers des restaurants voisins de la Loge.

V

BANQUETS D'ADOPTION

Les Banquets des Loges d'Adoption ont lieu dans des formes qui ressemblent assez à celles des Banquets des Ateliers Symboliques (1).

Il n'y a, dans la salle du festin, qu'une seule table, disposée en fer à cheval :

La Grande Maîtresse est au centre, ayant à sa droite le Vénérable Grand Maître. Les deux extrémités du fer à cheval sont occupées, à droite (c'est-à-dire : à droite, en entrant), par le Frère Premier Surveillant et la Sœur Inspectrice, et, à gauche, par le Frère Second Surveillant et la Sœur Dépositaire.

A l'exception du Vénérable, tous les Frères sont placés en dedans du fer à cheval. De même, à l'exception de la Sœur Maîtresse des Cérémonies qui fait vis-à-vis à la Grande Maîtresse, toutes les Sœurs sont placées en

(1) Voir le volume intitulé *Le Culte du Grand Architecte*, chapitre VII, pages 103 et suivantes.

dehors. Chaque Maçon a sa « Mopse » en face de lui. La Maîtresse des Cérémonies est entre deux Maîtres des Cérémonies.

Les Frères Officiers et les Sœurs Officières sont à la partie du fer à cheval qui correspond au climat d'Asie et rangés dans l'ordre qu'ils occupent en Loge : cette partie de la table est également réservée aux Maçons et Maçonnes à qui l'Atelier fait honneur.

La salle est éclairée par cinq lustres suspendus au plafond : un lustre à chaque angle, et le cinquième au milieu.

A défaut de lustres, on place sur la table des candélabres à cinq branches, garnis de bougies ; le nombre quinaire doit être partout observé.

Les différents objets qui couvrent la table sont disposés en cinq lignes parallèles, tracées par des rubans de diverses couleurs. On place les flambeaux au milieu ; les plats, sur une seconde ligne, en deçà ; les bouteilles et carafes, sur une troisième ; les verres, sur une quatrième ; et les assiettes, sur la cinquième ligne, au bord de la table.

La table, qui est très longue à raison de sa forme, est, par contre, fort peu large ; ce qui permet à chaque Frère, pendant le repas, d'entrelacer ses pieds avec ceux de la Sœur qui lui fait vis-à-vis, sa « Mopse ».

Les « noms mystiques » des objets qui paraissent sur la table ne sont pas tous les mêmes que ceux employés dans les Banquets des Loges d'hommes. Le festin, lui-même, s'appelle indifféremment *Banquet* ou *Agape*.

La table se nomme :	*atelier ;*
La nappe.	*voile ;*
Les serviettes	*tabliers ;*
Les assiettes.	*patères ;*
Les plats.	*auges ;*

Les cuillères. . . . . *truelles;*
Les fourchettes. . . . . . . *pinces;*
Les couteaux . . . . *glaives;*
Les bouteilles . . . . *jeannes;*
Les carafes . . . . *cruches;*
Les verres . . . . *lampes;*
Les lumières . . . . *étoiles;*
Les mets. . . . . *matériaux;*
Le pain . . . . *bois de l'arche;*
Le vin rouge . . . . *huile rouge;*
Le vin blanc . . . . *huile blanche;*
L'eau . . . . *huile faible;*
Le sel. . . . . *eau sèche;*
Le poivre . . . . *ciment;*
La moutarde . . . . *ciment fort;*
Les fleurs. . . . . *parfums;*
Les vins de liqueur. . . . . *huile forte;*
Les liqueurs. . . . . *huile fulminante;*
Le café . . . . *huile noire;*
Le thé. . . . . *huile jaune;*
Le sucre . . . . *chaux.*

On ne dit pas: remplir son verre; mais: *garnir sa lampe*. Boire, c'est: *souffler sa lampe*.

Découper, c'est: *dégrossir*. Manger, c'est: *mastiquer*, comme dans les Banquets de Maçons.

La salle se nomme: *Eden*, qu'elle serve au festin, à un concert ou à un bal. Les sièges, au contraire, portent le nom de: *stalles*, pendant le repas seulement; mais, durant le bal qui suit le festin, on les appelle: les *gazons*. Les portes sont des *barrières*.

Les santés sont au nombre de cinq et les mêmes que celles des Banquets de Maçons, en y associant toutefois les Sœurs dont les dignités correspondent à celles des Frères à qui les toasts sont portés.

Ainsi, l'on porte ensemble la santé de la Grande Maîtresse et celle du Vénérable Grand Maître.

Le cérémonial des santés s'accomplit en cinq temps.

PREMIÈRE SANTÉ

La Grande Maîtresse frappe un coup, que répètent aussitôt la Sœur Inspectrice et la Sœur Dépositaire.

Toute « mastication » cesse.

Chacun se met à l'ordre de table : les quatre doigts unis de la main droite, sur la table, le pouce écarté le long du bord et formant l'équerre.

La Grande Maîtresse. — Chères Sœurs Inspectrice et Dépositaire, faites garnir et aligner les lampes sur vos climats, comme je le fais moi-même à l'Asie, pour une santé que le Grand Maître et moi avons à vous proposer.... Frères et Sœurs de l'Asie, garnissons et alignons nos lampes !

L'Asie remplit ses verres.

La Sœur Inspectrice. — Sœur Dépositaire, Frères et Sœurs de l'Afrique, la Grande Maîtresse nous invite à garnir nos lampes pour une santé que le Grand Maître et elle ont à nous proposer.... Garnissons et alignons !

L'Afrique remplit ses verres.

La Sœur Dépositaire. — Frères et Sœurs de l'Amérique, le Grand Maître nous invite, etc..... Garnissons et alignons !

L'Amérique remplit ses verres.

La Sœur Dépositaire. — Sœur Inspectrice, les lampes de l'Amérique sont garnies et alignées.

La Sœur Inspectrice. — Grande Maîtresse, les lampes de l'Afrique et de l'Amérique sont garnies et alignées.

La Grande Maîtresse, frappant un coup. — Debout et à l'ordre de table, glaive en main !

Chacun se lève, en se mettant à l'ordre de table et en prenant son couteau de la main gauche.

La Grande Maîtresse. — Chers Frères et chères Sœurs, la santé que le Grand Maître et moi avons la faveur et l'honneur de porter est celle du Chef de l'État et de sa famille. Nous y joindrons des vœux pour la patrie. C'est pour ces santés si chères à nos cœurs que nous devons nous joindre pour souffler nos lampes à leur gloire, avec toutes les distinctions de la Maçonnerie d'Adoption.... Chères Sœurs Inspectrice et Dépositaire, veuillez l'annoncer à vos climats, comme j'en fais moi-même l'annonce à l'Asie.

Les annonces faites, la Grande Maîtresse commande sa manœuvre en cinq temps :

1. *Main droite aux lampes !*

2. *Haut les lampes !*

3. *Soufflez les lampes !* (On vide les verres d'un seul trait ; s'il y a des retardataires, ils sont signalés après le toast et condamnés à « souffler une lampée d'huile faible » entre les colonnes.)

4. *Lampe en avant !... Un !... Deux !... Trois !... Quatre !... Cinq !...* (On porte cinq fois le verre sur le cœur et chaque fois on revient en avant.)

5. *Posez les lampes !* (Tous les verres doivent être posés avec ensemble sur la table, de façon à ce que cela ne fasse qu'un seul coup.)

La Grande Maîtresse. — Frères et Sœurs, exaltons par cinq !

Tous les Maçons et les Maçonnes exécutent une batterie de cinq coups bruyants dans les mains, suivis de cinq battements du bout des doigts, et s'écrient aux battements des doigts : — Èva ! Èva ! Èva ! Èva ! Èva !

La Grande Maîtresse. — Frères et Sœurs, les travaux sont suspendus. Reprenons nos places, Frères et Sœurs de l'Asie.

L'Asie s'assied.

La Sœur Inspectrice. — Sœur Dépositaire, Frères et Sœurs de l'Afrique, les travaux sont suspendus, reprenons nos places.

L'Afrique s'assied.

La Sœur Dépositaire. — Frères et Sœurs de l'Amérique, les travaux sont suspendus, reprenons nos places.

L'Amérique s'assied.

On sert le second service, et l'on se remet à manger et à causer. « L'Éden se recrée en mastiquant », dit-on dans l'argot maçonnique.

DEUXIÈME SANTÉ

La deuxième santé, portée par le Vénérable, est celle du Grand Orient, ou du Suprême Conseil (suivant le rite), et des Grands Officiers qui le composent.

On y joint la santé des Grands Orients et Suprêmes Conseils étrangers.

— Soufflons cette santé, dit le Vénérable Grand Maître, avec tous les honneurs de l'Adoption, en témoignant notre attachement inviolable envers ce point central de la Maçonnerie, et faisons notre office par cinq, etc.

TROISIÈME SANTÉ

La troisième santé est celle de la Grande Maîtresse et du Vénérable Grand Maître.

Elle est portée par le Frère Premier Surveillant, la Sœur Inspectrice, le Frère Second Surveillant, la Sœur Dépositaire, le Frère Orateur et la Sœur d'Éloquence.

QUATRIÈME SANTÉ

La quatrième santé se porte au moment du dessert.

C'est la Grande Maîtresse qui prend la parole et qui commande l'exercice.

— La quatrième santé, dit la Grande Maîtresse, est en faveur de nos Très Chers Frères et de nos Très Dignes Sœurs Inspecteurs et Dépositaires. La manière dont ils ont rempli les fonctions qui leur ont été confiées, n'a pas peu contribué à donner du lustre à cette fête. Nous joindrons à cette santé celle des Frères et Sœurs dignitaires de cet Éden. Sœur d'Éloquence et Frère Secrétaire, veuillez inviter les Frères et les Sœurs de l'Afrique et de l'Amérique, comme je le fais à l'Asie, à se joindre au Grand Maître et à moi pour souffler cette santé avec tous les honneurs de l'Adoption. Je me réserve le commandement de l'exercice, etc.

CINQUIÈME SANTÉ

La cinquième et dernière santé d'obligation, portée par le Vénérable Grand Maître, est celle « des Frères et des Sœurs qui embellissent ces climats et de tous les Maçons et Maçonnes répandus sur les deux hémisphères, tant dans la prospérité que dans l'adversité ».

Le Vénérable forme « des vœux pour que les voyageurs arrivent à bon port ». — En argot maçonnique, *voyager* signifie: flirter. *Arriver à bon port*, c'est: réussir à posséder la personne avec laquelle on est en flirtation.

Il ajoute :

— Frère Inspecteur (Premier Surveillant) et Frère Dépositaire (Second Surveillant), invitez les Frères et Sœurs de vos climats à former la chaîne d'union, à se joindre à nous pour souffler dignement cette santé précieuse et à chanter enfin le cantique de clôture.

On forme la chaîne d'union, les Sœurs Servantes et

les Frères Servants en faisant partie; on vide un dernier verre, et l'on chante en chœur le couplet suivant (voir la musique dans le volume intitulé : *le Culte du grand Architecte*, page 123) :

Joignons-nous main à main,
Tenons-nous ferme ensemble;
Rendons grâce au destin
Du nœud qui nous rassemble!
A toutes les vertus
Ouvrons nos cœurs, en fermant cette Loge;
Et que jamais à nos statuts
Nul de nous ne déroge!

Étant donné le sens secret de cette phrase d'argot maçonnique : « Ouvrons nos cœurs à toutes les vertus », on comprend ce qui se passe, entre Maçons et Maçonnes, après la clôture du Banquet et la fermeture de la Loge.

C'est entre la quatrième et la cinquième santé que se chantent tous les cantiques habituels, autres que celui de clôture. On trouvera ces cantiques au chapitre X de cet ouvrage.

Si le festin est suivi de soirée, un défilé a lieu après la clôture du Banquet. Les Frères et les Sœurs, par couple, chaque Maçon donnant le bras à sa Mopse, passent dans la salle de concert ou de bal ; les Inspecteurs et Dépositaires, également accouplés, ouvrent la marche. Le Vénérable et la Grande Maîtresse, précédés des Maîtres et Maîtresses des Cérémonies, ferment le cortège.

VI

LA MAITRESSE PARFAITE

La Maçonnerie d'Adoption a ses hauts grades, de même que la Maçonnerie masculine.

Le quatrième degré des Sœurs Maçonnes, grade de Maîtresse Parfaite, correspond au dix-huitième degré des Frères, grade de Rose-Croix. En d'autres termes, l'Atelier des Maîtresses Parfaites est le Chapitre de la Maçonnerie d'Adoption.

La salle est tendue en drap cramoisi ; le trône, le dais, les sièges, sont de même étoffe, avec galons et franges d'or.

Le temple de Maîtresse Parfaite est censé représenter l'intérieur du Tabernacle dressé par Moïse dans le désert.

Sur l'estrade, un peu en avant du trône, sont deux colonnes torses :

La colonne de droite, côté de l'Afrique, est creuse et transparente, pour pouvoir être rendue lumineuse, à un moment donné. Il est dit, dans les rituels, qu'elle représente la colonne de feu qui dirigeait, pendant la nuit, les Israélites à travers le désert ; mais le vrai sens de cette colonne est tout autre. Les colonnes de la Maçonnerie ont une signification qui se rapporte à l'abominable dogme secret de la secte : colonne noire ou en état de d'obscurité, semence non fécondée ; colonne blanche ou lumineuse, semence fécondée. Le grade de Maîtresse Parfaite ne s'occupe de Moïse et du voyage des Israélites à la recherche de la Terre Promise que pour dissimuler diverses nouvelles infamies.

La colonne de gauche, côté de l'Amérique, représente, soi-disant, la nuée qui accompagnait les Israélites pendant le jour. Sous le fallacieux prétexte de ce symbole, cette colonne est couronnée à son sommet d'une sorte de nuage adhérent au plafond ; mais ce prétendu nuage et la colonne qui le pénètre représentent en réalité *viri membrum in genitalia mulieris pervadens*.

Ces deux colonnes sont reliées l'une à l'autre par un cintre, en forme d'arc-en-ciel, qui passe par-dessus le trône et est garni de onze lampions.

Dans un des angles de la salle, près du Premier Surveillant et de la Sœur Inspectrice, est un autel, qu'on nomme l'Autel du Feu ou de la Vérité. Il porte plusieurs vases dorés et argentés, de formes antiques ; au milieu, est une cassolette où brûlent des parfums, et, devant la cassolette, un plat d'argent.

A côté de l'autel, se trouve une petite table. Sur cette table, il y a la boîte à surprise dont on s'est servi pour la réception au grade de Maîtresse ; seulement, le contenu n'est plus le même. A l'intérieur de la boîte, sont quatre tablettes de bois plat, sur chacune desquelles on lit, en lettres d'or, l'un des quatre mots que voici : *Emeneth, Hur, Cana, Enbulos*. Auprès de la boîte, un marteau est déposé. Une navette pleine d'encens et un encensoir sont aussi placés sur la table.

Le Tableau du Chapitre, toile peinte étalée sur le sol, représente :

1° Pharaon dormant, et, au-dessus de lui, dans un nuage (figurant son songe), sept épis pleins et sept épis vides ;

2° Joseph se réconciliant avec ses frères ;

3° Plusieurs hommes en tablier, tenant des truelles dont ils se servent pour pétrir la terre et en faire des briques ;

4° Moïse exposé dans la corbeille sur les eaux du Nil, et la fille de Pharaon le faisant retirer ;

5° Moïse et Aaron à la tête des Israélites, au moment de la submersion de l'armée d'Égypte dans les flots de la mer Rouge ;

6° Les quatre parties du monde, dont les noms servent à désigner les côtés de la salle.

Treize flambeaux sont placés, par terre, auprès du Tableau : sept, du côté de l'Afrique ; et six, du côté de l'Amérique.

En séance de réception, le Grand Maître représente Moïse, et la Grande Maîtresse, sa femme Séphora. La Sœur Inspectrice représente Marie, sœur de Moïse. Le Frère Dépositaire (Second Surveillant) représente Aaron, frère de Moïse.

Le Grand Maître et le Frère Dépositaire sont revêtus d'un costume théâtral, figurant les ornements sacerdotaux des prêtres israélites d'autrefois.

Tous les autres Frères sont dans la tenue de leurs grades respectifs, avec les insignes de l'Adoption en plus.

Les Sœurs, — sauf celles pourvues d'un grade supérieur à la Maîtresse Parfaite, — ont le costume du troisième degré de la Maçonnerie d'Adoption, mais avec certaines modifications. Le cordon, bleu moiré, au lieu de se porter en écharpe, se porte en sautoir ; en outre, ce n'est plus la truelle de Maîtresse qui est attachée à l'extrémité du cordon, mais le bijou de Maîtresse Parfaite. Ce bijou est un petit maillet en or, dans le manche duquel est passé un anneau également en or où on peut lire ce mot gravé : *Secret.*

Tous les Frères sont munis d'une épée, et les Sœurs, d'une baguette qu'elles tiennent à la main.

A l'ouverture de la séance, le Grand Maître et la Grande Maîtresse sont placés, debout, sous le devant du dais, ayant l'arc-en-ciel presque au-dessus de la tête. Les Frères et Sœurs sont rangés sur deux lignes, observant un grand silence.

Le Respectable Grand Maître (on ne l'appelle plus : Vénérable, titre devenu désormais celui des simples Officiers) frappe cinq coups et fait avertir l'assemblée, par les Sœurs Inspectrice et Dépositaire, et avec les formules habituelles, qu'il va, sous les auspices de la Grande Maîtresse, ouvrir le Chapitre de Maîtresse Parfaite.

Les deux Sœurs font l'annonce.

Le Grand Maître. — Vénérable Sœur Grande Inspectrice, quelle heure est-il ?

La Sœur Inspectrice. — Très Respectable Grand Maître, le soleil se lève.

Le Grand Maître. — Que signifie cette heure ?

La Sœur Inspectrice. — C'est celle à laquelle Moïse entrait au Tabernacle d'Alliance.

Le Grand Maître. — Vénérable Sœur Grande Dépositaire, quels sont les devoirs d'une Maîtresse Parfaite ?

La Sœur Dépositaire. — De secourir ses Frères et Sœurs, de les aimer, et de s'instruire avec eux dans la pratique des vertus.

Le Grand Maître. — Aimons-nous, secourons-nous et instruisons-nous mutuellement. C'est pourquoi, dès cet instant, Frères et Sœurs, le Chapitre est ouvert, et.

pour marque de consentement unanime, applaudissons par la batterie et l'acclamation accoutumées.

On frappe, dans les mains, bruyamment, sept coups, par six et un (OOOOOO — O) ; puis, on dit, tous ensemble, cinq fois *Èva*, en se battant le bout des doigts.

Le Grand Maître ordonne à l'assemblée de prendre place, c'est-à-dire de s'asseoir, et l'initiation de la Maîtresse qui a demandé à monter en grade commence aussitôt.

Dès son arrivée au local maçonnique, la postulante a été conduite et enfermée dans la Chambre des Réflexions.

Là, l'Orateur est allé la trouver et l'a interrogée sur les trois premiers grades.

Lorsqu'elle a eu répondu, il lui a rappelé les devoirs qu'elle s'est imposés par ses précédentes obligations, et « l'exactitude qu'elle doit montrer plus que jamais dans la pratique de la vertu ». Nous savons ce que ce langage veut dire.

Après quoi le Frère Orateur, quittant un instant la belle, est allé chercher ce que voici :

Sous un vase renversé, on a placé un oiseau vivant ; c'est le premier moineau venu, mais on l'appelle gravement : « l'oiseau du mystère ». Le vase est posé sur un plat ; et on a eu soin de mettre dans le plat, autour du vase, du sable fin, en épaisseur de trois centimètres environ, de façon à ce qu'il soit impossible à la postulante de soulever le moins du monde le vase sans laisser des marques de sa curiosité.

Tel est l'objet mystérieux que le Frère Orateur a rapporté à la récipiendaire, après une courte absence.

— Chère Sœur, a-t-il dit à la commère, ce vase que vous voyez renferme le dernier secret de la Maçonnerie. C'est un dépôt sacré que le Grand Maître vous confie, sans vouloir d'autre preuve de votre discrétion que la haute estime qu'il a conçue de vous ; et le respect que l'on doit à la vertu m'empêche moi-même d'exiger de vous quelque garantie que ce soit. Cependant, comme je vais vous en laisser seule dépositaire, permettez-moi de vous apprendre que la moindre apparence de curiosité que vous pourriez montrer en cette occasion vous ôterait tous les moyens de parvenir à l'auguste grade auquel vous aspirez.

Cet avertissement donné, le Frère Orateur a abandonné de nouveau la récipiendaire pour quelques minutes.

Il est rare qu'une Maçonne, aspirant au grade de Maîtresse Parfaite, n'ait pas, en cette circonstance, la force de vaincre sa curiosité. D'abord, il ne faut pas oublier qu'une épreuve de ce genre est faite très souvent lors de la première initiation, l'initiation au grade d'Apprentie ; la Maçonne aspirant au 4e degré d'Adoption sait donc à quoi s'en tenir. Ensuite, il convient de ne pas perdre de vue qu'une Maîtresse est familiarisée depuis longtemps avec tous les procédés et trucs de la secte ; elle a pris l'habitude d'obéir, et l'acte de soumission qu'on lui demande pour la faire passer de la Loge au Chapitre lui coûte certes moins que pas mal d'autres preuves de docilité qu'on exige d'elle depuis longtemps.

Toutefois, il peut arriver qu'une Sœur, par trop curieuse, désobéisse ; aussi, le règlement prévoit le cas.

« Si le Frère Orateur, est-il stipulé dans les cahiers du grade, s'aperçoit, quand il revient, que le vase a été levé ou seulement remué, il adresse de vives remontrances à la Sœur, et lui dit que, ayant manqué à son devoir, elle ne doit plus espérer d'être admise au sublime grade de la Perfection ; que toute excuse est inutile ; qu'il n'y a que le temps, la patience et la charité qui pourront lui faire mériter de nouveau la faveur précieuse qu'elle vient de perdre par sa trop grande légèreté. Ensuite, on ferme le Chapitre de Maîtresse Parfaite, sans recevoir la Sœur fautive; et, lorsqu'on tient Loge de Table de Maîtresse, le Grand Maître condamne la Sœur à verser trois francs d'amende au Tronc de la Veuve. »

Mais, — ainsi que je viens de le dire, — une Maîtresse ne se met jamais dans le cas de se voir refuser l'admission au Chapitre, et les sévérités du règlement du 4e degré d'Adoption demeurent lettre morte.

Le Frère Orateur a donc constaté, en rentrant dans la Chambre des Réflexions, que le sable n'a pas été dérangé, et il a félicité la Sœur d'avoir « fourni une si noble preuve de sa discrétion et de sa prudence. »

Un Frère Servant, requis aussitôt, a apporté une cuvette pleine d'eau fortement parfumée; la récipiendaire, sur l'ordre de l'Orateur, s'y est lavé le bout des doigts. Et c'est alors que la postulante a été conduite à la porte du Chapitre.

Elle tient dans ses mains le plat et le vase auxquels elle n'a pas touché, et le Frère Orateur frappe cinq coups qui servent de signal d'introduction.

A l'intérieur de la salle, la Sœur Dépositaire informe la Sœur Inspectrice qu'on vient de frapper.

La Sœur Inspectrice se lève et va ouvrir.

Par l'entrebâillement de la porte, elle demande au Frère Orateur si la Maîtresse postulante a rempli tous ses devoirs.

Le Frère Orateur. — Ma Sœur, l'aspirante est digne d'entrer dans le sanctuaire.

Le Premier Surveillant prend le plat des mains de la récipiendaire et va le déposer sur l'autel du Grand Maître, pendant qu'on referme la porte.

La Sœur Inspectrice. — Très Respectable Grand Maître, une Sœur, que signalent son zèle et ses vertus, a été soumise à l'épreuve de la discrétion et en est sortie victorieuse. Elle demande avec instance à être admise au grade de Maîtresse Parfaite.

Le Grand Maître répond que, n'étant que le premier d'entre ses égaux, il ne peut rien décider sans le consentement de toutes les Sœurs et de tous les Frères.

Alors, s'adressant à l'Assemblée, il demande s'il n'y a point d'opposition à la réception de l'Aspirante.

Naturellement, personne ne s'y oppose, puisque tout a été réglé d'avance, puisque, selon l'usage maçonnique, on n'est pas admis à des épreuves de Chapitre sans une discussion préalable et un vote formel à une séance antérieure.

Sur l'ordre du Grand Maître, tous les Frères et Sœurs mettent le genou gauche en terre.

Le Grand Maître. — Vénérable Frère Grand Inspecteur, introduisez la Sœur aspirante sans bandeau et selon les règles de nos mystères.

Les portes s'ouvrent. La récipiendaire, à qui l'on n'a pas bandé les yeux, entre, accompagnée du Frère Orateur qui lui passe une chaîne de fer-blanc dans les bras.

Après quoi, le Frère Orateur va reprendre sa place auprès de la Sœur d'Éloquence.

La Sœur Inspectrice. — Très Respectable Grand Maître, la Sœur aspirante est à l'Europe, attendant vos ordres.

Le Grand Maître pose à la récipiendaire plusieurs questions sur l'enseignement qu'elle a retiré des grades symboliques; puis, il commande au Frère Inspecteur (Premier Surveillant) de recevoir de la Sœur postulante les signes, paroles et attouchement du grade de Maîtresse.

Le Frère Inspecteur obéit, et déclare ensuite au Grand Maître « que la conduite de l'aspirante est irréprochable; que, étant venue à la Maçonnerie par une heureuse inspiration, elle a goûté du fruit mystérieux; qu'elle a travaillé dans l'arche; qu'elle sait monter l'échelle du devoir et de la félicité; et que son dernier désir serait de se joindre à ses Frères et Sœurs pour entrer dans la Terre Promise. »

Le Grand Maître. — Vénérable Frère Grand Inspecteur, nous ne saurions, sans être injustes, refuser une Sœur aussi méritante; armez-la donc pour le voyage et faites lui traverser la mer.

Le Frère Inspecteur donne une baguette à la récipiendaire.

Alors, le Grand Maître frappe cinq coups, à distance égale :

Premier coup. — Tous les Frères et Sœurs se lèvent.

Second coup. — Les Frères élèvent leurs épées perpendiculairement.

Troisième coup. — Les Frères abaissent horizontalement la pointe de leurs épées, tout en gardant leurs bras bien en l'air.

Quatrième coup. — Les Sœurs élèvent leurs baguettes perpendiculairement.

Cinquième coup. — Les Sœurs abaissent horizontalement le bout de leurs baguettes, tout en gardant leurs bras bien en l'air, et en faisant toucher leurs baguettes par le bout à la pointe des épées des Frères.

Grâce à cette manœuvre, tout le Chapitre est transformé en une sorte de tonnelle sinueuse, faite d'épées et de baguettes croisées.

C'est là, paraît-il, la représentation de la Mer Rouge. Il est bon de le savoir, car on ne s'en douterait pas.

Nous voici au voyage de la postulante à travers les flots.

Le Frère Inspecteur, la tirant après lui par sa chaîne, la fait passer sous les arceaux formés d'épées et de baguettes entrelacées.

Quand la récipiendaire est parvenue à l'estrade présidentielle, le Frère Inspecteur lui en fait gravir les degrés et la remet au Grand Maître.

Le Grand Maître, détachant la chaîne de l'aspirante. — Ma chère Sœur, il est temps de rompre vos fers! Sortez de l'esclavage où vous étiez réduite! L'engagement que vous allez contracter demande une pleine et entière liberté.

Et, pour lui faire contracter cet engagement, — ce qui n'est pas précisément la rendre libre, — le Grand Maître ordonne à la récipiendaire de se mettre à genoux devant la Grande Maîtresse et lui.

Et elle obéit.

Le Grand Maître. — Ma chère Sœur, les erreurs, les préjugés, qui pourraient vous rester sur la Maçonnerie, vont disparaître; tous nos symboles vont vous être révélés; cette fois, la lumière de la vérité va briller à vos yeux et paraîtra dans tout son éclat.

(Elle n'avait donc pas été éclatante au grade précédent? Alors, pourquoi le mot sacré de Maîtresse Maçonne, *Havoth-Jaïr*, est-il ainsi interprété dans les Loges: *L'éclatante lumière de la vérité a dessillé mes yeux?*)

Quoi qu'il en soit, et sans faire connaître ses réflexions, si toutefois elle réfléchit, l'aspirante prête son obligation, avec toute la liberté d'une personne à qui l'on fait répéter, phrase par phrase, et à genoux, une formule dictée au milieu d'une assemblée de gens armés de glaives. Il est vrai de dire, pour être juste, que les glaives sont en fer-blanc et que la Maçonne, dont on va faire une Maîtresse Parfaite, ne demande pas mieux, corrompue comme elle est devenue par la pratique des Amusements Mystérieux, que de parfaire son avilissement.

Le Grand Maître. — A l'ordre, Frères et Sœurs! l'aspirante va prêter son obligation.

Les Frères et Sœurs, qui ont rompu leur représentation des flots de la mer Rouge, se mettent à l'ordre. Les Frères tiennent l'épée nue de la main droite, la pointe haute. Les Sœurs tiennent également la baguette élevée, appuyée contre l'épaule droite.

Serment de la Maîtresse Parfaite. — En présence du Grand Architecte de l'Univers, conservateur de tous les êtres et vengeur du crime, et devant cette auguste assemblée, je promets et jure de ne jamais rien révéler du grade de Maîtresse Parfaite, qui va m'être conféré, à aucune Apprentie, Compagnonne ou Maîtresse. Je m'engage aussi à pratiquer les vertus que l'on me prescrira, nonobstant celles qui m'ont été déjà prescrites, sous peine d'être considérée, par les Maçons vertueux, comme une parjure, et traitée à tout jamais avec indignation et mépris. Mais, pour me garantir d'un tel malheur, j'invoque ici le Grand Architecte de l'Univers, et je le prie de m'être en aide. Ainsi soit-il.

La récipiendaire ayant prêté son obligation, le Grand Maître la relève.

Le Grand Maître. — Ma chère Sœur, le premier pas que vous devez faire parmi nous doit être signalé par une action de bienfaisance. Levez ce vase, et jouissez du plaisir pur que toute âme vertueuse doit éprouver en faisant des heureux.

La récipiendaire obéit, soulève le vase, et « l'oiseau du mystère », qui y était enfermé, prend son essor.

Le Grand Maître. — Vous voyez, ma chère Sœur, que la liberté est un bien que le Grand Architecte de l'Univers a voulu rendre commun à tous les êtres; qu'on ne peut en priver qui que ce soit sans commettre une injustice extrême, sans se rendre coupable d'un acte essentiellement contre nature; et que le fort, qui met le faible dans l'esclavage, est indigne de la société des hommes.

Pendant la réception, on a eu soin d'entretenir le feu dans la cassolette placée sur l'Autel de la Vérité, à droite en entrant au Chapitre. Tandis que la néophyte met en liberté « l'oiseau du mystère », le Frère Orateur s'est rendu à l'autel en question.

Le Grand Maître. — Vénérable Frère Maître des Cérémonies, veuillez conduire notre chère Sœur à l'Autel Sacré.

Le Maître des Cérémonies conduit la récipiendaire à l'Autel de la Vérité.

Le Frère Orateur. — Ma chère Sœur, je vous attendais à l'Autel de la Vérité, pour vous apprendre le plus grand secret des Maçons et par conséquent le plus inviolable. Mais auparavant, permettez-moi de faire appel à votre charité. Ce serait peu de pratiquer dans le plus mystérieux silence, et pour sa satisfaction personnelle, les devoirs de la grande et auguste religion de la Nature ; le cœur d'une Maçonne doit être encore sensible et compatissant. Il est des malheureux sur la terre, et ces infortunés sont nos amis, nos compagnons, nos Frères; ils ont des droits à vos bienfaits. Puis-je espérer qu'ils trouveront en vous une amie secourable et que vous voudrez bien m'en donner des preuves ?

C'est bien ici le cas de dire que le ton fait la chanson. L'appel à la charité de la néophyte n'est nullement un appel à ses aumônes; et, toutes les phrases que prononce là le Frère Orateur étant à double sens, le rusé compère a bien soin de nuancer sa déclamation.

Sa chanson dit, en réalité :

— Tout le monde sur cette terre n'a pas femme jolie et complaisante, ma chère Sœur. Il y a des malheureux d'une espèce particulière sur lesquels j'appelle votre bonté. Ces infortunés, aimable Sœur, ils sont ici ; ce sont nos amis, nos compagnons, nos Frères. Montrez-vous sensible ; ils attendent, de vous, certains bienfaits, auxquels, en somme, ils ont des droits, de par la loi maçonnique. Allons, ma Sœur, soyez charitable. Vous leur montrerez, n'est-ce pas, que vous avez un cœur compatissant ?

Mais, comme en Maçonnerie il y a toujours un symbole pour justifier l'emploi des mots à double sens, le Frère Orateur, en terminant sa supplique langoureuse, tend à la néophyte le plat d'argent qu'il a pris sur l'Autel de la Vérité.

Ou la Sœur ne craint pas de paraître avoir compris; et alors elle met dans le plateau une pièce de menue monnaie, pour marquer qu'elle accepte et que cette monnaie sans valeur est l'emblème de son consentement.

Ou bien, elle fait semblant de ne pas saisir le sens caché de la supplique, et, alors, ayant l'air de prendre le change et de croire qu'il s'agit réellement d'une aumône, elle met dans le plateau un écu ou un louis.

Dans ce dernier cas, le Frère Orateur a l'obligation, — imposée par le rituel, — de refuser la somme que la néophyte vient de lui remettre, sur sa propre demande.

Il doit la lui rendre (*sic*), en disant :

— Ma chère Sœur, nous nous contentons ici des assurances de vos sentiments, en vous laissant le droit de les mettre en pratique, toutes les fois que vous en trouverez l'occasion. Puissent vos bienfaits partir d'un cœur aussi pur que l'est ce Feu Sacré que vous voyez sur cet autel !

Après cette comédie, une autre.

Le Frère Inspecteur (Premier Surveillant) fait approcher la néophyte de la table qui est auprès de l'Autel de la Vérité, et sur laquelle se trouve une boîte absolument semblable, quant à l'extérieur, à celle de l'Atelier des Maîtresses (réception au 3e degré).

Le Frère Orateur, prenant du feu à l'Autel de la

Vérité, le met dans l'encensoir, qui est là aussi, et qu'il garnit d'encens.

Alors, montrant la boîte à surprise, le Frère Orateur dit à la récipiendaire, qui ne peut manquer de la reconnaître :

— Ma chère Sœur, cette boîte mystique renferme le grand secret des Maçons.

Et en prononçant ces paroles, il encense, par cinq fois, la boîte aux cinq clous dorés.

Il est facile de se faire une idée de l'embarras dans lequel se trouve la récipiendaire, à moins qu'elle ne soit une dépravée de la pire espèce.

Lors de sa réception au grade de Maîtresse, quand, sans se douter de ce qu'elle allait apercevoir, elle a frappé sur la boîte à ressort les cinq coups ordonnés, elle était, du moins, seule dans un cabinet ménagé exprès, hors de tout regard, et personne n'a pu la voir rougir; — car nous voulons bien croire qu'elle a rougi.

Cette fois, la situation n'est plus la même.

D'abord, elle sait, ou, pour être plus exact, elle croit savoir, — ce qui revient au même, si l'on se place au point de vue de ses impressions, à elle, — quel est le contenu de la boîte.

Ensuite, elle est au milieu d'une assemblée nombreuse, et elle voit tous les yeux braqués sur elle.

Et elle est, là, à se demander, en présence de cette boîte embarrassante, ce qu'on va lui ordonner de faire.

Le Frère Orateur lui met dans les mains le petit marteau qui est sur la table et l'invite à frapper un coup sur chacun des cinq clous dorés de la boîte pour mettre à découvert le secret des Maçons.

Il n'y a plus moyen de reculer. La néophyte peut rougir, mais il faut qu'elle frappe les cinq coups et que la boîte s'ouvre. Au surplus, elle ne manque pas de se dire que toutes les Sœurs qui l'entourent ont passé par là.

Au coup frappé sur le clou du milieu, le ressort joue, les deux parties du couvercle se soulèvent brusquement et la récipiendaire aperçoit... quatre petits morceaux de bois plats avec des inscriptions.

Avec une gravité sans pareille, le Frère Inspecteur prend les quatre tablettes et lit à haute voix le mot écrit sur chacune d'elles, mot que le Frère Orateur traduit à l'instant même.

Le Frère Inspecteur. — *Emeneth.*

Le Frère Orateur. — Vérité.

Le Frère Inspecteur. — *Hur.*

Le Frère Orateur. — Liberté.

Le Frère Inspecteur. — *Cana.*

Le Frère Orateur. — Zèle.

Le Frère Inspecteur. — *Enbulos.*

Le Frère Orateur. — Prudence.

Les Frères Inspecteur et Orateur conduisent la récipiendaire au Vénérable, « qui la reçoit avec toutes les démonstrations d'une amitié respectueuse. »

On éclaire la Colonne de Feu, c'est-à-dire la colonne transparente qui est sur l'estrade du côté de l'Afrique.

Le moment de la consécration est arrivé.

Le Grand Maître, plaçant sur la tête de la récipiendaire la baguette symbolique. — Au nom de la Très Respectable Grande Maîtresse, et en vertu des pouvoirs dont nous sommes investis par ce Souverain Chapitre, je vous reçois et constitue Maîtresse Parfaite, quatrième degré de la Maçonnerie d'Adoption.

En disant cela, il frappe sept petits coups de son maillet sur la baguette symbolique.

La Grande Maîtresse. — Ma chère Sœur, c'est avec un plaisir extrême que nous vous admettons à l'auguste rang que votre sagesse vous a si bien mérité. Le Très

Respectable Grand Maître va vous en donner les marques; elles sont le prix de la vertu.

Le Grand Maître prend, de la main gauche, un petit anneau d'or, sur lequel est gravé le mot *Secret*, et, de la main droite, un petit marteau ou maillet en or, dont il tient avec affectation le manche en l'air. Il enfile le manche du maillet dans l'anneau, et suspend cet objet à un cordon bleu moiré qu'il passe en sautoir à la néophyte.

Le Grand Maître, décorant la néophyte du cordon et du bijou. — Recevez, ma chère Sœur, les insignes de votre nouveau grade. Le nom de *Parfait*, que nous donnons à ce quatrième degré, a été choisi afin de nous apprendre que nous ne devons rien négliger pour acquérir la perfection dans la pratique des vertus.

Il prend sur l'autel une paire de jarretières en taffetas ou satin blanc; sur chaque jarretière est brodé en or un cœur, avec cette devise, sur l'une: « La vertu nous unit », et sur l'autre : « Le ciel nous récompense. »

Le Grand Maître, remettant les jarretières à la néophyte. — Recevez aussi ces liens; ils sont, entre vous et nous, le gage d'une alliance éternelle.

Suit la communication des secrets du grade.

Ordre. — Une Maîtresse Parfaite se met à l'ordre en tenant de la main droite sa baguette élevée, appuyée contre l'épaule droite.

Signe de reconnaissance. — On met la main gauche sur son cœur, et on la retire en regardant avec étonnement; puis on la met sous le tablier, et, l'ayant retirée, on en considère le creux avec une expression de joie.

Attouchement. — On met la main gauche sur son cœur, et on la retire, comme dans le signe, mais en la présentant à la personne à qui l'on s'adresse; celle-ci répond en faisant de même. On passe ensuite la main gauche sous le tablier, et on la retire comme dans le signe, mais en la présentant à la personne; et celle-ci répond encore en faisant de même. Enfin, tous les deux, on se passe mutuellement la main l'un sur l'autre et on la ramène, en glissant, avec un frétillement des doigts.

Batterie. — Sept coups, par six et un, comme ceci. OOOOOO—O.

Acclamation. — Cinq fois : *Èva !*

Mot de Passe. — BETH-ABARA, que l'on interprète par : « Maison de Passage ». On répond : ALÉTHÉ, qui veut dire : « Vérité ».

Mot Sacré. — AHITOUB, que l'on interprète par : « Frère de Bonté ». On répond : SIGÉ, qui veut dire : « Silence ».

Après la communication des secrets du grade, le Grand Maître envoie la néophyte se faire reconnaître, selon l'usage, par les Sœurs Inspectrice et Dépositaire.

Cette formalité accomplie, le président et la présidente du Chapitre embrassent la Sœur sur les joues, les yeux et la bouche, et la proclament Maîtresse Parfaite.

Applaudissements et remercîments.

La Sœur nouvellement reçue ayant pris place auprès du Grand Maître, le Frère Orateur prononce son discours sur la signification du grade.

Il explique les différents épisodes de la réception.

C'est, d'abord, « l'oiseau du mystère » qui a les honneurs de l'éloquence maçonnique. Cet oiseau est un symbole, cela va sans dire. Il représente la lettre G vivante, et nous savons que la lettre G ne signifie pas uniquement « Géométrie ». Cet oiseau, c'est l'Éternel, c'est l'Arbre du Milieu qui assure la perpétuité de l'espèce humaine, c'est la Vie elle-même ou du moins sa source dans la règne animal.

Ignorant combien est précieux le dépôt qui lui a été confié, la récipiendaire a été guidée par lui jusqu'au temple; elle a été ensuite débarrassée de ses chaînes, c'est-à-dire qu il ne doit plus lui rester aucun préjugé.

La baguette de voyage symbolise aussi l'Arbre du Milieu. Le Frère Orateur fait remarquer à la néophyte que chaque Sœur en a une à son service. Il faut cela pour traverser gaiement le désert de la vie.

Comment a eu lieu l'initiation ? Le Frère Orateur détaille tout et insiste sur le sens secret de chaque point. Il ne faut pas que l'aimable Sœur puisse s'en aller sans avoir tout compris.

Il revient complaisamment à la mise en liberté de « l'oiseau du mystère ». Relégué dans un réduit obscur, le pauvre oiseau était comme mort. Heureusement l'aimable Sœur a porté sur lui sa main bienfaisante, l'a mis au jour, sans se douter peut-être de ce qu'elle faisait ; elle a dit, en quelque sorte : « Qu'il vive ! » Et l'oiseau a subitement retrouvé la vie ; et, prenant son essor, il s'est élancé hors de sa cage.

L'Orateur explique aussi le bijou du grade : l'anneau, c'est la femme, et le maillet, c'est l'homme.

La boîte à surprise n'est pas oubliée dans le discours du Frère Orateur. Les mots qu'elle contient ne sont-ils pas, à eux seuls, tout l'enseignement de la Maçonnerie d'Adoption ? La vertu d'une Maçonne doit, pour resplendir, être comme la vérité ; nul esclavage pour elle, mais une liberté complète, lui permettant de faire le plus d'heureux qu'il lui sera possible ; enfin, il ne faut pas qu'une Maçonne soit avec indifférence ce qu'on lui demande d'être, il faut qu'elle y mette tout son zèle, sans pour cela cesser d'être prudente ; car les mystères maçonniques doivent toujours rester ignorés du monde profane.

Le discours de l'Orateur est suivi de la récitation du Catéchisme, dont les sous-entendus ne peuvent être compris que des Frères et Sœurs ayant reçu l'instruction maçonnique complète ou des personnes à même de traduire la *Clef des Symboles Secrets*

Le Grand Maître. — Vénérable Sœur Grande Inspectrice, êtes-vous Maîtresse Parfaite ?

La Sœur Inspectrice. — Guidée par l'Éternel, je suis sortie de l'esclavage.

Le Grand Maître. — Qu'entendez-vous par cet esclavage ?

La Sœur Inspectrice. — La captivité où nous languissons dans le monde profane. Le vrai Maçon s'y regarde comme sur une terre étrangère ; il gémit dans sa captivité ; il n'aspire qu'après sa véritable patrie, qui est l'Atelier Maçonnique.

Le Grand Maître. — Assujettie, comme tous les autres, à un corps fragile, comment pouvez-vous dire que vous êtes libre ?

La Sœur Inspectrice. — La Maçonnerie ne renfermant que des leçons de sagesse et de religion, l'initiation à nos mystères a dessillé mes yeux, j'ai secoué le joug des passions, la raison est venue m'éclairer, et, son flambeau perçant le voile de l'erreur, m'a fait connaître que j'étais libre de choisir entre le vice et la vertu.

Le Grand Maître. — Comment êtes-vous parvenue à ce haut degré de la Maçonnerie ?

La Sœur Inspectrice. — Par la discrétion, le zèle et la charité.

Le Grand Maître. — Que veut dire Maçon ?

La Sœur Inspectrice. — Ennemi du crime, ami et disciple de la vertu.

Le Grand Maître. — Ainsi, tout mortel, sage et juste, est donc Maçon ?

La Sœur Inspectrice. — Oui, sans doute, et il ne lui manque que nos signes sacrés pour être admis parmi nous ; signes d'autant plus nécessaires qu'ils nous empêchent d'être surpris par des cœurs faux, esclaves de a fortune et des sens.

Le Grand Maître. — Puisque vous êtes Maîtresse

Parfaite, dites-moi ce que vous entendez par Maçonnerie ?

La Sœur Inspectrice. — J'entends un amusement vertueux, par lequel nous retraçons une partie des mystères de notre religion ; et c'est pour mieux concilier l'humanité avec la connaissance de son créateur qu'après nous être imposé les devoirs de la vertu nous nous livrons aux sentiments d'une amitié douce et pure, en jouissant, dans nos Loges, des plaisirs de la société, plaisirs parmi nous toujours fondés sur la raison, l'honneur et l'innocence.

Le Grand Maître. — Qu'entendez-vous par Loges?

La Sœur Inspectrice. — J'entends une assemblée de personnes vertueuses, qui, au-dessus de l'orgueil et des préjugés, ne connaissent aucune distinction entre elles, hors celle de la sagesse, et qui, gouvernées par la justice et l'humanité, pratiquent, dans le plus mystérieux silence, la loi naturelle.

Le Grand Maître. — Où s'est tenue la première Loge ?

La Sœur Inspectrice. — Elle a été tenue dans le Paradis Terrestre, par Adam et Ève, pendant leur état d'innocence.

Le Grand Maître. — Dans quel temps s'est tenue la seconde ?

La Sœur Inspectrice. — Pendant le déluge, et elle a été tenue par Noé, lorsqu'il était dans l'arche avec sa famille.

Le Grand Maître. — Quand la troisième s'est-elle tenue ?

La Sœur Inspectrice. — Lorsque Dieu daigna envoyer trois anges visiter Abraham et sa femme.

Le Grand Maître. — Quand s'est tenue la quatrième ?

La Sœur Inspectrice. — Ce fut après l'embrasement de Sodome, lorsque les anges, qui avaient sauvé Loth et ses filles, vinrent le visiter dans la caverne où il s'était retiré.

Le Grand Maître. — Enfin, dans quelles circonstances s'est tenue la cinquième?

La Sœur Inspectrice. — La cinquième fut une Loge de Table; elle fut présidée par Joseph, lorsque, ayant retrouvé son cher Benjamin, il reçut ses frères à un banquet.

Le Grand Maître. — Y eut-il quelques instructions dans toutes ces Loges?

La Sœur Inspectrice. — Non, si ce n'est dans la cinquième, où Joseph fit servir devant Benjamin cinq fois plus de mets que devant ses autres frères; il lui donna cinq robes, et présenta cinq de ses frères à Pharaon. C'est de cette époque que le nombre cinq est sacré chez les Maçons et qu'il est titre d'honneur, vû que les cinq robes désignent les cinq grades de la Maçonnerie d'Adoption. Heureuses celles qui méritent le dernier!

Le Grand Maître. — Qui peut aspirer à ce grade sublime?

La Sœur Inspectrice. — Toute Maçonne qui, semblable à Joseph, après avoir enduré tous les maux de l'humanité, résiste aux attraits des faux plaisirs, et dont le cœur est assez pur pour supporter sans crainte l'éclat du Soleil de l'Univers.

Le Grand Maître. — Comment Joseph monta-t-il à ce haut degré de gloire?

La Sœur Inspectrice. — Par la prudence et la sagesse qui régnaient dans toutes ses actions; ainsi, chacun de nous peut aspirer au même bonheur en marchant toujours dans les sentiers de la vertu.

Le Grand Maître. — Quelle fut sa récompense?

La Sœur Inspectrice. — Pharaon le fit regarder, dans toute l'Égypte, comme un second lui-même, et à cet effet il lui remit son anneau royal; et c'est pour en conserver la mémoire que le Grand Maître donne un anneau aux Maîtresses Parfaites.

Le Grand Maître. — Que devint la Loge dans laquelle présidait Joseph ?

La Sœur Inspectrice. — Elle s'accrut, devint nombreuse et rendit des services continuels au roi et au peuple égyptien.

Le Grand Maître. — Après Joseph, quel est celui qui se distingua dans cette Loge ?

La Sœur Inspectrice. — Moïse, élu de Dieu pour rompre les fers du peuple d'Israël.

Le Grand Maître. — Que représente le Tableau du Chapitre des Maîtresses Parfaites ?

La Sœur Inspectrice. — Plusieurs figures de la Bible.

Le Grand Maître. — Donnez-m'en l'explication ?

La Sœur Inspectrice. — 1° Les quatre parties du monde signifient que, tous les êtres étant également l'ouvrage du créateur universel, dans quelque coin qu'ils se trouvent, ils doivent cultiver la vertu, comme étant le plus pur hommage qu'ils puissent rendre au dieu suprême, source et principe de leur vie; 2° les sept premiers épis du songe de Pharaon représentent les sept vertus principales que tous les bons Maçons et Maçonnes doivent pratiquer, et les sept autres plus maigres signifient les sept vices opposés, dont un seul suffit pour nous faire rentrer dans l'état misérable où l'humanité avait été plongée par l'expulsion d'Adam et Ève du Paradis Terrestre; 3° Joseph se réconciliant avec ses frères, en leur donnant le baiser de paix, nous apprend que la bonté est inséparable de l'essence du créateur, et qu'étant son ouvrage nous devons ajouter au pardon une amitié pure et durable; 4° les hommes en habit de travail, pétrissant de la terre, nous représentent les Hébreux en Égypte, qui, par la patience qu'ils montrèrent dans les peines humiliantes qu'on leur imposait injustement, après la mort de Joseph, méritèrent les regards de la Providence divine ; leurs outils sont l'origine des truelles et des maillets qui désignent la Maçonnerie; 5° Moïse, exposé dans la corbeille sur les eaux du Nil, est le symbole de la faiblesse de notre existence, qui nous expose à tant de hasards; la fille de Pharaon, retirant Moïse, nous apprend que la bonté suprême fait souvent servir à notre salut les moyens que nos ennemis emploient pour nous perdre; 6° Moïse et Aaron, à la tête des Israélites, après avoir traversé la Mer Rouge, représentent les Maçons en Loge, ayant secoué le joug des passions; et l'armée de Pharaon submergée nous démontre les désirs des sens qui nous assiègent.

Le Grand Maître. — Que représente le Très Respectable Grand Maître en Chapitre de Maîtresse Parfaite ?

La Sœur Inspectrice. — Moïse, le conducteur des Israélites à la conquête de la Terre Promise.

Le Grand Maître. — Que représente la Très Respectable Grande Maîtresse ?

La Sœur Inspectrice. — Séphora, femme de Moïse.

Le Grand Maître. — Que représente la Vénérable Sœur Inspectrice ?

La Sœur Inspectrice. — Marie, sœur de Moïse.

Le Grand Maître. — Que représente le Vénérable Frère Dépositaire ?

La Sœur Inspectrice. — Aaron, frère de Moïse, officiant au Tabernacle.

Le Grand Maître. — Que représente le bijou de Maîtresse Parfaite ?

La Sœur Inspectrice. — L'anneau rappelle celui que Pharaon donna à Joseph ; le bijou dans son ensemble représente l'honneur qu'on doit rendre à la vertu.

Le Grand Maître. — Quel est le signe de Maîtresse Parfaite ?

La Sœur Inspectrice. — C'est celui que, d'après la Bible, Dieu donna à Moïse, lorsqu'il lui apparut dans le buisson ardent sur le mont Horeb.

Le Grand Maître. — Montrez-le-moi.

La Sœur Inspectrice. — Le voici. (Elle fait le signe de reconnaissance.)

Le Grand Maître. — Donnez-moi le Mot de Passe ?

La Sœur Inspectrice. — *Beth-Abara.*

Le Grand Maître. — *Aléthé*... Quel est le sens de ce mot ?

La Sœur Inspectrice. — Le premier signifie : « Maison de Passage ». La réponse signifie : « Vérité ».

Le Grand Maître. — Donnez-moi le Mot Sacré.

La Sœur Inspectrice. — *Ahitoub.*

Le Grand Maître. — *Sigé*... Quel est le sens de ce mot ?

La Sœur Inspectrice. — Le premier signifie : « Frère de Bonté ». La réponse signifie : « Silence ».

Le Grand Maître. — Veuillez donner l'attouchement au Vénérable Frère Grand Inspecteur.

La Sœur Inspectrice obéit.

Le Grand Maître. — Très cher Frère, l'attouchement est-il juste ?

Le Frère Inspecteur (Premier Surveillant). — Oui, Très Respectable Grand Maître.

Le Grand Maître. — Vénérable Sœur Grande Inspectrice, quelle heure est-il ?

La Sœur Inspectrice. — L'heure des vêpres.

Le Grand Maître. — Que signifie cette heure ?

La Sœur Inspectrice. — C'est que Moïse, dans le Tabernacle, enseignait jusqu'à l'heure des vêpres.

Le Grand Maître. — Vénérable Sœur Grande Dépositaire, quels sont les devoirs d'une Maîtresse Parfaite ?

La Sœur Dépositaire. — De secourir ses Frères et

Sœurs, de les aimer, et de s'instruire avec eux dans la pratique des vertus.

Le Grand Maître. — Nous nous aimons, nous nous secourons, nous nous sommes instruits mutuellement et nous nous instruirons toujours. C'est pourquoi, mes très chères Sœurs Inspectrice et Dépositaire, je vous prie d'engager tous nos très chers Frères et Sœurs à se joindre à nous pour fermer ce Souverain Chapitre en faisant notre office par nos mystères accoutumés.

La fermeture a lieu avec le cérémonial ordinaire.

Les Agapes de Chapitres d'Adoption ressemblent assez aux Banquets de Loges (voir le chapitre précédent.)

Voici les modifications apportées à l'argot de table :

Le pain s'appelle la *manne ;* le vin, de l'*eau de la Mer Rouge ;* l'eau, de l'*eau du déluge ;* les bouteilles, des *Gomorrhe ;* les verres, des *étoiles.*

Boire, c'est *vider une étoile.* Le mot *étoile* est employé par allusion à l'Étoile Flamboyante, dont la signification, des plus honteuses, ne peut être donnée en français. C'est en l'honneur de leur vertu que les Maîtresses Parfaites vident des étoiles !

La manœuvre des étoiles s'exécute ainsi :

On porte l'étoile en deux temps à la bouche, on la vide en deux temps, et on la pose en deux temps. Après quoi, on frappe quatre coups joyeux dans les mains, et l'on s'écrie :

— *Qu'il vive ! Qu'il vive !*

On appelle cela, en argot maçonnique : « Vider une étoile par quatre avec les dignités écossaises. »

C'est le ridicule servant de masque à l'obscène.

VII

LA SUBLIME ÉCOSSAISE

De même que le grade de Maîtresse Parfaite correspond à celui de Rose-Croix, de même, le grade de Sublime Écossaise correspond à celui de Grand Élu Chevalier Kadosch.

Un Atelier de Sublimes Écossaises est un Aréopage, et, pour y être reçu, un Frère doit être pourvu d'un degré supérieur au 29e. D'autre part, le sens du grade se rapporte à celui du 30e de la Maçonnerie masculine : exécution des vengeances de la secte.

La réception de Sublime Écossaise est, du reste, très significative.

On a deux appartements pour procéder à l'initiation ; ou bien, on dispose la tenture de manière à pouvoir en changer promptement la couleur, soit en retournant les panneaux, soit en soulevant les draperies.

Pour la première partie de la réception, la tenture est verte, parsemée d'étoiles d'or, galons et franges en or. Il y a neuf lumières : sept ensemble et deux séparées.

Pour la seconde partie, la tenture est, comme dans les réceptions habituelles, couleur ponceau, galons et franges en or.

En sus des lumières qui figurent aux séances du grade précédent, il y a trois lampes, chacune de trois lumières, suspendues au plafond ; deux sont à l'Asie, et la troisième est à l'Europe, du côté de l'Afrique.

Sur l'autel, est un vase où brûle de l'esprit-de-vin pendant l'initiation.

Le sujet biblique, mis en scène dans le cérémonial de la réception, est l'épisode de Judith.

Le Grand Maître représente censément le grand prêtre Éliacin, chef des sacrificateurs de Béthulie. Le Premier Surveillant représente Ozias, prince de Juda, gouverneur de la ville assiégée. La récipiendaire représente Judith.

Le président de l'Aréopage porte une longue robe blanche ; une large ceinture verte et ponceau fait deux fois le tour du corps ; les bouts, retombant jusqu'à terre du côté gauche, sont rejetés sur l'épaule gauche pendant le cours des travaux ; sur la poitrine, est une plaque d'or portant gravées les lettres D.·. V.·. (signifiant : *Discrétion, Vérité*) ; cette plaque est fixée par quatre chaînettes passant sur le cou et sous le bras ; il est coiffé d'une tiare blanche en lin ; il a, enfin, sur le front un bandeau jaune, sur lequel sont peints ou brodés les mots : *Kadosch*, *Adonaï*.

Les Sœurs portent le cordon écossais, ponceau moiré, en écharpe, passant de droite à gauche ; au bas est suspendu un petit sabre d'or en forme de cimeterre ; sur le devant du cordon sont brodées en argent cinq étoiles à cinq pointes ; le cordon est fixé sur l'épaule droite avec une rosette blanche. Outre le cimeterre suspendu au cordon, les Sœurs portent une petite truelle qui s'attache sur la poitrine, au côté gauche, avec une faveur bleue ;

du côté droit, sont attachés, avec une faveur couleur ponceau, un ciseau et un maillet dans le manche duquel un anneau est enfilé; tous ces bijoux sont en or. Le tablier des Sublimes Écossaises est blanc, avec doublure ponceau, bordure et bavette vertes ; divers attributs y sont peints ou brodés : le ciseau, le maillet avec l'anneau enfilé, un cimeterre, une tête de mort, un sac, et un globe terrestre autour duquel un serpent est enroulé, emblème du « Bon Principe » régnant sur le monde.

Le Tableau de l'Aréopage représente :

1° La ville de Béthulie, vue extérieurement; au pied des murailles, Achior, capitaine des Ammonites, est délivré de ses liens par les habitants descendus dans la vallée ;

2° Judith, allant au camp des Assyriens, avec sa servante, qui porte un sac ;

3° Judith coupant la tête d'Holopherne, dans sa tente.

La séance est ouverte, dès que le Grand Maître a reçu l'avis que « la récipiendaire est dans la Chambre de Préparation. »

Le Grand Maître Président, après avoir frappé deux coups. — Illustres Frères et Sœurs Inspecteurs et Dépositaires, la Grande Maîtresse et moi engageons nos très chers Frères et nos très chères Sœurs, tant de l'Afrique que de l'Amérique, à vouloir bien se joindre à vous et à nous pour nous aider à ouvrir l'Aréopage des Sublimes Écossaises, dans la vallée de (*ici le nom de la ville*), sous les auspices du Suprême Conseil, puissance souveraine du rite (*ici le nom du rite*), et à la gloire du Grand Architecte de l'Univers.

Le Frère Inspecteur (Premier Surveillant) et la Sœur Dépositaire répètent la formule.

Le Grand Maître, frappant un coup. — A l'ordre!

L'Asie se lève.

Le Frère Inspecteur, frap pant un coup. — A l'ordre L'Afrique se lève.

La Sœur Dépositaire, frappant un coup. — A l'ordre !

L'Amérique se lève.

Le Grand Maître. — Illustre Frère Inspecteur, quelle est l'attention des Maçons et des Maçonnes ?

Le Frère Inspecteur. — C'est d'avoir soin que l'Aréopage soit à couvert.

Le Grand Maître. — Vous en êtes-vous assuré ?

Le Frère Inspecteur. — Oui, Grand Maître ; l'Aréopage est clos intérieurement et extérieurement.

Le Grand Maitre. — Illustre Sœur Dépositaire, êtes-vous Sublime Écossaise ?

La Sœur Dépositaire. — La vallée de Béthulie m'est connue.

Le Grand Maître. — Quel motif vous engagea à vous faire recevoir Sublime Écossaise ?

La Sœur Dépositaire. — La liberté de mes Frères et Sœurs.

Le Grand Maître. — Quel était leur tyran ?

La Sœur Dépositaire. — Holopherne, général des armées de Nabuchodonosor.

Le Grand Maître. — Comment êtes-vous venue à bout de votre entreprise ?

La Sœur Dépositaire. — En veillant, espérant et priant.

Le Grand Maître. — Illustre Frère Grand Inspecteur, quelle heure est-il ?

Le Frère Inspecteur. — L'entrée de la nuit.

Le Grand Maître. — Puisqu'il est l'heure à laquelle les Maçons et Maçonnes doivent se mettre à l'ouvrage, avertissez les Frères et Sœurs de vos climats, comme j'avertis moi-même l'Asie, que l'Aréopage des Sublimes Écossaises est ouvert dans la vallée de (*ici le nom de la ville*). A l'exemple de Judith, veillons, espérons et prions. Veillons, afin que nos ennemis ne nous surprennent pas. Espérons, dans notre vigilance, que le moment de les frapper ne tardera pas à se présenter favorablement à nous. Prions, pour obtenir du Grand Architecte de l'Univers le courage et la force qui nous sont nécessaires.

Le Frère Inspecteur et la Sœur Dépositaire répètent la formule, jusqu'à : « Veillons, espérons et prions », inclusivement.

Le Grand Maître. — A moi, Frères et Sœurs! Faisons notre office selon nos mystères accoutumés.

A son signal, chacun porte la main gauche sur la tête, la saisit par les cheveux, et, de la main droite, fait le simulacre de se couper le cou.

Puis, tous ensemble frappent deux coups égaux dans les mains, en s'écriant: — Judith! Judith!

Le Grand Maître. — Prenons place.

Tout le monde s'assied.

Le Secrétaire donne lecture du procès-verbal de la dernière réunion ainsi que de la correspondance adressée à l'Aréopage.

Pendant ces préliminaires, voici ce qui se passe dans la Chambre de Préparation où se trouve la récipiendaire:

Cet appartement est une assez grande pièce divisée en deux par un rideau épais et ayant deux portes, chacune ouvrant sur l'une des parties du local. Dans la première partie qui est très réduite, il y a un tableau reproduisant les dessins du Tableau de l'Aréopage, sans aucune explication, et une table sur laquelle se trouvent un livre, une cuvette pleine d'eau et un linge de toilette; le livre, qui n'est que de quelques pages manuscrites, contient un *memento* de certaines réponses que la récipiendaire devra faire en séance et qu'on lui a préalablement apprises, comme à une actrice son rôle; une seule lumière éclaire cette première partie de la Chambre de Préparation. La seconde partie, grande et brillamment éclairée, sert à plusieurs fins qui seront indiquées au fur et à mesure.

La récipiendaire ayant été amenée dans le réduit par la Sœur d'Éloquence, celle-ci lui pose diverses questions sur l'enseignement des grades précédents, et notamment les suivantes:

D. — Pourquoi nos signes s'appliquent-ils presque uniquement sur les sens?

R. — C'est pour nous apprendre à n'en faire qu'un bon usage.

D. — Expliquez-moi cet usage.

R. — 1° L'*Odorat*. En Maçonnerie, les parfums les plus exquis ne sont comptés pour rien; la meilleure odeur est celle qui se dégage de la pratique des vertus. 2° L'*Ouïe*. Tout bon Maçon et toute bonne Maçonne doivent fermer l'oreille à la médisance et surtout à la calomnie. 3° Le *Goût*. Quand les Maçons et les Maçonnes prennent part aux doux mystères des Banquets et des Agapes, c'est pour réparer leurs forces, demeurer ensemble et s'exciter à la vertu, sans s'arrêter à la délicatesse des mets. 4° La *Vue*. Lorsqu'il est donné à un Maçon de pouvoir contempler la beauté d'une de ses Sœurs, il doit considérer qu'une telle merveille, ouvrage accompli d'un créateur, n'existe que pour donner lieu à un assemblage de vertus. 5° Le *Toucher*. Chaque fois que nous nous prenons la main, nous nous renouvelons tacitement le traité que nous avons fait de nous secourir mutuellement dans les dangers et dans le besoin.

Après cet interrogatoire, la Sœur d'Éloquence félicite la récipiendaire du zèle dont elle fait preuve en demandant à passer au grade de Sublime Écossaise et lui apprend que tout d'abord elle est admise à connaître la vallée de Béthulie.

Ces mots ne sont pas plus tôt prononcés que le rideau, servant à couper la pièce en deux, roule sur ses anneaux, et un édifiant spectacle s'offre aux yeux surpris de la postulante.

A un arbre se trouve attaché un homme, dont l'unique vêtement est un cordon maçonnique passé en écharpe de l'épaule droite à la hanche gauche ; une bande de Sœurs arrive bientôt ; elles regardent le monsieur, en manifestant un vif étonnement ; puis, reconnaissant sans doute que c'est un Maçon, elles s'empressent autour de lui, le détachent et l'emmènent avec elles en poussant des cris de joie.

Le rideau est alors remis en place, et la Sœur d'Éloquence demande à la récipiendaire quel est son sentiment sur ce qu'elle vient de voir.

La récipiendaire répond ce qu'elle veut. Comme elle est à mille lieues, de penser que ce qu'elle a vu a censément rapport à l'épisode de Judith dont elle va bientôt parodier le personnage, elle répond, d'ordinaire, que la scène en question est pour rappeler l'assistance que les Sœurs Maçonnes doivent prêter aux Frères en toute occasion, quelle qu'elle soit.

La Sœur d'Éloquence invite la postulante à méditer et se retire. Elle se rend à l'Aréopage, frappe deux coups lents à la porte, et l'entrée lui est donnée.

Les communications du Frère Secrétaire étant terminées, la Sœur d'Éloquence expose à l'assemblée que la récipiendaire connaît la vallée de Béthulie et qu'elle a paru éprouver telle ou telle impression à la vue du spectacle offert à ses yeux ; au surplus, elle rapporte la réponse de la postulante.

Le Grand Maître. — Illustre Frère Grand Maître des Cérémonies, transportez-vous auprès de la récipiendaire, amenez-la ici et placez-la entre les deux camps.

Le Maître des Cérémonies va donc trouver la postulante, et, lui ayant annoncé que l'Aréopage daigne lui faire l'honneur de la soumettre aux épreuves, il lui couvre la tête d'un drap noir saupoudré de cendres.

La candidate est conduite à la porte du temple, dont les portes ont été ouvertes sans bruit. Un Frère Servant d'Armes l'arrête en lui mettant la main sur le bras; aussitôt, le Frère Grand Inspecteur (Premier Surveillant) se précipite vers elle.

Le Grand Inspecteur, à la postulante. — Que voulez-vous ? que venez-vous faire ici ?

La récipiendaire. — Je veux parler au grand-prêtre et aux principaux du peuple.

Le Grand Inspecteur. — Qui êtes-vous ?

La récipiendaire. — Judith.

Le Grand Inspecteur. — De quelle nation ?

La récipiendaire. — Femme juive, de la tribu de Siméon.

On fait avancer de quelques pas la récipiendaire, qui se trouve alors entre les deux camps, c'est-à-dire entre les deux rangées formées par l'assistance.

Le Grand Maître frappe deux coups de maillet.

A ce signal, tous les Frères et Sœurs, qui sont assis, mettent la main droite sur le cœur, la gauche sur le front, en baissant la tête. Cette pantomime, au dire des cahiers du grade, simule la douloureuse consternation qu'on éprouvait à Béthulie avant la sortie de Judith.

Le Grand Maître, à la récipiendaire. — Que demandez-vous, très chère Sœur ?

La récipiendaire. — Que vous me fassiez ouvrir les portes de la ville cette nuit, et que tout le peuple prie pour moi pendant cinq jours. Alors, je vous apporterai des nouvelles sûres et réjouissantes. Je vous conjure de ne point rendre la ville avant ce temps.

Le Grand Maître. — Ma très chère Sœur, il sera fait selon votre désir.... Illustre Frère Grand Inspecteur, et vous, Illustre Sœur Grande Dépositaire, faites votre office auprès de la postulante.

Le Frère Inspecteur et la Sœur Dépositaire enlèvent à la candidate son voile noir, dégrafent son corsage et mettent ses épaules et sa gorge à nu; puis, ils lui passent au cou un collier de perles et répandent sur ses cheveux un parfum à la mode du jour.

Le Frère Inspecteur. — Grand Maître, la postulante est prête.

Le Grand Maître, à la récipiendaire. — Ma très chère Sœur, allez en paix, et que le Seigneur soit avec vous!

La Sœur d'Éloquence reconduit la récipiendaire à la Chambre de Préparation.

Aussitôt que les deux femmes sont entrées dans la première partie du local, le rideau est tiré; le Maître des Cérémonies apparaît dans la seconde partie, meublée à l'orientale et discrètement éclairée par une lampe voilée de gaze. Sur une table, une légère collation est servie, et un Frère est étendu avec nonchalance sur un divan.

Le Maître des Cérémonies. — Judith, prosternez-vous devant le seigneur Holopherne.

La Sœur d'Éloquence et le Maître des Cérémonies se retirent, laissant en tête-à-tête le pseudo-Holopherne et la pseudo-Judith.

Pendant ce temps, l'Aréopage a été mis en récréation.

Enfin, quand le pseudo-Holopherne juge le moment venu de permettre à ses Frères et Sœurs de rentrer en séance, il presse le timbre d'une sonnerie ou donne tout autre signal convenu, et la Sœur d'Éloquence revient.

Celle-ci ordonne à la récipiendaire de procéder en sa présence aux ablutions sacrées; puis, quand la postulante a obéi, elle lui remet un cimeterre et une tête de mort en carton peint qu'elle a apportés. Le pseudo-Holopherne s'est éclipsé sans bruit.

Pendant la récréation, on a remplacé, les tentures vertes du temple par des tentures rouges.

La Sœur d'Éloquence et la récipiendaire arrivent à la porte de l'Aréopage ; cette dernière, ayant reçu diverses instructions de sa préparatrice, tient le cimeterre, de la main droite, et la tête de mort, de la main gauche.

A l'intérieur, les Frères et les Sœurs ont repris leurs places.

La Sœur d'Éloquence frappe deux coups à l'extérieur.

La récipiendaire, criant. — Victoire ! Victoire !

Le Servant d'Armes avertit la Sœur Dépositaire de ce qui se passe au dehors ; celle-ci le répète au Frère Grand Inspecteur.

Le Frère Inspecteur. — Grand Maître, deux coups viennent d'être frappés à la porte du temple, et par deux fois le cri *Victoire* s'est fait entendre dans le parvis.

Le Grand Maître. — Faites voir qui a crié ainsi.

Le Servant d'Armes ouvre la porte.

Le Frère Inspecteur. — C'est Judith.

Le Grand Maître. — Qu'elle entre... Mes Frères et mes Sœurs, soyons debout.

Tout le monde se lève. La récipiendaire est introduite.

La récipiendaire. — Loué soit le Grand Architecte de l'Univers, qui n'a point abandonné ceux qui espèrent en lui, qui a accompli par sa servante la miséricorde qu'il a promise à la nation d'Israël, et qui a tué, cette nuit, par ma main, l'ennemi de son peuple !

En disant ces derniers mots, elle montre la tête de mort.

Le Grand Maître. — Illustre Frère Grand Maître des Cérémonies, faites avancer, par les sept pas mystiques, la récipiendaire jusqu'au pied de l'autel, afin qu'elle prête son obligation.

Une échelle de sept degrés a été couchée sur le Tableau de l'Aréopage. Le Maître des Cérémonies, guidant la récipiendaire, la fait marcher sur l'échelle, en disant un des sept mots suivants chaque fois qu'elle pose un pied sur un des sept échelons :

— Amitié!... Union!... Soumission!... Discrétion!... Fidélité!... Prudence!... Tempérance!...

Après quoi, la récipiendaire donne sa tête de mort au Maître des Cérémonies, qui la fixe au bout d'une lance placée contre l'autel.

Puis, la récipiendaire, à genoux devant le Grand Maître, prête le serment du grade, en répétant après lui phrase par phrase.

Serment de la Sublime Écossaise. — En présence du Grand Architecte de l'Univers, conservateur de tous les êtres et vengeur du crime, et devant cette auguste assemblée, je promets et jure, sous les mêmes obligations des grades précédents, de garder un secret inviolable sur les mystères des Sublimes Écossaises. Je promets et jure d'aimer, protéger et secourir mes Frères et Sœurs dans toutes les occasions, quelles qu'elles soient et même au péril de ma vie. Je promets et jure toutes ces choses sur ma parole d'honneur, et je consens d'avance, si j'étais assez criminelle pour y manquer, à encourir le mépris, la honte et l'infamie réservés aux parjures. Que le Grand Architecte de l'Univers me soit en aide. Ainsi soit-il.

Le Grand Maître fait relever la néophyte et la consacre avec le cérémonial ordinaire; les coups qu'il frappe sur le glaive sont au nombre de sept : cinq petits coups précipités et deux coups lents.

Le Grand Maître. — A la gloire du Grand Architecte de l'Univers, au nom de la Grande Maîtresse et sous les auspices et par délégation spéciale du Grand-Orient (*ou :*

du Suprême Conseil) de France, je vous constitue Sublime Écossaise, cinquième degré de la Maçonnerie d'Adoption, et vous confère la faculté de jouir de tous les droits et prérogatives attachés à ce haut grade... Illustre et Parfaite Sœur, recevez de moi l'accolade fraternelle.

Il l'embrasse, comme au grade précédent.

Tout le monde s'assied.

Le Grand Maître, à la néophyte. — Maintenant recevez ce cordon (le cordon ponceau de Sublime Écossaise), dont la couleur symbolique vous rappellera les principes de la Maçonnerie, et présentez-vous à la Grande Maîtresse qui vous communiquera les secrets du grade.

La Grande Maîtresse embrasse la néophyte et procède à la communication réglementaire.

Ordre. — Il n'y en a point, ou bien l'on se met à l'ordre comme au grade précédent.

Signe de reconnaissance. — On porte la main gauche sur la tête, on la saisit par les cheveux, et, de la main droite, on fait le simulacre de se couper le cou.

Attouchement. — On s'entrelace mutuellement le petit doigt de la main droite.

Batterie. — Deux coups égaux.

Marche. — Sept pas, dont cinq assez vite et les deux derniers lentement.

Acclamation. — « Judith ! Judith ! »

Age. — « Je passe cinq lustres. »

Mot de Passe. — Au lieu de dire à la personne tuilée: « Donnez-moi le mot de passe », comme à l'ordinaire, la personne qui tuile lui dit sans explication : « CHABRIS ». A quoi la personne tuilée doit répondre : « CHARMIS ». — Ces deux mots sont pour rappeler les noms de Chabris, fils de Gothoniel, et de Charmis, fils de Melchiel, qui accompagnèrent Judith jusqu'aux portes lorsqu'elle sortit de Béthulie.

Mot Sacré. — VAGAO. — C'est le nom de l'eunuque qui introduisit Judith dans la tente d'Holopherne.

Maîtresses Paroles. — L'un dit : « SIGÉ ». L'autre répond : « ALÉTHÉ ». On traduit ces mots par: *Silence, Vérité.*

Enfin, si, dans un tuilage, on demande à une Sublime Écossaise : « Quand travaillez-vous, chère Sœur ? » elle répond, sans sourciller : « De l'entrée de la nuit jusqu'à l'apparition du jour. »

La néophyte ayant été instruite de ces secrets, la Grande Maîtresse l'envoie se faire reconnaître par le Frère Grand Inspecteur et la Sœur Grande Dépositaire.

Puis, le Frère Inspecteur ayant déclaré que la néophyte a rendu avec justesse les mots, signes et attouchements, le Grand Maître fait la proclamation habituelle. Applaudissements.

Le Grand Maître, à la néophyte. — Vous voilà, Illustre et Parfaite Sœur, parvenue au dernier grade de la Maçonnerie d'Adoption. Tous les membres de ce Souverain et Sublime Aréopage ont concouru à ce qu'un tel honneur vous fût accordé, parce qu'ils ont été édifiés de votre zèle à remplir vos devoirs dans les grades précédents. Celui-ci, par sa supériorité, vous oblige à de nouveaux efforts. Ne vous ralentissez pas dans la pratique des vertus, et que l'on puisse dire de vous, chère Sœur : « Si elle possède tous les grades de la Maçonnerie, c'est qu'elle est douée de tous les mérites. »

Il la fait asseoir à côté de lui et donne la parole au Frère Orateur (Chevalier d'Éloquence) pour développer le principe du grade.

Voici donc, en résumé, ce que débite l'Illustre Frère, chargé du discours de réception au grade de Sublime Écossaise :

Nabuchodonosor, roi des Assyriens, ayant vaincu Arphaxad, roi des Mèdes, conçut le dessein d'asservir à sa domination tous les peuples de la terre. Il envoya d'abord des ambassadeurs dans tous les pays voisins de son empire, pour les engager à se soumettre de bonne volonté. Mais tous refusèrent et même chassèrent avec mépris les ambassadeurs. Il résolut de s'en venger et de les réduire par la force.

Holopherne, général en chef de ses armées, fut chargé de la conduite de cette grande entreprise. Ce général se mit aussitôt en marche avec une armée composée de cent vingt mille hommes de pied et douze mille archers à cheval. Tout se soumit par la frayeur qu'il inspirait.

Les enfants d'Israël, apprenant ce qu'il faisait souffrir aux peuples et aux villes qui avaient subi le joug, tremblaient de peur qu'il en fît autant à Jérusalem et au temple de leur Dieu. Ils se hâtèrent de mettre les villes et bourgades en état de défense, et, s'étant emparés des montagnes par où l'on pouvait passer pour aller à Jérusalem, ils en gardèrent soigneusement tous les défilés.

Holopherne reçut avec un grand étonnement la nouvelle de la résistance que les enfants d'Israël s'apprêtaient à lui faire. Il demanda à ceux de sa suite ce qu'était ce peuple qui refusait de suivre l'exemple de tous les autres. Achior, capitaine des Ammonites, homme plein de franchise, qui connaissait la valeur du peuple hébreu, parla à Holopherne en toute sincérité, lui racontant les merveilles accomplies par les Israélites dans tous les temps. Il lui expliqua, avec l'assurance d'une profonde conviction, que, tant que ce peuple servait fidèlement son Dieu, il était toujours invincible, et que, cette fois encore, il le serait, à moins toutefois que le Dieu d'Israël ait des motifs d'irritation contre lui.

« — Maintenant donc, mon seigneur et mon maître, dit Achior à Holopherne, pour conclure, il faut que nous regardions s'il y a quelque faute commise par ce peuple; car, s'ils ont irrité leur Dieu en se livrant au vice et en négligeant la vertu, nous pourrons hardiment marcher contre eux, nous les combattrons avec avantage, nous les vaincrons. Mais s'il n'y a point d'iniquité en ce peuple, que mon seigneur les laisse, de crainte que leur Dieu ne les défende, et que, vaincus par les Israélites, nous ne soyons en opprobre à toute la terre.»

A ces paroles, Holopherne entra dans une grande fureur, et les autres officiers de l'armée assyrienne étaient, comme lui, courroucés contre Achior.

« — Qui donc, dit le général, t'a incité à prophétiser aujourd'hui contre nous et à assurer que le peuple d'Israël est vaillant dans la guerre lorsque son Dieu est avec lui ? et qui est-ce donc qui est Dieu, sinon Nabuchodonosor ? »

Et, ayant fait dépouiller Achior de ses vêtements, Holopherne ordonna à ses soldats de lier les mains du capitaine ammonite et de l'abandonner, attaché à un arbre, dans la vallée de Béthulie.

Les habitants de Béthulie, ayant aperçu cet homme, descendirent de leur ville dans la vallée, le délièrent et l'amenèrent en leurs murs, où il raconta le sujet des mauvais traitements qu'il avait reçus.

Après qu'il eut fini de parler, tous les habitants de Béthulie se prosternèrent, le visage contre terre, en s'écriant :

« — Dieu tout-puissant, considérez l'orgueil de nos ennemis, et voyez l'obéissance, la misère et l'état où sont réduits ceux qui vous sont consacrés. Faites voir que vous n'abandonnez point ceux qui attendent tout de votre miséricorde, et qu'au contraire ceux-là succombent qui présument trop d'eux-mêmes et se glorifient de leurs propres forces ! »

Or, il y avait, en ce temps-là, une veuve, nommée Judith, fort riche et admirablement belle, qui, depuis son veuvage, vivait retirée, soumise au jeûne et au cilice;

s'étant depuis longtemps fortifiée par de saints exercices, elle se sentit, dans cette extrémité, poussée par une inspiration qui ne pouvait venir que de Dieu lui-même.

Elle se présenta au grand-prêtre et à tout le peuple assemblé, et leur reprocha leur désespoir; car le conseil des défenseurs de Béthulie, ne voyant arriver aucun secours depuis le commencement du siège long et terrible, était abattu et avait délibéré de rendre la ville dans cinq jours.

« — Écoutez-moi, leur dit Judith, et j'accomplirai une action qui sera célébrée dans tous les âges parmi les enfants d'Israël. Vous vous tiendrez cette nuit aux portes de Béthulie, et je sortirai avec ma servante, et Dieu vous secourra par ma main dans le temps après lequel vous avez décidé de rendre la ville. Mais ne vous enquérez point de ce que je veux faire; car je ne dois le révéler à personne. Au surplus que tout le peuple soit en prières pendant que je serai hors de Béthulie. »

Elle rentra chez elle, adressa à Dieu une invocation suprême; puis, quittant le cilice couvert de cendres dont son corps était revêtu, elle prit sa plus belle robe, s'orna de ses plus riches parures et se parfuma de parfums exquis. Comme aucun mauvais principe n'était dans son cœur, il semblait que Dieu répandait de nouveaux charmes sur son visage, pour la rendre plus éblouissante de beauté.

Vers le point du jour, Judith, suivie d'une de ses femmes, se fit ouvrir les portes de la ville, descendit la montagne et fut menée à Holopherne. Ce général fut si charmé de sa beauté, qu'il ordonna qu'on la conduisît dans sa tente où étaient ses trésors et qu'on lui apportât tout ce qu'elle désirerait.

Le quatrième jour, Holopherne donna un grand festin. Il y invita Judith, pour laquelle il avait conçu une vive passion. Il fut si transporté de joie en la revoyant, qu'il but à l'excès et s'enivra.

Or, comme il était déjà tard, ses officiers se hâtèrent de se retirer, et l'eunuque Vagao, qui était l'homme de confiance du général, ferma sa tente par dehors, donnant congé à tous ceux qui étaient présents. Et Judith fut laissée seule avec Holopherne, qui reposait étendu sur son lit; car il était rempli de vin.

Alors, Judith ne pensa plus qu'à mettre son dessein à exécution. Elle s'approcha doucement du lit d'Holopherne, se saisit d'un cimeterre attaché à l'une des colonnes, et, prenant Holopherne par les cheveux, elle dit :

« — Mon Dieu, fortifiez-moi dans ce moment ! »

Aussitôt, elle le frappa de deux coups et lui trancha la tête, qu'elle donna à sa servante pour la mettre dans un sac.

Toutes deux sortirent du camp, tournèrent par la vallée, et arrivèrent aux portes de Béthulie. Reconnue par les gardes, Judith fut reçue aux flambeaux.

Elle fit son entrée, tenant par les cheveux la tête d'Holopherne et criant : « Victoire ! »

Tout le peuple jeta de grands cris d'allégresse, pour bénir Dieu d'une délivrance si inattendue et pour exalter la gloire de celle qui s'était si sensiblement exposée pour leur salut.

Le Chevalier d'Éloquence, dans le débit qu'il fait de cette légende, ne manque pas de l'émailler de sous-entendus libertins, sous prétexte de symboles et d'allégories à expliquer.

Il conclut en ces termes :

— Tout ce que vous avez vu, d'une part, Illustre et Parfaite Sœur, tout ce que vous avez fait, d'autre part, dans les mystères de votre initiation au grade de Sublime Écossaise, rappelle, de la façon la plus exacte, vous le comprenez maintenant, l'histoire merveilleuse de la délivrance de Béthulie par la belle et vaillante Judith... Veuillez, à présent, prêter toute votre attention à l'instruction du grade.

Il s'assied, et la récitation du Catéchisme de Sublime Écossaise a lieu sous la forme du dialogue suivant entre le Grand Maître et la Sœur Dépositaire :

Le Grand Maître. — Sœur Dépositaire, êtes-vous Maçonne?

La Sœur Dépositaire. — Je le crois, Grand Maître.

Le Grand Maître. — Êtes-vous Compagnonne ?

La Sœur Dépositaire. — Donnez-moi une pomme, et vous en jugerez.

Le Grand Maître. — Êtes-vous Maîtresse?

La Sœur Dépositaire. — J'ai monté l'échelle mystérieuse.

Le Grand Maître. — Allez-vous plus loin ?

La Sœur Dépositaire. — Interrogez-moi, et je vous répondrai.

Le Grand Maître. — Êtes-vous Maîtresse Parfaite ?

La Sœur Dépositaire. — Guidée par l'Éternel, je suis sortie de l'esclavage.

Le Grand Maître. — Êtes-vous Sublime Écossaise ?

La Sœur Dépositaire — La vallée de Béthulie m'est connue.

Le Grand Maître. — Quel motif vous engagea à vous faire recevoir Sublime Écossaise ?

La Sœur Dépositaire. — La liberté de mes Frères et Sœurs.

Le Grand Maître. — Quel était leur tyran ?

La Sœur Dépositaire. — Holopherne, général des armées de Nabuchodonosor.

Le Grand Maître. — Comment êtes-vous venue à bout de votre entreprise ?

La Sœur Dépositaire. — En veillant, espérant et priant.

Le Grand Maître. — Qu'ont produit ces moyens?

La Sœur Dépositaire. — En veillant, j'ai cherché le moment favorable; en espérant, je l'ai attendu avec confiance; en priant, j'ai obtenu du Grand Architecte de l'Univers le courage et la force qui m'étaient nécessaire.

Le Grand Maître. — Quel était votre but?

La Sœur Dépositaire. — Faire périr Holopherne, lorsque j'en trouverais l'occasion.

Le Grand Maître. — Quand se présenta cette occasion?

La Sœur Dépositaire. — Au moment où Holopherne, livré au vin et au sommeil, fut abandonné par ses gardes. Alors, je pris son cimeterre et lui tranchai la tête.

Le Grand Maître. — Que signifient les sept pas pour arriver à l'autel?

La Sœur Dépositaire. — Ils signifient les sept qualités inséparables de tous Maçons et Maçonnes, savoir: 1° l'*Amitié*, sentiment dont nous devons avoir toujours le cœur rempli à l'égard de nos Frères et Sœurs; 2° l'*Union*, qui est la pierre fondamentale de notre société; 3° la *Soumission*, nécessaire pour recevoir, sans murmure, les arrêts de nos Loges, Chapitres et Aréopages, et pour exécuter, sans hésitation, les ordres de nos chefs; 4° la *Discrétion*, qui seule peut nous éviter les supercheries des Profanes et nous préserver de la divulgation de nos secrets; 5° la *Fidélité*, indispensable pour l'observance rigoureuse de nos obligations; 6° la *Prudence*, qui doit en tout et toujours régler nos actions, entourer nos travaux intérieurs d'un voile impénétrable et même présider à toutes nos démarches extérieures, afin que les envieux de nos plaisirs ne trouvent aucun moyen de blâmer notre conduite; 7° enfin, la *Tempérance*, nécessaire pour nous garder de tout excès également nuisible au corps et à l'esprit.

Le Grand Maître. — Quels sont les sept défauts opposés à ces sept qualités ?

La Sœur Dépositaire. — 1° La *Haine*, que nous ne devons porter à aucun de nos Frères et Sœurs, lors même que nous en aurions reçu une humiliation, un manque d'égards ou une insulte ; 2° la *Discorde*, trop contraire à notre institution pour ne pas l'écarter avec le plus grand soin de nos Ateliers ; 3° l'*Orgueil*, qui doit être banni de nos cœurs comme funeste aux intérêts de l'humanité ; 4° l'*Indiscrétion*, qui doit être inconnue dans notre Ordre où tout est mystère et secret ; 5° la *Perfidie*, vice trop odieux pour ne pas nous être en horreur et exécration ; 6° l'*Étourderie*, comme cause de querelles sans nombre ; 7° enfin, l'*Intempérance*, attendu que, s'il est juste et bon d'obéir aux douces lois de la nature, il nous est préjudiciable d'abuser et de franchir les limites que sa sagesse a fixées.

Le Grand Maître. — Expliquez-moi le Tableau de l'Aréopage des Sublimes Écossaises.

La Sœur Dépositaire. — Béthulie est la figure du vrai bonheur, qu'on ne peut conserver qu'avec des soins et du travail. Le grand prêtre est l'image de l'âme ; Judith et sa servante, celle de ses facultés. Les principaux du peuple et le peuple assemblé représentent le corps et ses membres. L'armée d'Holopherne représente les passions qui nous environnent, et les charmes de Judith, les illusions qui nous séduisent.

Le Grand Maître. — Avant de figurer vous-même Judith dans votre réception au grade de Sublime Écossaise, n'avez-vous rien vu qui vous donnât à méditer sur les devoirs de la Maçonnerie ?

La Sœur Dépositaire. — J'ai vu Achior, victime d'Holopherne et sauvé de la mort par les habitants de Béthulie.

Le Grand Maître. — Que signifient la conduite

d'Achior et le mauvais traitement qui lui fut infligé ?

La Sœur Dépositaire. — La conduite d'Achior nous rappelle que tous Maçons et Maçonnes doivent plutôt s'exposer à souffrir la persécution que de s'écarter de la vérité, quand on les oblige à parler.

Le Grand Maître. — Que signifie la délivrance d'Achior ?

La Sœur Dépositaire. — La délivrance d'Achior par les Israélites est le symbole de la fraternité dont les Maçons et Maçonnes se doivent donner des preuves en toute circonstance.

Le Grand Maître. — Quel est le signe des Sublimes Écossaises ?

La Sœur Dépositaire. — Le voici. (Elle le fait.)

Le Grand Maître. — Que signifie-t-il ?

La Sœur Dépositaire. — Il nous rappelle l'acte héroïque de Judith, que le haut grade de Sublime Écossaise donne en exemple aux Maçonnes.

Le Grand Maître. — Donnez l'attouchement à l'Illustre Frère Grand Inspecteur.

La Sœur Dépositaire obéit.

Le Frère Inspecteur. — Très Puissant Grand Maître, l'attouchement est juste.

Le Grand Maître. — Illustre Grande Sœur Dépositaire, quel est le sens de cet attouchement ?

La Sœur Dépositaire. — Il figure l'union intime des Maçons et Maçonnes, hors des regards et à l'abri des Profanes.

Le Grand Maître. — *Chabris ?*

La Sœur Dépositaire. — *Charmis.*

Le Grand Maître. — Que venons-nous de dire là, Illustre et Parfaite Sœur ?

La Sœur Dépositaire. — Le mot de passe. Nous avons, en mémoire de Judith, prononcé les noms des deux chefs du peuple qui conduisirent l'héroïne aux portes de Béthulie, quand elle partit pour accomplir sa divine mission.

Le Grand Maître. — Donnez-moi le Mot Sacré.

La Sœur Dépositaire. — *Vagao.*

Le Grand Maître. — Quel est ce nom ?

La Sœur Dépositaire. — C'est celui de l'eunuque qui introduisit Judith dans la tente d'Holopherne.

Le Grand Maître. — Pourquoi ce nom a-t-il été choisi comme Mot Sacré du plus haut grade de la Maçonnerie d'Adoption ?

La Sœur Dépositaire. — Afin de nous rappeler qu'une Maçonne doit être prête à tout, quand il s'agit pour elle d'accomplir une mission qui lui a été régulièrement confiée.

Le Grand Maître. — Les Sublimes Écossaises n'ont-elles pas d'autres mots que le Mot de Passe et le Mot Sacré ?

La Sœur Dépositaire. — Oui, Très Puissant Grand Maître, elles ont encore deux Maîtresses Paroles.

Le Grand Maître. — Donnez-les-moi.

La Sœur Dépositaire. — 1° *Sigé*, qui veut dire « Silence », parce que nous devons écouter en silence et avec attention les leçons du Grand Maître et que nous ne devons même pas révéler nos travaux aux Frères et Sœurs absents ; 2° *Aléthé*, qui signifie « Vérité », c'est-à-dire que tous les rapports, que nous nous croyons obligées de faire au Grand Maître, des fautes et négligences de nos Frères et Sœurs, doivent toujours être dans la plus stricte vérité.

Le Grand Maître. — Comment vous nommez-vous et d'où êtes-vous ?

La Sœur Dépositaire. — Judith, femme de la tribu de Siméon.

Le Catéchisme se terminant là, on fait circuler, comme aux grades précédents, le Tronc de la Veuve et le Sac des

Propositions; puis, le Chevalier Grand Secrétaire communique à l'Aréopage l'esquisse de son procès-verbal.

Enfin, on procède à la clôture des travaux.

Le Grand Maître. — Illustre Frère Grand Inspecteur, quelle heure est-il ?

Le Frère Inspecteur. — La pointe du jour.

Le Grand Maître. — Illustre Sœur Grande Dépositaire, que doivent faire en Aréopage les Maçons et Maçonnes ?

La Sœur Dépositaire. — Veiller, espérer et prier.

Le Grand Maître. — Nous avons veillé, nous espérons et nous prierons toujours. C'est pourquoi je vais fermer l'Aréopage par nos mystères accoutumés.

Guidés par l'Asie, les Frères et Sœurs des climats d'Afrique et d'Amérique exécutent simultanément le signe des Sublimes Écossaises et frappent ensuite deux coups bruyants dans leurs mains.

Tous, avec ensemble. — Judith ! Judith !

Le Grand Maître. — Frères et Sœurs, l'Aréopage se ferme ; retirons-nous en paix au sein de nos familles et de nos affections.

Les Sœurs. — Que le Seigneur soit avec nous !

Les Frères. — Ainsi soit-il !

Le Grand Maître. — L'Aréopage est fermé.

On se sépare, chaque Frère avec sa Mopse, excepté s'il y a Agape.

Dans ce cas, la tenue de table a lieu dans une salle éclairée par sept lustres. Tout se passe comme dans les Agapes de Maîtresses Parfaites, sauf quelques modifications. Les verres se nomment *coupes*. On vide la coupe en la prenant de la main gauche ; de la droite, on prend le petit cimeterre pendu au cordon, et on le passe, en deux temps, sur les bords de la coupe, comme pour raser son contenu ; puis, on laisse tomber le cimeterre, et, de la main droite, on vide la coupe, que l'on pose sur la table en deux temps ; finalement, on frappe deux fois des mains, en criant : « Victoire ! Victoire ! »

A l'issue de la séance ou du festin, le Secrétaire ou Grand Chancelier Maître des Dépêches remet à la néophyte sa Patente de Sublime Écossaise.

En voici le modèle :

PATENTE DE SUBL :·: EC :·:

A :·: D :·: M :·:

Du Jardin d'Éden, côté de l'Orient, d'où sort la Pr:·: L:·: *(première lumière)* de l'A :·: D :·: M :·: *(Aréopage de Maçonnes)*, sous le titre distinctif de. . . . .

P :·: L :·: N :·: M:·: C :·: D :·: S :·: E :·:

(par les nombres mystérieux connus des seuls éclairés)

Nous, Ch :·: T :·: *(chefs terrestres)*, dirigeant le Resp :·:, Souv :·: et Subl :·: A :·: d :·: M :·:, *(respectable, souverain et sublime Aréopage de Maçonnes)*, ayant connu le zèle et l'empressement, pour parvenir au Sup:·: Deg:·: de L :·: M:·: *(suprême degré de lumière maçonnique)*, de la Vén :·:, Parf :·: et Ill :·: S :·: *(vénérable, parfaite et illustre Sœur)* :

(ici les noms et prénoms de la Sœur, en hiéroglyphes)

Après avoir jugé de sa capacité, vie et mœurs, avec un scrupuleux examen de sa conduite, tant en L :·:, C :·; et A :·: *(Loge, Chapitre et Aréopage)* que dans le M :·: P :·: *(monde profane)*, et sachant que satisfaction est donnée de tous ses devoirs exigibles en sa qualité de M :·: *(maçonne)*.

Faisons savoir que nous l'avons adm :·: *(admise)* aux gr :·: *(grades)* d'A :·:, C :·:, M :·:, M :·: - P :·: et Subl :·: - Ec :·: *(Apprentie, Compagnonne, Maîtresse, Maîtresse Parfaite et Sublime Écossaise)*.

Mandons à tous nos FF :·: et SS :·: MM :·: et MM :·: *(Frères et Sœurs Maçons et Maçonnes)* de L :·: R :·: C :·:

T :·: *(la reconnaître comme telle)* et d'ajouter foi à la présente Patente que nous délivrons pour servir et valoir ce que de raison, laquelle nous avons signée de notre main, fait décorer du sceau de notre Resp :·:, Souv :·: et Subl :·: A :·: *(respectable, souverain et sublime Aréopage)* et contre-signer par notre Ill :·: G :·: Ch :·: M :·: d :·: D :·: *(Illustre Grand Chancelier Maître des Dépêches)*.

Donné au Jardin d'Éden, sous le cl :·: d'A :·: *(climat d'Asie)*, le... jour du... mois de l'An :·: Maç :·: *(année maçonnique)* 5886, et de l'E :·: V :·: *(ère vulgaire)*, le. . . . . 1886.

Signature du Grand Maître.

Signature de la Grande Maîtresse.

Signature du Grand Inspecteur.

Signature de la Grande Inspectrice.

ICI le sceau de l'atelier

Scellé par nous,
Garde des Sceaux et Archives :
Signature du Garde des Sceaux.

Par mandement du Souv :·: et Subl :·: Ar :·:

Signature du Grand Chancelier Secrétaire.

NE VARIETUR : *Signature de la Titulaire.*

Maintenant que le public sait ce qu'il faut entendre par « les devoirs exigibles d'une parfaite Maçonne », on reconnaîtra qu'un tel diplôme est tout le contraire d'un brevet de vertu.

Si les Sœurs à Cinq-Points prennent pour emblème la rose, elles ne sont pas, pour cela, des rosières ; il s'en faut !

VIII

GRADES SPÉCIAUX

DU RITE ÉCOSSAIS

Le Rite Moderne d'Adoption est, en général, pratiqué en cinq grades, que je viens de faire connaître :

1er degré, *Apprentie ;*

2e degré, *Compagnonne ;*

3e degré, *Maîtresse ;*

4e degré, *Maîtresse Parfaite ;*

5e degré, *Sublime Écossaise.*

C'est le rite le plus universellementen usage dans les Ateliers de Dames des divers pays.

Toutefois, beaucoup de Loges, — ce sont surtout celles de l'obédience des Suprêmes Conseils (Rite Écossais Ancien Accepté), — pratiquent l'Adoption en dix grades :

1er degré, *Apprentie* (comme ci-dessus) ;

2e degré, *Compagnonne* (comme ci-dessus) ;

3e degré, *Maîtresse* (comme ci-dessus) ;

4e degré, *Maîtresse Parfaite* (comme ci-dessus) ;
5e degré, *Élue ;*
6e degré, *Écossaise* (ce grade étant alors le correspondant de celui de Rose-Croix) ;
7e degré, *Sublime Écossaise* (comme ci-dessus) ;
8e degré, *Chevalière de la Colombe ;*
9e degré, *Chevalière de la Bienfaisance ;*
10e degré, *Princesse de la Couronne.*

Nous allons donc voir rapidement les particularités qui distinguent les cinq grades spéciaux de ce système d'Adoption.

L'Elue

Décoration du Temple. Tenture blanche ; trône rouge ; cinq bougies ; une étoile transparente à huit pointes, portant au milieu le mot sacré du grade.

Titres. Le Grand Maître s'appelle Souverain Grand Maître ; la Grande Maîtresse s'appelle Souveraine Grande Maîtresse.

Habillement. Les Frères sont en noir, les Sœurs sont en blancs. Le Souverain et la Souveraine portent, en camail, un large ruban noir, liseré d'argent, auquel pend le bijou.

Le bijou est une étoile à huit pointes, le fond en nacre, le tour des pointes en or ; au milieu est le mot sacré. Ce bijou se porte sur le cœur, attaché par une faveur noire.

Le tablier est blanc, sauf doublure et bordure noires ; le bijou du grade y est brodé au centre.

Durée des Travaux. Pour l'ouverture, la Souveraine demande l'heure, comme à l'ordinaire ; et le Frère Inspecteur répond : « Souveraine Grande Maîtresse, le signal est donné, nous sommes prêts à exécuter vos ordres. »

Pour la fermeture, à la Souveraine demandant l'heure, la Sœur Inspectrice répond: « Il est l'heure où nos ennemis furent vaincus et où nous commençons à jouir du fruit de vos travaux pour un temps plus heureux. »

L'initiation consiste dans la mise en scène du parjure d'une Sœur, et on la condamne à mort.

Signe de reconnaissance. On porte la main droite au cou, du côté gauche; on penche la tête à droite, et l'on se donne un coup de tranchant de la main, comme pour se couper la gorge.

Attouchement. On entrelace les bras et l'on s'empoigne mutuellement le dessus de l'épaule gauche avec la main gauche.

Batterie. Cinq coups égaux : OOOOO.

Mot de Passe. L'un dit : VICTOIRE. L'autre répond: SILENCE.

Mot Sacré. HALZABETH. C'est le nom qui, dans la comédie de l'initiation, est donné à la Sœur parjure qu'il s'agit d'immoler.

L'Écossaise

Décoration du Temple. Tenture jaune ; quatre lumières, une à chaque coin de la salle.

Titres. Le Grand Maître et la Grande Maîtresse s'appellent Très Respectables. Les Frères et Sœurs Inspecteurs et Dépositaires, Très Vénérables. Les autres Frères et Sœurs, Vénérables.

Habillement. Le cordon est jaune et se porte en sautoir. Le bijou, pendu à la pointe du cordon, représente l'Étoile Flamboyante, en argent. Le tablier, qui est blanc, a sa bordure et sa doublure jaunes; sur la bavette, figure, dans un carré, une étoile en argent.

Durée des Travaux. Pour l'ouverture, il est « deux heures »; pour la fermeture, il est « quatre heures ».

Tableau du Chapitre. Il représente le mont Ararat, l'arche de Noé, Noé et sa famille sortant de l'arche. En outre, un flambeau est dessiné à chacun des quatre coins de la toile peinte. Enfin, quatre grandes lignes rouges, en carré, sont tracées sur le tableau ; chaque pointe est dirigée vers un des côtés de la salle, et, sur la pointe dirigée vers l'Orient ou climat d'Asie, est représentée l'Étoile Flamboyante.

En entrant au Chapitre, chacun marche sur la toile peinte, de la façon que voici : on pose d'abord le pied gauche à la pointe occidentale du carré tracé en rouge ; puis, on pose le pied droit à la pointe du midi ; ensuite, on ramène le pied gauche à la pointe du nord ; enfin, on place le pied droit à la pointe de l'orient et on assemble.

Dans l'initiation, il est question de Noé sortant de l'arche ; sous prétexte de mettre en scène cet épisode biblique, on se livre, entre Frères et Sœurs, à toutes sortes de simagrées ridicules. On enferme, pendant un bon quart d'heure, la récipiendaire en tête-à-tête avec un Frère dans un petit cabinet ; là, le Frère explique les mystères de l'Étoile Flamboyante à la malheureuse qui lui est ainsi livrée. Quand elle sort du petit cabinet, on lui apporte une cuvette pleine d'eau et on lui dit que cette eau, étant celle du déluge, a le privilège de la purifier tant au moral qu'au physique.

Ordre. On se met à l'ordre en appuyant sur le cœur l'index de la main droite, le poing fermé, le coude en l'air.

Signe de reconnaissance. On pose sur le front l'index de la main droite. A ce signe, on doit répondre en se mettant à l'ordre, comme il est dit ci-dessus.

Attouchement. Le Frère présente sa main droite, verticalement tendue ; la Sœur la prend de même avec ses deux mains.

Batterie. Deux coups égaux et lents : O — O.

Questions d'Ordre. — D. Êtes-vous parvenue à la di gnité d'Écossaise ? — R. J'ai été purifiée par les eaux du déluge. — D. Qu'avez-vous fait pour être reçue Écossaise ? — R. J'ai fait mes preuves, qui sont ma fidélité et mon zèle pour les lois maçonniques. — D. Quel âge avez-vous ? — R. L'âge de raison.

Mot de Passe. — ARARAT.

Mot Sacré. — JECTIFLE. Ce mot est l'anagramme de « Félicité ». Dans son discours l'Orateur raconte que Noé, au sortir de l'arche, fut conduit au séjour de félicité, guidé par l'Étoile Flamboyante.

La Chevalière de la Colombe

Décoration du Temple. Tenture rouge et verte ; trois lumières à l'Asie, deux à l'Afrique, et deux à l'Europe ; un trône élevé de sept marches ; un transparent, représentant une colombe, les ailes déployées, est au-dessus du trône ; sur l'autel, qui est couvert d'un tapis vert, il y a une branche d'olivier et une petite cage contenant une colombe.

Titres. Le Grand Maître se nomme le Père Noé. Le Frère Grand Inspecteur est le seul à qui il s'adresse, chaque fois qu'il a à parler ; il le tutoie et le nomme « Cher Fils Aîné ». Les Frères et Sœurs qui ont à prendre la parole le font en s'adressant au Père Noé, qu'ils tutoient ; celui-ci ne répond qu'en s'adressant au Cher Fils Aîné, lequel transmet la réponse à l'assistance.

Habillement. Le cordon est rouge et vert. Le Père Noé le porte en sautoir ; à l'extrémité du sien, il y a une truelle en sus du bijou caractéristique du grade. Ce bijou est une petite colombe d'argent, ayant dans son bec une branche d'olivier.

Le tablier, blanc, est doublé et bordé de taffetas vert ; sur la bavette est représentée la colombe au rameau d'olivier; au milieu du tablier, on a peint une montagne émergeant d'une eau verdâtre où flottent des corps, des bras, des têtes, et, sur la montagne, l'arche de Noé.

Durée des Travaux. Pour l'ouverture, quand le Père Noé demande l'heure, son Cher Fils Aîné lui répond : « Père Noé, les eaux sont basses ». Pour la fermeture, à la même question, la réponse est celle-ci : « Père Noé, le temps est calme et serein. »

Tableau de l'Aréopage. Il représente en grand ce qui est dessiné sur le tablier du grade : l'arche de Noé sur la montagne émergeant d'une eau verdâtre où flottent les humains que le déluge a noyés ; la colombe, tenant au bec sa branche d'olivier, vole à tire d'aile vers l'arche.

Voici le sens donné à ce grade par la comédie de l'initiation et le discours explicatif du Chevalier d'Éloquence (lequel doit avoir au moins le grade de Kadosch):

Adonaï, le mauvais génie, a tenté d'anéantir l'humanité, comme il a été dit, en la noyant dans un déluge universel. Heureusement, Lucifer, le bon génie, veille sur la race humaine et emploie tous ses efforts à la sauver. Tandis que les deux principes du Bien et du Mal sont ainsi en lutte, Noé, obéissant à une inspiration surnaturelle, a construit son arche. On sait le reste. Mais la Maçonnerie possède, au sujet de cette histoire, un secret que les Profanes ignorent. Quand la femme de Cham s'est embarquée dans l'arche, elle était, par le fait d'un adultère, grosse des œuvres d'un descendant de Caïn ; or, comme c'est surtout la génération de Caïn qu'Adonaï veut détruire, il s'ensuit que cette génération se reproduira après comme avant le déluge. En outre, les Profanes ignorent que le corbeau fut créé par Adonaï et la colombe par Lucifer ; c'est là encore un secret que le Chevalier d'Éloquence confie aux Chevalières de la Colombe. Noé, ayant enfermé dans l'arche un couple d'animaux de chaque espèce, y avait donc mis deux colombes aussi bien que deux corbeaux; mais ce fut quand il lâcha ces oiseaux que l'origine de chacun se fit connaître. Le corbeau, oiseau d'Adonaï, exécrant comme lui la race humaine, se garda bien de revenir à l'arche, une fois envolé; heureux de la catastrophe universelle, il se rua sur les cadavres des humains noyés par son créateur Adonaï, et c'est depuis ce jour que les corbeaux se nourrissent si volontiers de chair humaine. Quant à la colombe, oiseau de Lucifer, elle se montra fidèle à l'humanité; elle retourna, gracieuse messagère d'espérance, à l'arche, apportant aux survivants du déluge un rameau d'olivier. Symboliquement: le corbeau représente les prêtres d'Adonaï, les moines, les religieuses; par leur célibat, ils sont les ennemis de l'humanité; la colombe représente la femme parfaite, c'est-à-dire la femme tendre, aimante, se livrant le plus possible aux douces joies de la nature, perpétuant l'espèce, assurant dans le silence la victoire définitive de Lucifer sur Adonaï; enfin, le rameau d'olivier est un nouveau symbole du secret révélé à Ève par le serpent; l'olivier est l'arbre de vie, de paix, d'espérance; le rameau vert apprend à l'humanité que, malgré le déluge, tout n'a pas péri, qu'une vie nouvelle va sortir du trépas universel, que la paix règnera quand le Bien aura réduit le Mal à l'impuissance; il remplit d'espoir les survivants du déluge en leur rappelant que, grâce au secret découvert par Ève, l'humanité se perpétuera à travers les siècles, toujours, toujours et toujours.

Signe de reconnaissance. Une Chevalière de la Colombe, pour se faire reconnaître, doit joindre les deux pouces par les bouts, les mains ouvertes, le dedans tourné vers le corps, en laissant tomber les bras, de façon à ce que les pouces joints soient appuyés contre le ventre, un peu au-dessous du nombril. Les mains, déployées de la sorte, figurent censément les ailes de la colombe de l'arche, mais servent, en réalité, à donner à la Sœur Maçonne, qui fait ce signe, une attitude particulièrement inconvenante. — Un Frère se fait reconnaître d'une Chevalière en plaçant sa main droite contre le corps, à hauteur de la ceinture, le poing fermé et le pouce droit en avant.

Attouchement. On se donne mutuellement la main droite, et, par deux fois, on se la gratte l'un à l'autre dans le creux.

Batterie. Sept coups frappés ainsi : OOO-OOO-O.

Acclamation. Après avoir tiré la batterie, on s'écrie tous ensemble : « Gloria in excelsis ! »

Questions d'Ordre. — D. Êtes-vous Chevalière ? — R. Je suis enchantée de l'être. — D. Pourquoi ? — R. Parce que j'ai appris à connaître la grandeur de l'humanité et que je ne sais rien de plus beau. — D. Quelle marque m'en donnerez-vous ? — R. Ma prudence vous prouvera que je suis bien Chevalière. — D. En quoi consiste votre prudence ? — R. A ne m'ouvrir à vous que lorsque vous m'aurez montré votre vertu. — D. Pourquoi ne voulez-vous pas vous faire mieux connaître ? — Parce que je ne vous connais pas. — Comment vous montrerai-je ma vertu ? — R. Par un signe. — Le Frère qui interroge fait alors le signe du poing fermé avec le pouce tendu, en disant : J'ai envoyé une colombe qui m'a apporté une branche d'olivier. — La Sœur interrogée répond en faisant le signe des mains déployées avec les pouces joints contre le corps et dit : L'espoir est entré dans l'arche. — D. Que signifie la branche d'olivier ? — R. La vie éternelle de l'humanité. — D. Que signifie la colombe ? — R. La docilité avec laquelle on doit recevoir les enseignements de la vertu. D. Où se trouve la vertu ? — R. Dans les mystères de la Maçonnerie.

Mot de Passe. ARARAT. On l'interprète ainsi : « Toute crainte doit être bannie et maudite, » ou par : « Malédiction de la crainte. »

Mot Sacré. GOD-MALECH. Il se donne à l'oreille en prononçant alternativement chacune des trois syllabes.

La Chevalière de la Bienfaisance

Décoration du Temple. La salle est tendue de rouge, richement ; les tentures, s'il est possible, doivent être de velours et avec des franges d'or. Trente-trois lumières éclairent le local. L'autel est recouvert d'un tapis rouge à franges et glands d'or. Derrière l'autel, au fond du dais, et entre le président et la présidente, se trouve une grande croix ayant une rose épanouie à l'intersection de ses bras.

Titres. Le Grand Maître président s'appelle Frère Commandeur ; la Grande Maîtresse, Sœur Commandatrice ; les Frères et Sœurs, Chevaliers et Chevalières.

Habillement. Les Frères qui assistent aux tenues d'un Atelier de Chevalières de la Bienfaisance, étant pourvus au moins du 30e degré (Kadosch), portent les insignes de leur grade, auxquels ils ajoutent ceux de la Maçonnerie d'Adoption.

Quant aux Sœurs, elles ont un costume particulier au grade. La robe (toilette de soirée) est relevée du côté gauche et agrafée de manière à laisser voir la jambe ; une jarretière formée par un ruban violet encadré d'une tresse d'or, entoure la jambe gauche ; sur cette jarretière sont brodées les trois lettres : F :·: E :·: C :·: (Foi, Espérance, Charité).

Le bijou du grade est une croix en or, avec des rayons aux quatre angles. On le suspend à l'extrémité d'un petit ruban vert passé autour du cou.

Indépendamment de ce ruban, les Chevalières portent en camail, un large cordon violet moiré, à la pointe duquel est pendu un petit maillet d'or avec un anneau enfilé dans le manche.

Le tablier est de taffetas violet, bordé d'un ruban de soie de même couleur. Au milieu, se trouve une petite poche rouge, fixée avec deux rosettes vertes.

Les Sœurs Officières portent, en outre, en écharpe, de droite à gauche, un cordon noir, liseré de rouge, avec une rosette ponceau.

Durée des Travaux. — Pour l'ouverture, la demande est : « Quelle heure est-il ? » et la réponse : « L'heure d'invoquer l'esprit créateur. » Pour la fermeture, il est « l'heure de se dévouer à la bienfaisance. »

La séance commence par le *Veni, Creator*, chanté en chœur ; mais le sens de cet hymne catholique est travesti par la Maçonnerie de la façon la plus odieuse. Le créateur, qu'invoquent ces impies, n'est nullement l'Esprit-Saint, troisième personne de la Trinité. En donnant un sens charnel au magnifique hymne de la Pentecôte, la Maçonnerie commet là un de ses plus abominables sacrilèges.

Voici, du reste, cette interprétation faussée à plaisir, cette aspiration de l'âme vers Dieu transformée bassement en poésie naturaliste :

« 1 Viens, esprit créateur ; visite les cœurs des tiens ; remplis d'une grâce céleste les poitrines que tu as formées.

« 2. Toi qui es appelé le consolateur, tu es le don d'un Dieu très haut ; tu es la source de la vie ; tu es le feu, l'amour, l'onction sublime.

« 3. Répandant tes dons sous sept formes différentes, tu es un doigt de la main droite du père, et, selon la promesse de ce père, tu fais exhaler de nos lèvres les douces paroles.

« 4. Embrase nos sens de ton feu sacré ; verse l'amour dans nos cœurs ; raffermis par une vertu constante les défaillances de notre chair.

« 5. Repousse loin de nous l'ennemi et donne-nous à l'instant même la paix ; ainsi, guidés et conduits par toi, nous éviterons tout ce qui pourrait nous nuire.

« 6. Puissions-nous, par toi, apprendre à connaître le père, et, aussi, à connaître le fils ; puissions-nous encore croire de tout temps à toi, qui es l'esprit de l'un et de l'autre.

« 7. Gloire au père, seigneur de l'univers, et au fils qui a surgi du sein des morts, et au consolateur, dans les siècles des siècles. Ainsi soit-il. »

Les personnes instruites, qui prendront connaissance de la *Clef des Symboles Secrets de la Franc-Maçonnerie* (chapitre XII), me sauront gré de ce que je m'abstiens d'expliquer l'infâme interprétation donnée par la secte au *Veni, Creator.*

La malice infernale, seule, peut produire de tels travestissements d'un hymne essentiellement religieux.

A ce grade de la Maçonnerie féminine, la réception est censée avoir lieu à Jérusalem ; les Chevaliers et les Chevalières sont censément assemblés dans le Saint-Sépulcre lui-même. Mais qu'entendent-ils par Saint-Sépulcre ? Pour eux, le tombeau du Christ n'est encore qu'un symbole ; de même qu'ils font de la croix un emblème horrible, de même ils font de la mort et de la résurrection de Jésus une allégorie ignoble de ce qu'ils appellent le grand mystère de la nature.

Ici, comme au grade de Rose-Croix de la Maçonnerie masculine, nous sommes dans l'abominable jusqu'au cou ; ici, la secte se plonge et se complaît dans les sacrilèges les plus immondes. Aussi, le grade de Chevalière de la Bienfaisance est-il appelé « Rose-Croix des Dames. »

On dit donc « Saint-Sépulcre, » comme au troisième degré symbolique on dit « Chambre du Milieu. » Mais ce qui n'a pas été expliqué aux Maîtres est expliqué avec commentaires aux Rose-Croix et par conséquent aux Chevalières de la Bienfaisance.

Le dogme maçonnique étant que la vie naît de la mort, qu'une existence nouvelle est produite par la corruption des germes, le sépulcre du Christ est le symbole de cet enseignement. On a vu, dans *les Frères Trois-Points* (second volume), ce que la croix et la rose signifient pour les sectaires; on comprendra que je ne revienne pas sur un semblable sujet.

Je terminerai l'aperçu de ce grade par la divulgation de quelques-uns de ses secrets.

Ordre. On croise ses bras sur la poitrine, comme au grade de Rose-Croix (signe du Bon Pasteur).

Signe de reconnaissance. On lève le bras droit, et, tenant le poing fermé, on dresse l'index vers le ciel. En réponse à ce signe, on met la main droite sur le cœur.

Batterie. Neuf coups: OOO-OOO-OOO.

Attouchement et Mot de Passe. On se donne les deux mains croisées, en formant ainsi une croix. Le Frère, prenant la main droite de la Sœur, lui dit: « AIMEZ LE BIEN. » La Sœur, donnant l'autre main, répond: « FUYEZ LE MAL. » Le Frère, alors, embrassant la Sœur, dit: « PRATIQUEZ LA VERTU. » La Sœur répond: « AINSI SOIT-IL. »

Mot Sacré. C'est la Sœur qui le donne en murmurant à l'oreille du Frère: « VENI, CREATOR. »

La Princesse de la Couronne

Ce grade, qui n'est qu'honorifique, n'est nullement administratif, quoiqu'on puisse le croire en considérant qu'il est le plus haut degré de la Maçonnerie d'Adoption. Dans la secte, la direction suprême est exclusivement entre les mains des Frères (33e degré); les Sœurs, si haut gradées qu'elles puissent être, ne sont que des instruments. Néanmoins, les Princesses de la Couronne portent le titre de Souveraines Maçonnes; c'est une satisfaction accordée à leur vanité.

L'Atelier du 10e degré d'Adoption représente le Conseil du roi Salomon.

Décoration du Temple. Tenture rouge, ornée de guirlandes de fleurs et de couronnes. Le trône est somptueux, élevé de sept degrés, couvert d'un dais magnifique. La salle est éclairée par vingt-une lumières. La Souveraine Maîtresse se tient à la droite du président sur un fauteuil très riche. A gauche, est une table sur laquelle il y a un flambeau à trois branches, une coupe et un pain.

Titres. Le Grand Maître représente Salomon; la Grande Maîtresse représente la reine, sa femme; on les appelle Très Sage Roi et Très Sage Reine. Les Frères et Sœurs Inspecteurs et Dépositaires sont appelés Favoris et Favorites, Premiers du Conseil.

Habillement. Les Frères, comme au grade précédent. Les Sœurs aussi, sauf les modifications suivantes: pas de cordon violet en camail ni de ruban vert en collier, mais une écharpe bleu de ciel terminée par une frange d'argent et nouée sur l'épaule avec une rosette blanche et des glands d'or.

Le bijou du grade est un cercle en or renfermant un sceptre, une main de justice et une couronne antique. Ce bijou s'attache au bout de l'écharpe au moyen d'une rosette rose.

La réception représente la visite de la reine de Saba au roi Salomon. C'est la récipiendaire qui figure la reine de Saba. On l'appelle Puissante Reine. Elle est décorée d'une riche écharpe et d'un bracelet formé d'un ruban fond bleu, sur lequel est brodée en or une couronne entourée de ces mots : *Sagesse et Candeur.*

Le cérémonial de l'initiation est tout ce qu'on peut imaginer de plus fastidieux.

Il serait inutile d'en dire davantage de ce grade, qui n'est presque pas pratiqué. Bien que faisant partie du système écossais de l'Adoption, qui est un des rites répandus dans le plus grand nombre de pays, le grade de Princesse de la Couronne n'est guère conféré qu'en Allemagne ; il est originaire de Saxe.

Les Sœurs, promues au 10e degré d'Adoption, ont le rang de Grandes Maîtresses et prennent place de droit à l'Orient dans tous les Ateliers androgynes où elles se présentent.

ALPHABET HIÉROGLYPHIQUE

DÉ LA

MAÇONNERIE D'ADOPTION

---

a *b* *c* *d* *e* *f* *g* *h* *i*

k *l* *m* *n* *o* *p* *q* *r* *s*

t *u* *x* *y* *z*

IX

LES AMUSEMENTS MYSTÉRIEUX

Par « Amusements Mystérieux », on désigne, en général, les travaux des Loges de Dames, ou, pour parler exactement, des Loges androgynes. Toutefois, cette expression sert, d'une façon plus particulière, à caractériser les séances consacrées à des fêtes de galanterie maçonnique. Ces fêtes consistent en un spectacle suivi de banquet et de bal.

Le répertoire est assez varié. Pour la composition de ces spectacles, les Comités des Loges ont carte blanche, et l'on peut penser que vaste est la carrière offerte à l'imagination des Vénérables et autres Officiers. Les sujets sont, cependant, choisis de préférence dans la mythologie païenne, qui se prête à souhait au libertinage.

Afin que le lecteur ait sous les yeux un spécimen complet de ces fêtes, je reproduirai la représentation classique, — si je puis m'exprimer ainsi, — de la *Réception de Vénus, des Grâces et de l'Amour*, qui est la comédie favorite des Loges d'Adoption. C'est un mêli-mêlo de déclamation et de chants, avec costumes plus que décolletés et jeux de scène au niveau du dévergondage des cafés-concerts les plus excentriques.

Ce divertissement, très à la mode chez les Maçons, a pour auteur un Rose-Croix, initié à la secte dans une Loge de Grenoble et devenu par la suite Orateur de la Loge française d'Alexandrie. Imprimé sous différents titres et avec quelques légères variantes, cet ouvrage, dont le style est à la hauteur de la moralité, n'en a pas moins eu de nombreuses éditions; néanmoins, les exemplaires n'en sont remis qu'aux Officiers de Loges. L'édition, qui est en dépôt au siège du Rite Écossais, à Paris, 35, rue Jean-Jacques-Rousseau, forme un volume in-18, intitulé *Les Maçons de Cythère;* il figure, dans le catalogue de 1884, entre le *Manuel du Franc-Maçon,* guide des Officiers de Loge, et le *Nécessaire Maçonnique,* contenant les Catéchismes aux trois premiers grades, un formulaire pour les travaux de table, pour les affiliations, les installations d'Ateliers et les inaugurations de temples.

Les fêtes androgynes, ou Amusements Mystérieux, sont données, d'ordinaire, le dimanche : elles commencent dans l'après-midi, par les trois parties de spectacle ; le banquet a lieu le soir, à sept heures, et le bal, qui dure toute la nuit, clôture cette orgie maçonnique.

PREMIÈRE PARTIE

La Réception de Vénus

Une Sœur, habillée en Vénus, c'est-à-dire très déshabillée, se présente à la Loge, les yeux bandés, au moment où le Vénérable vient d'ouvrir la séance. — Nous avons fait précéder d'une petite étoile ou astérisque toutes les parties déclamées, et de deux étoiles toutes les parties chantées.

LE VÉNÉRABLE

* Frères et Sœurs, nous ouvrons la séance...
Mais quoi ! l'on frappe au Temple des Maçons !...

LE FRÈRE TERRIBLE

Qui vient troubler nos saintes fonctions,
Et quel Profane a cette impertinence?...

(Le Frère Couvreur ouvre. Vénus entre.

VÉNUS

" Je suis Profane, j'en conviens,
Et j'ai grand besoin qu'on m'éclaire ;
Aussi, dans ce temple je viens
Parmi vous chercher la lumière.
Pourriez-vous, messieurs, être sourds,
Quand une femme vous supplie
D'unir au flambeau des amours
Celui de la Maçonnerie ?

Je n'ai connu, jusqu'à ce jour,
De secret que celui de plaire,
Et mon âme, toute à l'amour,
N'admettait point d'autre mystère :
On m'a dit que les Francs-Maçons
Avaient bien une autre science ;
Je viens, messieurs, à leurs leçons
Abandonner mon ignorance.

Trop longtemps j'ai vu dans l'erreur
Languir les beaux jours de ma vie ;
De ce qui donne le bonheur
Instruisez-moi, je vous en prie.
Chez vous, de courage et d'ardeur
On exige, dit-on, des preuves ;
Eh bien, messieurs, voici mon cœur,
Qu'on le soumette à vos épreuves !

LE FRÈRE TERRIBLE

Profane, ici moins de prétention !
Peu de demande, et beaucoup d'espérance....
Sachons d'abord le lieu de ta naissance,
Ton nom, ton âge et ta profession.

VÉNUS

** Je suis Vénus, fille de l'onde,
Reine et déesse des amants;
Ma naissance est celle du monde;
Mon âge est dix-huit ou vingt ans.
Puissent, d'après mon espérance,
Et selon vos intentions,
Mon nom, mon âge et ma naissance
Être dignes des Francs-Maçons!

Dans les palais, sous la chaumière,
Aux simples bergers comme aux rois,
De l'art difficile de plaire
J'enseigne les aimables lois:
Sur l'art d'aimer, à l'innocence
J'offre aussi mes tendres leçons.
Puissent Vénus et sa science
Être dignes des Francs-Maçons!

LE VÉNÉRABLE

* Rien jusqu'ici que de très convenable,
Et nous devons tous être satisfaits;
Mais demandez à cette femme aimable
Si les beaux-arts pour elle ont des attraits.

VÉNUS

** Par moi, le génie et les arts
Jadis naquirent dans la Grèce;
Dans Rome, à la voix des Césars,
Ils me prirent pour leur maîtresse:
Dans la suite, je les portai
Aux murs de la belle Florence;
Maintenant, par ma volonté,
Ils règnent au sein de la France.

A Phidias, que j'inspirais,
Je servis de guide fidèle ;
Et de Raphaël, que j'aimais,
J'étais moi-même le modèle ;
Au Tasse, que vous aimez tant,
J'offris le portrait d'Herminie;
Et Racine, en me caressant,
Fit les beaux vers d'Iphigénie.

LE VÉNÉRABLE

* Apprenez-lui que, la précaution
Étant du bien la juste garantie,
Nous l'invitons à donner caution
De ses talents, de ses mœurs, de sa vie.

VÉNUS

** Pour caution je puis donner
Les dieux ou les rois de la terre,
Et tous viendraient s'abandonner
Au signal qu'ils me verraient faire ;
Mais j'aime mieux, dans ce séjour,
Prendre un garant plus ordinaire.
Messieurs, je vous nomme l'Amour ;
Ce garant-là peut-il vous plaire ?

LE VÉNÉRABLE

* Rappelez-lui qu'Amour est son enfant,
Qu'à ses désirs nous ne pouvons nous rendre,
Et qu'elle-même aisément doit comprendre
Qu'il ne saurait devenir son garant.

VÉNUS

** Si je n'avais pas sur les yeux
Le large bandeau de Profane,
Chez vous je pourrais choisir mieux,
Sans craindre que l'on me condamne ;

D'après une permission
Que j'obtiendrais du Vénérable,
Je nommerais pour caution
Le plus jeune et le plus aimable.

(On applaudit. Le Maître des Cérémonies fait avancer Vénus, pour qu'elle réponde aux questions d'usage.)

LE VÉNÉRABLE

* Dans tous les temps, quoiqu'on vive chez nous
Sans fanatisme et sans intolérance,
Quoique chacun, maître de sa croyance,
Y coule en paix les moments les plus doux,
Pourtant faut-il bien croire à quelque chose ;
Car sur les dieux la morale repose :
Belle Profane, à quel dieu croyez-vous ?

VÉNUS

** Je crois au dieu dont l'univers
Atteste l'auguste existence,
Dont la main, au plus haut des airs,
Soutient des cieux la voûte immense;
Au dieu de qui la majesté
Annonce le roi de la terre,
Tandis que sa noble bonté
Le montre aux humains comme un père.

Ce dieu, que dans mon cœur j'admets,
Tout me parle de sa puissance :
Le soleil me dit ses bienfaits,
L'amour m'annonce sa présence.
Son trône est au-dessus des dieux;
Il est sur des lèvres mi-closes ;
Et son nom se lit dans les cieux,
Comme sur les feuilles de roses.

LE VÉNÉRABLE

* Fille des dieux, sur la divinité
Nous admettons votre noble croyance,
Et vous devez nous dire, en conséquence,

Si vous croyez à l'immortalité,
Dogme à bon droit chez les humains vanté,
Qui de leur âme assure l'existence.

VÉNUS

** Je crois à l'immortalité,
Je chéris son aimable empire;
Cet instinct de l'humanité,
C'est le ciel même qui l'inspire.
Sur un dogme aussi précieux
L'ordre de l'univers repose,
Et, pour le maintenir, les dieux
Ont créé la métempsychose.

Quand j'aperçois, dans le printemps,
Les caressantes tourterelles,
Je vois dans leurs baisers constants
Les âmes des amants fidèles;
Et ce système ingénieux,
Dont la nature est embellie,
Offre autant d'âmes à mes yeux
Qu'il est de fleurs dans la prairie.

LE VÉNÉRABLE

* Fort bien, Vénus ; mais je voudrais savoir
De vous, dont l'âme est si compatissante,
De vous d'ailleurs toujours si complaisante,
Envers autrui quel est notre devoir.

VÉNUS

** Qu'on fasse chacun l'un pour l'autre
Ce qu'on voudrait qu'on fît pour soi ;
Que mon bien-être soit le vôtre,
Et que le vôtre soit à moi.
Dans le bonheur de nos semblables
Cherchons le nôtre avec ardeur,
Pour qu'un jour leurs bras secourables
Nous soutiennent dans le malheur.

Fidèle à si douce maxime,
J'en ai fait celle de l'amour
Lorsqu'une égale ardeur l'anime,
Qui m'aime est certain de retour.
Pour deux baisers que l'on me donne,
Je rends deux baisers sur-le-champ:
Quand elle est tendre, aimable et bonne,
Toute femme en doit faire autant.

Le Vénérable

* Bravo, Vénus ! la Loge est satisfaite
De votre esprit et de vos sentiments ;
Mais votre épreuve est loin d'être parfaite,
Pour être admise au rang de ses enfants.
Il faut encor vous armer de courage ;
Dans les périls vous allez voyager,
Et, pour apprendre à braver le danger,
Entreprenez votre premier voyage.

(Vénus fait son premier voyage. On la conduit autour de la Loge, sur un plancher hérissé d'aspérités, pendant que le Frère Servant tourne la manivelle de l'instrument qui produit le bruit du tonnerre.)

Le Vénérable

Dans le chemin où vous avez erré,
Belle Vénus, qu'avez-vous rencontré ?

Vénus

** J'ai rencontré dans ce voyage
Bien des obstacles sur mes pas;
Il s'élevait sur mon passage,
Un épouvantable fracas :
Du monde image trop fidèle,
Ce voyage dit à mon cœur
Qu'il faut souffrir peine cruelle
Pour arriver jusqu'au bonheur.

LE VÉNÉRABLE

On ne peut mieux expliquer un emblème ;
Vous devinez le vrai sens de nos lois ;
Docte Vénus, continuez de même,
Et voyagez pour la seconde fois.

(Vénus fait son second voyage. On la conduit autour de la Loge, sur le plancher uni, pendant que les Frères froissent ensemble leurs épées pour produire un cliquetis bruyant.)

Eh bien, Cypris, que pouvez-vous nous dire
Sur ce chemin de nouveau parcouru ?
A-t-il offert sujet de vous instruire ?
En le faisant, qu'avez-vous entendu ?

VÉNUS

** Au bruit, au cliquetis des armes,
J'ai franchi ces nouveaux sentiers ;
J'en ai ressenti des alarmes,
Messieurs, j'en conviens volontiers :
Mais, en poursuivant ce voyage,
J'ai trouvé le chemin plus doux,
Tant il est vrai que le courage
Du sort nous fait braver les coups.

LE VÉNÉRABLE

* Belle Vénus, loin de vous exhorter
A soutenir nos épreuves diverses,
Je suis réduit à vous féliciter ;
Il n'est pour vous ni peines ni traverses.
Il faut encor, cependant, parcourir
Un long sentier, que l'on va vous ouvrir.

(Vénus fait son troisième voyage. Le Frère Servant souffle sur elle, à son passage, la lampe à lycopode.)

Tout est fini. De ce dernier voyage
Que pensez-vous ? Quel est son avantage ?

VÉNUS

** J'ai voyagé parmi la flamme
Qui m'entourait de tous côtés :
Le feu, dit-on, dégage l'âme
De toutes les iniquités.
J'admets cette sainte maxime ;
Mais, dans mon cœur j'ai beau chercher,
Je n'ai rien à me reprocher,
A moins qu'aimer ne soit un crime.

LE VÉNÉRABLE

* Aimer n'est point un crime devant nous,
Tendre Vénus, puisque nous aimons tous.
De cette flamme ayez meilleur augure ;
Sa vive ardeur brûle sans consumer
Et dit sans cesse à nos cœurs qu'elle épure :
« Pour être heureux, mortels, sachez aimer. »

(A ce moment, le Maître des Cérémonies plonge brusquement le bras de Vénus dans un baquet d'eau que tient le Frère Servant.)

O vous, par qui se réchauffe le monde,
Vous dont le cœur aime à brûler toujours,
De votre bras, qu'on a plongé dans l'onde,
Un froid subit a glacé les contours ;
Or, dites-moi cette eau, ce froid extrême,
A votre avis, de quoi sont-ils l'emblème ?

VÉNUS

** Il n'est, hélas ! que trop d'amants
Sous ce nouvel emblème.
On brûle de feux dévorants,
Le premier jour qu'on aime :
Laissez passer un jour ou deux ;
Bientôt, succède à tant de feux
Une froideur extrême.

Le bel Arthur, rempli d'ardeur,
Fait la cour à Rosine.
Il parvient à toucher son cœur;
Enfin, il y domine :
Mais, une heure après son bonheur,
Crac! mon Arthur est en froideur
Et va... chez la voisine!

La nuit, qui d'un nouvel époux
Couronne l'espérance,
Lui promet le plaisir bien doux
D'instruire l'innocence :
Laissez venir le lendemain ;
A ses feux succède soudain
La froide indifférence.

LE VÉNÉRABLE

* Préparez-vous. On va vous présenter
La coupe amère où boivent tous les hommes ;
Nous y buvons, tout Maçons que nous sommes.
Recevez-la, sans vous déconcerter ;
Belle Vénus, buvez jusqu'à la lie ;
On ne veut pas nuire à votre santé.

(Le Maître des Cérémonies fait boire à Vénus la coupe d'amertume : bitter non gommé ou toute autre boisson du même genre.)

Or, dites-nous encor, que signifie
Ce vin amer qu'on vous a présenté ?

VÉNUS

** Ce breuvage dit à mon cœur,
Par son amertume cruelle,
Qu'il n'est point de parfait bonheur
Et jamais de joie éternelle,
Qu'il faut modérer ses désirs
Et retenir, entre autres choses :
« La peine est fille des plaisirs,
Comme l'épine l'est des roses. »

LE VÉNÉRABLE

* Dans un instant, votre bouche mignonne
Doit prononcer un serment solennel;
Vous jurerez, au pied de notre autel,
D'être toujours une bonne Maçonne:
Mais, pour signer cet auguste serment,
Jeune Profane, il faut de votre sang!...

VÉNUS

** Oui, je veux rester constamment
Fidèle à la Maçonnerie,
Et je prêterai le serment
D'être à vous pour toute la vie
Comme il faut un sang précieux
Pour de si précieux mystères,
Messieurs, j'offre le sang des dieux
Pour signer le serment des Frères.

(Elle tend son bras. Le Maître des Cérémonies et le Frère Terrible le saisissent et simulent une saignée. On applaudit.)

LE VÉNÉRABLE

* Pour consoler et charmer les mortels,
Lorsque du ciel vous venez sur la terre,
Ou quelquefois, quand vous changez d'autels
En voyageant de Paphos à Cythère,
Belle Vénus, vous pourriez égarer,
Par accident, le diplôme mystique
Que nous allons bientôt vous délivrer:
Sans ce brevet de l'Ordre Maçonnique,
Timide enfant, qui vous reconnaîtrait?
Qui vous tendrait une main protectrice
Dans le malheur? et quel Frère pourrait
Vous arracher aux coups de l'injustice?...
Pour obvier à pareil accident
Que tout Maçon doit craindre également,
Chacun de nous d'un cachet tout brûlant
A sur le corps une empreinte secrète....
Où voulez-vous, Vénus, qu'on vous le mette?

VÉNUS

" Dans ce que je dois accomplir,
Votre volonté me dirige,
Messieurs, et je mets mon plaisir
A faire tout ce qu'elle exige:
Et puisque ce cachet d'honneur
Demande une place secrète,
Je vais vous découvrir mon cœur;
C'est là qu'il faut qu'on me le mette."

(Elle découvre son sein. Le Frère Servant remet au Maître des Cérémonies un petit verre à liqueur, dont il a très légèrement échauffé le pied à la chaleur d'une bougie. Le Maître des Cérémonies applique l'objet sur le sein de Vénus, pour simuler l'applicatiou d'un sceau rougi au feu. La Loge applaudit au courage de Vénus.)

LE VÉNÉRABLE

" D'un esprit fort, de nobles sentiments,
Vous qui donnez aux Maçons tant de preuves,
Belle Profane, encore un peu de temps,
Et vous touchez à la fin des épreuves!...

Des signes vrais, des emblèmes sacrés
Sont, j'en conviens, l'appui de nos mystères,
Et l'Orient n'éclaire que des Frères
De qui sans cesse ils seront révérés;
Mais les vertus, ce domaine du sage,
Ce seul trésor qui fait de l'homme un dieu,
Sont de nous tous le premier apanage
Et notre orgueil, en tout temps, en tout lieu.

De ces vertus qui font notre existence,
Il en est une à laquelle nos cœurs
Ont attaché les plus grandes douceurs:
Cette vertu se nomme Bienfaisance;
Vertu chérie, instinct venu des cieux,
Tous les Maçons vivent sous sa puissance
Et dans le bien qu'ils font aux malheureux,
A chaque instant, trouvent leur récompense.

Que vos trésors, Vénus, que vos bijoux
Soient au malheur consacré dans ce temple ;
Et des vertus, qu'on exige de vous,
Que vos bienfaits soient le premier exemple !

VÉNUS

** De mes bijoux, que l'on m'a pris
Aux portes de ce sanctuaire,
De bon cœur, je laisse le prix
Aux victimes de la misère.
Cet anneau que m'offrit l'Hymen,
Aux malheureux j'en fais hommage,
Peut-il être un plus beau destin
Pour un bijou de mariage ?

Tous les trésors que les amants
M'ont offert dans leur opulence,
Avec plaisir, je les suspends
A l'autel de la Bienfaisance,
Heureuse, messieurs, dans ce jour,
Des Plaisirs la reine et la mère,
De voir les bijoux de l'Amour
Sécher les pleurs de la misère.

Un bijou bien plus précieux,
Que je tiens de la main des Grâces,
Qui, sur la terre et dans les cieux,
Fixe les Plaisirs sur mes traces,
Ma ceinture, où les dieux ont mis
Tout l'art de charmer et de plaire,
J'en offre aux malheureux le prix
Pour anéantir leur misère.

(On applaudit. Un vieux Maçon, qui s'est abstenu d'accorder ses bravos à Vénus, se lève.)

UN VIEUX MAÇON

* Frères et Sœurs, je demande à parler ;
Je veux émettre un avis fort tranquille.
Dame Vénus, quoiqu'à nos lois docile
Et charitable, est loin de m'aveugler.

En sa faveur ici rien ne dépose ;
Et, bien qu'elle ait de l'esprit, des appâts,
Un vrai Maçon veut encore autre chose :
Il veut des mœurs, et Vénus n'en a pas !..
J'ai soixante ans ; je puis juger les belles
Sans me tromper ; je connais tous leurs tours,
Leurs trahisons, leurs soupirs infidèles,
Leurs faux baisers !... Dieux ! combien les cruelles
Ont de chagrins semé mes plus beaux jours !...
Fatale erreur ! funeste expérience !
J'ai trop appris, hélas ! pour mon malheur,
Qu'un regard doux, qu'un air plein d'innocence
Sert bien souvent de voile à la noirceur....
Réponds-moi donc, ô femme trop perfide !
Pourquoi venir ici d'un ton timide,
D'un bon époux méprisant les vieux nœuds,
Rire aux dépens du pauvre misérable
Et de l'anneau qui vous unit tous deux
Faire aux Maçons un présent condamnable ?

(Il se rassied.)

VÉNUS

** Jadis l'amour, s'unissant à l'hymen,
Embellissait des époux le destin ;
C'était là la vieille méthode.
Mais, aujourd'hui que tout va pour le bien,
Cette union n'étant plus bonne à rien,
Il faut bien se mettre à la mode !

Au temps passé, Philémon et Baucis
En bons époux vivaient, dit-on, unis ;
C'était là la vieille méthode.
Mais, aujourd'hui que règne le bon ton,
Pour imiter Baucis et Philémon,
On pècherait contre la mode !

Jadis, du cœur n'écoutant que la voix,
La jeune Agnès d'un époux faisait choix :

C'était là la vieille méthode.
Mais, aujourd'hui que fille de quinze ans
Prend le mari qu'ont choisi ses parents,
L'aimer serait contre la mode !

O vous, charmants, mais trop légers Français,
Si vous voulez faire ici mon procès,
Suivez donc la vieille méthode ;
Mais, de Paris, si, copiant les goûts,
J'offre à l'amant tous les droits de l'époux,
Vous m'en avez appris la mode !

UN JEUNE MAÇON, se levant.

* Elle a raison... Hélas ! pour être aimé,
Ne faut-il pas qu'un mari soit aimable,
Ou tout au moins tant soit peu supportable ?
Eh ! peut-il l'être, alors que, déformé,
Boiteux, jaloux, vieux, il choisit pour femme
Une beauté dans la fleur du printemps,
Un tendre objet dont les jours innocents
D'un jeune époux ont besoin de la flamme ?...
Mais je m'arrête et dis qu'en tous pays
Femme toujours doit suivre les usages :
Seul, le pays des aimables maris
Est le pays où les femmes sont sages.
(Il s'assied. Le vieux Maçon se lève avec vivacité.)

LE VIEUX MAÇON

* Ainsi soit-il !... Défenseur complaisant,
Vous dites bien ; mais parlons d'autre chose ! ..
Que, sous le nom de sigisbé, d'amant,
Un vieil époux exige un remplaçant,
Tant pis pour lui ! son grand âge en est cause ;
Mais deux, mais trois, et peut-être.... qui sait ?...
Quand dans le vice un premier pas est fait,
Il n'est plus rien, alors, qui nous arrête,
Et les plaisirs nous font perdre la tête !...
Apprends-nous donc, ô Profane, pourquoi,
Si jeune encor, tant d'amants sous ta loi ?
(Il s'assied.)

Vénus

** De plus d'un amant, j'en conviens,
La conquête m'est chère ;
J'aime à les voir dans mes liens,
Je n'en ſais pas mystère ;
Mon cœur se donne avec plaisir,
Et le plus sûr de l'obtenir,
C'est... quiconque sait plaire !

Cependant, des folles erreurs
Je ne suis point l'apôtre ;
Messieurs, en ſait d'adorateurs,
Ma maxime est la vôtre :
Il n'en faut qu'un ; et, si plusieurs
Ont su mériter mes faveurs,
Ce fut... l'un après l'autre !

Pourquoi donc, ô censeurs méchants,
D'un ton triste et sévère,
Condamnez-vous nos changements
Dans l'amoureux mystère ?
Eh ! messieurs, vous qui me blâmez,
Dès demain vous serez aimés,
Si vous savez me plaire !

Le Vénérable

* De tous les dons qu'on fait aux malheureux,
Ici, Vénus, on accepte l'hommage,
Et les secours, que nous versons pour eux,
De nos travaux sont le plus bel ouvrage :
Mais, de ces dons, que la Loge retient,
Toujours la source a besoin d'être pure ;
Car le bienfait, que l'infortune obtient,
A la vertu ne doit pas faire injure.
Ainsi, l'anneau, ce gage de l'hymen
Qui, dès longtemps, à Vulcain vous enchaîne,
Remportez-le ; qu'il soit, à votre main,
De vos liens une marque certaine....

Votre ceinture?... Ah! jamais les Maçons
De la beauté n'outrageront les charmes ;
Ce talisman, si nous vous l'enlevions,
A l'univers coûterait trop de larmes,
Et, tous les jours, nous-mêmes gémirions
Reprenez-la, cette écharpe élégante,
Ce don chéri que vous ont fait les dieux ;
Que les amours, de leur main caressante,
Sur votre sein en rattachent les nœuds ;
Et chaque fois que dans ce sanctuaire
Vous reviendrez embellir nos loisirs,
Portez, Vénus, cette écharpe légère,
Signal heureux de nos plus doux plaisirs !

LE VIEUX MAÇON

* Eh bien, j'ai tort ; je me plais à le dire,
Belle Profane, et j'aime à vous céder :
Un simple geste, un regard, un sourire,
Voilà, chez vous, l'art de persuader,
Et, quoique vieux, à ce langage tendre,
J'ai du plaisir à me laisser surprendre.

LE VÉNÉRABLE

* Pour prononcer le serment solennel,
Approchez-vous, Vénus, au pied du trône,
(Le Maître des Cérémonies la fait approcher.)

Et qu'à genoux, en présence du ciel,
Par trois fois trois, je vous fasse Maçonne.
(Il la fait mettre à genoux.)

Posez la main sur ce livre sacré ;
C'est *l'Art d'Aimer*, l'évangile des belles ;
(Elle obéit.)

Par lui nos Sœurs, dès longtemps, ont juré
D'être toujours des Maçonnes fidèles.
Jurez aussi !...

VÉNUS

** Je fais serment, par *l'Art d'Aimer*,
D'être à vos lois toujours fidèle ;
Chez vous je prendrai mon modèle,
Afin de mieux m'y conformer.
Vos impénétrables mystères,
Je saurai les taire à jamais,
Et, foi de Vénus, je promets
De vous chérir comme des Frères !

(Le Vénérable place son épée sur la tête de Vénus et frappe légèrement le glaive avec son maillet.)

LE VÉNÉRABLE

* Au nom des Jeux, de l'Amour, des Plaisirs,
Et du pouvoir que l'Orient me donne.
Par trois fois trois, au gré de vos désirs,
Je vous reçois et proclame Maçonne !

(Vénus est reconduite entre les colonnes)

Que de ses yeux on ôte le bandeau ;
Faites-lui voir une faible lumière :
Qu'elle s'essaie à son éclat nouveau,
Pour mériter de l'obtenir entière !

(A ce moment, on baisse les becs de gaz qui éclairaient la salle. Trois faibles lumières sont placées sur un trépied, au pied de l'autel. A l'Orient, le transparent, qui représente la lune, est seul éclairé. On retire la tenture du fond, et l'on aperçoit une toile peinte représentant, dans le lointain, la perspective des Champs-Elysées mythologiques. Une symphonie douce se fait entendre.)

CHŒUR DE MAÇONNES

** Fuyez, ténèbres de la nuit,
Fuyez, faites place à l'aurore ;
Le flambeau du jour, qui la suit,
Dans ces lieux va briller encore...
Mais non !... En faveur de l'amour,
Soleil, retarde ta carrière ;
Vénus demande un demi-jour } *bis.*
Pour s'essayer à la lumière. }

(On ôte le bandeau de Vénus, pendant le chœur, et on le lui remet, sitôt le chœur fini.)

Le Vénérable

* Que le bandeau, rattaché sur ses yeux,
Tombe au signal que bientôt je vais faire,
Et que du jour le flambeau radieux
Lui soit offert dans sa splendeur entière !

(On rallume tous les becs de gaz. Les plus vives clartés illuminent la salle. La lune et le soleil brillent à l'Orient, Les Frères et les Sœurs présents prennent un air réjoui. Musique gaie et éclatante.)

Chœur de Maçonnes

** Astre du monde, roi des jours
Qui s'embellissent sur tes traces,
Viens de la reine des amours
Parmi nous éclairer les grâces !
Dans l'univers que ton flambeau
Ravit d'éternelles lumières,
Rencontres-tu rien de plus beau
Que Vénus au sein de ses Frères ? } *bis.*

Au vif éclat de tes rayons
Que son cœur aimable s'enflamme,
Et que le feu des Francs-Maçons
Passe tout entier dans son âme !
Ordonne à la nuit de voiler
Nos symboles et nos mystères,
Et viens tous les jours contempler
Vénus au milieu de ses Frères ! } *bis.*

(La musique cesse. Le Maître des Cérémonies fait monter Vénus à l'Orient.)

Le Vénérable

* Ma chère Sœur, — désormais, de ce nom
Vous jouirez dans le sein de vos Frères, —
Ce n'est pas tout, pour le peuple Maçon,
Que des statuts, des lois et des mystères ;

Pour nous connaître en tous lieux, en tout temps,
Pour nous chérir et nous aider sans cesse,
Même au milieu du monde et des méchants,
Nous possédons, ô gentille déesse,
Un mot, un signe et des attouchements ;
Ce mot sacré, ce mot si doux à dire,
Ce signe heureux, cet aimable toucher,
Charmante Sœur, — veuillez vous approcher, —
Je vais moi-même ici vous en instruire.

(Il dit à Vénus le mot sacré d'Apprentie, en lui parlant à l'oreille. Puis, il lui montre quel est le signe. Enfin, il lui donne l'attouchement.)

Souvenez-vous de ne donner jamais
Qu'à des Maçons cette preuve complète ;
Sur nos statuts, nos lois et nos secrets,
Ayez toujours votre bouche muette ;
Et recevez, au pied de notre autel.
De vos amis le baiser fraternel.

(Tous les Frères, ainsi que les Sœurs, quittent leurs places et viennent au milieu du temple. Le Vénérable Grand Maître a à sa droite la Grande Maîtresse de la Loge et à sa gauche la Sœur qui joue le rôle de Vénus. On forme la chaîne d'union, chaque Sœur étant entre deux Frères. Tous, Frères et Sœurs, s'enlacent les uns les autres, selon l'usage, pour faire circuler, de gauche à droite, le baiser fraternel qui, partant du Vénérable par Vénus, doit revenir au Vénérable par la Grande Maîtresse.)

CHŒUR GÉNÉRAL

** Où peut-on être mieux
Qu'au milieu de ses Frères?
Douce amitié, présent des cieux,
Sois le lien de nos mystères !
Embrassons-nous !
Embrassons-nous !
Toujours !
Toujours !
Toujours !
A qui mieux mieux !

LA GRANDE MAITRESSE

** Les baisers, qu'offrent les amours,
Sans doute, ont des attraits suprêmes :
Mais ces baisers, fruits des beaux jours,
Passent comme les beaux jours mêmes.
Sur l'aile rapide du temps
S'échappe leur saveur légère ;
Il faut, pour les rendre constants,
Les unir aux baisers d'un Frère !

CHŒUR GÉNÉRAL

** Où peut-on être mieux
Qu'au milieu de ses Frères ?
Douce amitié, présent des cieux,
Sois le lien de nos mystères !
Embrassons-nous !
Embrassons-nous !
Toujours !
Toujours !
Toujours !
A qui mieux mieux !

LA GRANDE MAITRESSE

Aux doux baisers de l'amitié,
Qu'avec plaisir on s'abandonne !
Mais que l'on est mal appuyé,
Quand la trahison nous les donne !
De tous ces baisers la douceur,
Presque toujours, est mensongère ;
Il faut, pour fixer leur valeur,
Les unir aux baisers d'un Frère !

CHŒUR GÉNÉRAL

** Où peut-on être mieux
Qu'au milieu de ses Frères ?
Douce amitié, présent des cieux,
Sois le lien de nos mystères !

Embrassons-nous !
Embrassons-nous !
Toujours !
Toujours !
Toujours !
A qui mieux mieux !

La Grande Maitresse

** Heureux baisers, qui de nos cœurs
Formez les chaînes éternelles,
Des amis liens enchanteurs,
Doux charmes des amants fidèles,
Baisers d'amour et d'amitié,
Pourriez-vous embellir la terre,
Si vous n'étiez pas de moitié
Dans les baisers que donne un Frère ?

Chœur Général

** Où peut-on être mieux
Qu'au milieu de ses Frères ?
Douce amitié, présent des cieux,
Sois le lien de nos mystères !
Embrassons-nous !
Embrassons-nous !
Toujours !
Toujours !
Toujours !
A qui mieux mieux !

(Chacun reprend sa place. Le Maître des Cérémonies fait asseoir Vénus sur le siège de gauche le plus près de l'estrade. Tout le monde est assis, sauf l'Orateur pour son discours.)

L'Orateur

* Jadis, ma Sœur, un faible demi-jour
Vous éclairait aux bosquets de Cythère,
Ce jour léger, qui ne sert qu'à l'amour,
A peine ouvrait votre belle paupière.

De votre amant il comblait les désirs
Et suffisait à vos anciens plaisirs :
Mais, aujourd'hui qu'une ardente lumière
Chez les Maçons pour toujours vous éclaire,
A des devoirs, à des plaisirs nouveaux,
Belle Vénus, vous êtes destinée.
D'acacia la tête couronnée,
Vous marcherez vers les jours les plus beaux ;
De nos vertus la brillante carrière,
Dès ce moment, s'ouvre devant vos pas,
Et nos loisirs, dont s'embellit la terre,
Embelliront vos célestes appâts.

L'amour, ce bien qui fait votre puissance,
Ce don chéri que vous tenez des dieux,
Des Francs-Maçons orne aussi l'existence.
C'est en aimant que nous sommes heureux,
C'est l'amitié qui fait de nous des Frères,
Et de l'amour les nœuds voluptueux
Donnent encor du prix à nos mystères.
De la sagesse enfants religieux,
Nous la cherchons au sein de la nature,
Et les leçons qu'en donnait Épicure
Sont de nos lois les fondements joyeux.

Qu'en dites-vous, néophyte charmante ?
Vous, des plaisirs source pure et constante,
Les Francs-Maçons causent-ils votre effroi ?
Les croyez-vous une famille austère,
Troupe chagrine et n'ayant d'autre loi
Que les tourments et les pleurs de la terre ?
Ah ! je le vois, au sourire enchanteur
Dont s'embellit votre bouche de rose,
Loin d'exciter en vous de la frayeur,
Notre secret y fait naître autre chose.
Vous êtes femme : une trop vive ardeur,
Belle Vénus, vous brûle et vous égare ;
Dans l'avenir qui pour vous se prépare,
Lire aujourd'hui ferait votre bonheur.

Mais je ne puis de nos triples mystères
Vous entr'ouvrir le voile qu'à demi :
Tel est chez nous le sort d'un Apprenti ;
Il doit savoir moins que ses autres Frères.
Un jour viendra ; vos désirs accomplis
Satisferont à notre propre envie ;
Sur les autels de la Maçonnerie
Nous n'aurons plus de secrets pour Cypris.
En attendant cette faveur nouvelle,
A nos leçons, Vénus, soyez fidèle ;
Dans le devoir apportez la chaleur
Et le plaisir qu'on attend d'une Sœur.

De ces devoirs qu'ici l'on vous impose,
Il en est trois que, sur toute autre chose,
Dans cette Loge il vous faudra remplir ;
Vous n'aurez point à vous en repentir.
Vous êtes femme, et déesse, et Maçonne :
Femme charmante et faite pour l'amour,
Écoutez bien ce qu'Amour vous ordonne.
N'imitez pas ces coquettes du jour,
Qui de l'amour outragent la puissance ;
N'affectez point cette sotte innocence,
Ces vains dehors d'une fausse candeur,
Ce ton d'Agnès que, par malheur, en France,
Chez nos Laïs on prend pour de l'honneur.
Soyez sans fard, telle que la nature
Dans ses beaux jours vous offrit aux mortels :
Un front candide, une âme franche et pure,
A notre estime ont des droits éternels.
A la pudeur ne portez point d'alarmes ;
Qu'un léger voile, étendu sur vos charmes,
En laisse voir le contour seulement :
Les nudités ne sont que pour l'amant.
Que de vos goûts le beau soit la mesure ;
Femme gentille est une fleur d'amour,
Qui doit en prendre et porter tour à tour
La douce odeur, l'éclat et la parure.
Fuyez, fuyez ces papillons brillants,

Offrant partout leur hommage infidèle :
A vos genoux ils mettent un encens
Déjà brûlé pour plus d'une autre belle.
D'un esprit fort n'affectez point le ton,
Et de vos mœurs bannissez la rudesse :
De nos Français imitez la Ninon ;
A la beauté sied un peu de faiblesse.
Vous connaissez la flamme et le tourment
D'Écho, la nymphe, aux rives du Céphise :
De cette belle évitez la sottise ;
Ne mourez point pour un indifférent.
Si, par hasard, la vieillesse tardive
De vos appâts flétrissait les trésors,
Pour ramener la beauté fugitive
Ne faites point d'inutiles efforts ;
Femme que l'âge empêche d'être aimée
Ne doit penser qu'à se voir estimée.
Sur les gazons d'un tranquille réduit,
De vos baisers si parfois dans Cythère
Un autre Amour devenait le produit,
N'oubliez pas que du sein d'une mère
Jaillit toujours le lait qui le nourrit.

Telle est, ma Sœur, de la Maçonnerie
La loi d'amour que vous dicte ma voix ;
Retenez-la, femme jeune et jolie,
De vos attraits elle assure les droits.

Mais j'oubliais que vous êtes déesse ;
Pardonnez-moi, je plaçais la beauté
Bien au-dessus de la divinité.

O des humains la divine maîtresse !
Il est pour vous des devoirs à remplir,
Devoirs sacrés, dans le pouvoir suprême,
Heureux les rois dont ils font le plaisir !
Heureux le dieu qui s'y soumet lui-même !
Fille des dieux, du haut de vos autels,

Jetez sur l'homme un regard favorable;
N'imitez pas ces dédaigneux mortels,
Ces grands du jour, dont le front méprisable
Sur les petits s'élève avec fierté ;
Faites aimer votre divinité.
Craignez l'orgueil ; sa vapeur enivrante
Dans les cieux même a l'effet du poison ;
Vous l'avez vu, l'orgueilleuse Junon,
Parmi les dieux, n'est pas la plus charmante.
Soyez affable; et qu'un air de bonté,
Adoucissant l'éclat du diadème,
Sur votre front brille avec majesté :
Qu'on vous admire, et surtout qu'on vous aime !
Rappelez-vous le plus beau de vos jours,
Ce doux moment où, simple, sans atours,
Au mont Ida vous fûtes la plus belle.
Dans ce jour-là, des juges le modèle,
L'heureux Pâris, que guidaient les amours,
En vous, ma Sœur, ne vit qu'une mortelle.
Du rang superbe où s'attache l'ennui,
Il est si doux quelquefois de descendre !...
Voyez des dieux et le père et l'appui,
Chez Danaé comme il aime à se rendre !...
Le dieu des vers n'est jamais plus joyeux
Que chez Admète, au sein des bergeries...
Et votre enfant ?... nos mortelles jolies
A tous moments lui font quitter les cieux !
De l'Amour seul et des Grâces suivie,
Quittez parfois l'Olympe et l'ambroisie ;
Belle Vénus, du céleste séjour,
Venez chercher le bonheur sur la terre.
Vous le savez, de tout temps, à la cour,
Félicité fut une ombre légère ;
Le vrai plaisir n'est pas dans les grandeurs ;
Et d'Adonis le tranquille bocage,
Ses chalumeaux, son simple lit de fleurs,
Vous ont offert jadis plus de douceurs
Que du dieu Mars le magnifique hommage.

Dans ces devoirs qu'ici je vous prescris
Sont contenus les devoirs de Maçonne :
Femme gentille, et tendre, et douce, et bonne,
Reine portant sans fierté la couronne,
Compte sans peine au rang de nos amis.

Un autre jour, de nos secrets emblèmes
Je vous dirai le charme et la valeur ;
Vous apprendrez que les Maçons eux-mêmes
Ont des vertus l'emblème créateur.
Pour ce moment, d'un nombre maçonnique
Étudiez la puissance mystique :
Ce nombre est *trois*, nombre chéri des dieux.
Le ciel, la terre en conservent les traces ;
De vos amants il fut le nombre heureux
Et sur vos pas il réunit les Grâces.
De tous côtés, il frappe ici vos yeux ;
Des Apprentis il y fait la bannière ;
De nos autels il entretient les feux,
Et c'est de lui que vous vient la lumière.

Que par trois fois, sur vos jours précieux,
Des doux plaisirs le règne se prolonge !
Que par trois fois, même loin de ces lieux,
Nos bras unis vous enchaînent en songe !
Mais je m'arrête à ce brillant mensonge...
Belle Vénus, il est déjà minuit ;
Retirez-vous ; les Maçons, à cette heure,
Paisiblement regagnent leur réduit.
Regagnez donc votre heureuse demeure ;
Jusqu'à demain, auprès d'un Apprenti,
Du nombre trois répétez la mesure :
De ce doux nombre, aimé dans la nature,
Que votre amant soit toujours averti.
Bientôt, Vénus, par un Maître conduite,
Sur un autel où vous serez instruite,
Un autre jour, au gré de vos désirs,
Par trois fois trois nous ferons vos plaisirs.

Ici se termine la première partie du divertissement. Le spectacle est interrompu ; en d'autres termes, « la Loge est mise en récréation ». Les rafraîchissements circulent. Vénus se mêle aux Frères et aux Sœurs. C'est l'entr'acte

SECONDE PARTIE

La Réception des Grâces

Vénus, charmée d'avoir été reçue Maçonne, demande à la Loge de vouloir bien initier aussi l'Amour et les trois Grâces, Aglaé, Thalie et Euphrosyne ; le Vénérable lui répond :

Le Vénérable

* Belle Vénus, Sœur toujours adorable,
Dont la présence embellit nos travaux,
Divinité qui calmez tous les maux,
De nos plaisirs source pure et durable,
Dans le parvis de la fraternité,
Lorsque, suivi des Grâces immortelles,
De votre main l'Amour est présenté.
Tous, empressés de plaire à la beauté,
Tous, de l'Amour adorateurs fidèles,
Les Francs-Maçons combleront vos désirs ;
Soyez heureuse, et voilà nos plaisirs.
Mais, parmi nous, si Jupiter lui-même,
Si tous les dieux demandaient d'être admis,
Vous y verriez les dieux, leur roi suprême,
Ainsi que nous, aux épreuves soumis.
Vous le savez, Sœur aimable et chérie,
L'égalité fait l'appui de nos lois,
Et le niveau de la Maçonnerie
Confond ici les bergers et les rois.

Soumettons donc à l'épreuve ordinaire
Les beaux enfants que vous nous présentez :
Ne craignez rien ; les enfants de Cythère
Des Francs-Maçons ne sont point rebutés.

VÉNUS

Pour ces enfants qu'aujourd'hui je présente,
A cette Loge ayant, Frères, recours,
Je ne viens point, mère trop indulgente,
De vos statuts interrompre le cours.
Je suis Maçonne, et je dis la première :
Oui, dans ces lieux, qu'on éprouve l'Amour !
C'est un méchant dont le ciel et la terre
Depuis longtemps se plaignent tour à tour;
Mais, toutefois, qu'une sage clémence
De votre part encourage mon fils ;
Il faut avoir pitié des étourdis
Et pardonner quelque chose à l'enfance.
Quant à ses sœurs, qui, toujours sur mes pas,
Font constamment le charme de ma vie,
Pour les admettre en votre compagnie,
Heureux Maçons, je ne présume pas
Que vous deviez les soumettre aux épreuves.
Vous le savez, en tous lieux, en tous temps,
De leurs bontés, de leurs charmes puissants,
Les Grâces ont déjà donné des preuves ;
Puis, quel délit ferait-on expier
A trois beautés ne goûtant à Cythère,
Au ciel, ici, dans l'univers entier,
D'autre bonheur que le bonheur de plaire ?

LE VÉNÉRABLE

Pour vous prouver qu'à tout ce qui vous plaît
Nous réservons un accueil favorable,
Belle Vénus, mille fois adorable,
C'est à vos soins que la Loge remet

De préparer les jeunes néophytes.
Allez, ma Sœur, et que dans ce parvis
Par votre main les Grâces soient conduites.
Quant à l'Amour, eh bien, qu'il soit soumis,
Qu'il obéisse aux règles maçonniques :
Mais, néanmoins, à des terreurs paniques
Prévenez-le qu'il ne se livre pas ;
L'Amour profane a pour nous trop d'appâts,
Nous aimons trop sa divine influence,
Pour l'affliger de la moindre souffrance.

(Vénus sort. Les Frères servants font, à grand fracas, manœuvrer les instruments qui imitent le bruit du tonnerre et de la grêle ; d'autres agitent des chaînes de fer. Après quelques instants de ce charivari, deux chœurs entrent dans la salle et viennent se placer au milieu : le premier chœur est composé de Frères travestis en vieilles femmes très laides ; le second chœur est formé de jeunes Sœurs, choisies parmi les plus jolies de la Loge. Vénus, guidant les Grâces et l'Amour qui ont les yeux bandés et les mains chargées d'une petite chaîne en fer-blanc, fait avec ses enfants le tour de la Loge, pendant que chantent les chœurs. Ce sont quatre jeunes Sœurs qui remplissent les rôles des enfants de Vénus ; pour celui de l'Amour, on choisit une Maçonne petite et délurée.)

CHŒUR DES VIEILLES

** Étouffons l'Amour et les Grâces ;
Qu'ils périssent dans les tourments !
Ces cruels, hélas ! sur nos traces
Ne marchent plus dans nos vieux ans.

CHŒUR DES JEUNES

** Eh ! pourquoi l'Amour et les Grâces
Périraient-ils dans les tourments ?
Ne marchent-ils pas sur nos traces
Aux beaux jours de nos jeunes ans ?

CHŒUR DES VIEILLES

** Ils s'éloignent de la vieillesse,
Ils dédaignent nos cheveux blancs,
Et de l'inconstante jeunesse
Ne recherchent que le printemps !

CHŒUR DES JEUNES

** S'ils s'éloignent de la vieillesse,
S'ils dédaignent ses cheveux blancs,
Ils embellissent la jeunesse
Et font le charme du printemps.

CHŒUR DES VIEILLES

** O grand Jupiter, de ta foudre
Arme aujourd'hui notre fureur!
Donne, et nous réduirons en poudre
Ces monstres qui nous font horreur!

CHŒUR DES JEUNES

** Jupiter laisse en paix ta foudre
Qu'implore une injuste fureur;
Oserais-tu réduire en poudre
Des enfants qui font ton bonheur?

CHŒUR DES VIEILLES

** Fuyez!... En marchant sur vos traces,
Vers l'abîme nous marcherions;
Non, jamais l'Amour et les Grâces
Ne captiveront les Maçons!

CHŒUR DES JEUNES

** Venez!... Sur vos aimables traces,
Sans cesse, ici nous marcherons;
Oui, toujours l'Amour et les Grâces
Enchaîneront les Francs-Maçons!

(Vénus, les Grâces, l'Amour et les deux chœurs sortent. On referme sur eux les portes de la salle.— Il est à remarquer qu'on a ouvert tantôt les portes sans bruit, et qu'on les referme de même.)

VÉNUS, chantant au dehors

** Temple sacré de la Maçonnerie
Asile heureux de la fraternité,
Par les sentiers de la philosophie
Tu nous conduis à la divinité!

(Tout le monde répète en chœur cette strophe, tant les Frères et Sœurs qui sont dans la salle que ceux et celles qui sont au dehors.)

VÉNUS

" Loin, loin d'ici, Profane téméraire,
Léger mortel, égoïste orgueilleux,
Qui que tu sois, ennemi du mystère,
Fuis, ton aspect souillerait ces saints lieux.

Ici, des grands, des riches de la terre,
Si quelquefois on exauce les vœux,
C'est qu'on les voit mettre le nom de Frère
Bien au-dessus du nom de leurs aïeux.

Du sort jaloux victimes innocentes,
Faibles humains, nobles fils du malheur,
Venez, venez, dans nos mains consolantes.
De vos destins oublier la rigueur.

Plaisirs d'amour, volupté douce et pure,
Aux Francs-Maçons ne sont pas défendus;
La voix du cœur, la voix de la nature
Feront toujours leur culte et leurs vertus.

Modeste Amour, et vous, Grâces décentes,
Tendres enfants qui charmez les humains,
De ce parvis les portes bienfaisantes,
Si vous frappez, s'ouvriront sous vos mains.

CHŒUR GÉNÉRAL

" Temple sacré de la Maçonnerie,
Asile heureux de la fraternité,
Par les sentiers de la philosophie
Tu nous conduis à la divinité!

(Les Grâces, et l'Amour frappent à la porte de la salle.)

LE FRÈRE COUVREUR

" Qui frappe ainsi d'une main téméraire
Et des Maçons trouble le sanctuaire?

(Le quintetti qui suit est chanté à l'extrémité de la salle.)

LES GRACES

** Ouvrez à trois faibles enfants
Qui sur les traces de leur mère,
Viennent vous offrir leurs serments
Et vous demander la lumière.

L'AMOUR

** Je suis l'Amour, et de mes sœurs
Ici j'accompagne les traces;
Auriez-vous, messieurs, des rigueurs
Et pour l'Amour et pour les Grâces?

VÉNUS

** Ayez pitié de leur effroi;
Pardonnez aux Grâces timides:
Elles n'entendent près de moi
Que le bruit des ruisseaux limpides.

LES GRACES

** Oui, pardon, si nous frémissons
Au bruit que l'on fait sur nos traces.

L'AMOUR

** Vous-mêmes, messieurs les Maçons,
Seriez-vous sans crainte à nos places?

VÉNUS

** Oui, mes enfants, nous le savons,
Un rien effarouche les Grâces.

TOUS LES CINQ

Ouvrez à de faibles enfants
Qui, sur les traces de leur mère,
Viennent vous offrir leurs serments
Et vous demander la lumière.

(La porte s'ouvre. Vénus entre, conduisant les Grâces et l'Amour qui, les yeux bandés, se tiennent par la main. On fait un grand silence.)

LE VÉNÉRABLE, durement

* Que dans l'instant on enchaîne l'Amour !
Dépouillez-le d'un pouvoir éphémère.
Dans un cachot qu'il endure à son tour
Tous les tourments qu'il a faits à la terre !

(Le Frère Terrible s'empare de l'Amour, le bouscule un peu et va le renfermer dans un cabinet quelconque.)

LE VÉNÉRABLE, aux Grâces

* Pour vous, enfants chers à tous les humains,
Jeunes beautés que guide l'innocence,
Ne craignez pas de semblables destins
Et parmi nous restez en assurance.
Que de leurs bras on détache, en ces lieux,
Ces durs liens, ces fers de l'esclavage !
Aimables sœurs, dignes filles des dieux,
La liberté, voilà votre partage.
Dans ce parvis aux vertus consacré,
Des Francs-Maçons l'unanime suffrage
Par des bravos pour vous s'est déclaré.
On a fait plus : votre sexe, votre âge,
Votre faiblesse ont mérité de nous
Moins de rigueur, des traitements plus doux ;
Chez les Maçons, il n'est point en usage
De tourmenter fille gentille et sage....
Asseyez-vous. D'un dieu qu'on nomme Amour
Vont commencer les épreuves pénibles;
Vous les verrez; à leurs leçons terribles,
Vous comprendrez les lois de ce séjour.
Asseyez-vous, et n'ayez point d'alarmes.

(On les fait asseoir. Vénus s'assied auprès d'elles.)

Ce noir bandeau, qu'on a mis sur vos yeux,
Pour un moment nous en voilent les charmes ;
Tendres beautés, n'en versez point de larmes;
Il vous promet un jour plus radieux....
Quel est votre âge ? En quels lieux de la terre
Habitez-vous ? Est-il vrai que des dieux
Le plus riant vous donna la lumière ?

Aglaé

** Riches de l'éclat du printemps,
Comme la fleur qui vient d'éclore,
Les Grâces sont de tous les temps
Et n'ont que l'âge de l'aurore.
Quand tout marche vers le déclin,
Nouveaux charmes les embellissent;
La rose ne vit qu'un matin,
Les Grâces jamais ne vieillissent.

Thalie

** Au siècle heureux où la beauté
Suivait la voix de la nature,
Seule, en un vallon écarté
Vénus passait par aventure :
Sous les pampres de ses vergers,
Bacchus la trouva sans défense ;
Elle sourit à ses baisers,
Et les Grâces prirent naissance.

Euphrosyne

** Depuis ce jour, à ses autels,
Sur les traces de notre mère,
Près d'elle, même aux immortels,
C'est nous qui montrons l'art de plaire;
Filles des innocents plaisirs
Qu'inspire une volupté pure,
Nos mains enchaînent les désirs
Dans les trois nœuds de sa ceinture.

Le Vénérable

* Ce nombre *trois* que vous avez nommé,
Vous paraissez dès longtemps le connaître.
Qui vous l'apprit ?... Un indiscret, peut-être,
En vous trompant, vous l'aura diffamé.

AGLAÉ

** Depuis le jour où dans Cythère
Vénus Maçonne a fait des lois,
Je ne sais quel joyeux mystère
Y consacre le nombre *trois ;*
Ce nombre, dit-on, maçonnique
Eut à sa cour tant de succès,
Que chacun aujourd'hui s'y pique
De devenir Maçon français.

THALIE

Ce goût, que la déesse inspire,
Étend partout ses nouveaux droits,
Et maintenant, dans son empire,
Rien ne se fait que par trois fois :
Au boudoir, au temple, à la table,
Soir et matin, à tout moment,
Des amours la maîtresse aimable
Caresse ce nombre charmant.

EUPHROSYNE

** Par trois fois, ardent et fidèle,
Adonis y fait son bonheur,
Et par trois fois, encor plus belle,
Elle applaudit à son vainqueur.
A l'ombre de chaque bocage,
Il est écrit : « Qui que tu sois,
Vénus ne reçoit ton hommage
Que s'il est offert par trois fois. »

TOUTES TROIS

** Par trois fois, dans ce sanctuaire,
Messieurs, accordez à nos vœux
Ce qui, par trois fois, dans Cythère,
De Vénus rend les jours heureux ;
Et, lorsque, marchant sur ses traces
L'Amour s'instruira de vos lois,
Que chez vous le devoir des Grâces
Soit d'embellir le nombre *trois.*

LE VÉNÉRABLE

* Dans le beau monde, où de choses futiles,
De riens brillants le sexe est occupé,
Que faites-vous ? par quels travaux utiles
L'ennui chez vous peut-il être trompé ?

AGLAÉ

** Les Grâces, messieurs, sur la terre,
Remplissent maintes fonctions :
D'abord, le culte de Cythère
Demande nos attentions ;
Des élégantes la toilette
N'est belle que de nos faveurs,
Et la plus simple bergerette
Nous doit ses rubans et ses fleurs

THALIE

** Jadis, aux beaux jours de la Grèce,
Quand les Grâces dictaient leurs lois,
Sans nul apprêt et sans richesse,
Tout s'embellissait sous nos doigts ;
De rose une écharpe fleurie
Paraît même les immortels,
Et l'heureux boudoir d'Aspasie
Était au rang de nos autels.

EUPHROSYNE

** Ensuite, aux champs de l'Italie,
Auprès d'Auguste et de Léon
Nous fixâmes de compagnie
Et notre empire et notre nom :
Bientôt, aux rives de la Seine,
Sur les pas du plus grand des rois,
La Vallière fut notre reine
Et la France reçut nos lois.

THALIE

** Aujourd'hui qu'aux journaux de modes
On nous appelle tous les jours,
A des fonctions incommodes
Nous nous dérobons pour toujours.
Mais, ici, près de la nature,
Entre l'Amour et les Maçons,
De la sagesse et d'Épicure
Nous embellirons les leçons.

TOUTES TROIS

** Dans ce temple de la nature,
Entre l'Amour et les Maçons,
De la sagesse et d'Épicure
Nous embellirons les leçons.

LE FRÈRE TERRIBLE

* Je sais trop bien ce que l'on doit aux Grâces;
Nul, plus que moi, ne respecte leurs droits;
Je suis terrible, et cependant ma voix
N'appelle point les tourments sur leurs traces;
Mais qui de nous, foulant aux pieds les lois,
Dans ce parvis empressé de leur plaire,
A nos statuts oserait les soustraire ?
Des qualités qui forment les Maçons
Ont-elles donc jamais donné des preuves ?
Vous le savez, ici nous n'admettons
Qui que ce soit sans l'astreindre aux épreuves !...
De la beauté défenseurs trop légers,
Du sexe faible adorateurs peu sages,
Pouvons-nous donc, au mépris des usages,
A ces trois sœurs épargner les voyages?
Non! que chacune en courre les dangers
Dans nos sentiers environnés d'abîmes;
De l'amitié généreuses victimes,
Que tout leur sang, offert à nos autels,
Soit toujours prêt à couler pour un Frère;

C'est mon avis !... Puis, dans la coupe amère
Faites-les boire, ainsi que les mortels...
Alors, certains de leur jeune courage,
Fixant les goûts d'un sexe trop volage,
Nous recevrons leurs serments solennels
Et leur bonheur deviendra notre ouvrage.

L'Orateur

Pourquoi faut-il, par de longues rigueurs,
Persécuter trois jeunes innocentes ?
Qu'exigez-vous de ces vierges tremblantes ?
Et quel plaisir auriez-vous à des pleurs
Que verseraient des yeux remplis de charmes ?
Ah ! réservez aux cœurs durs et méchants
Et ces rigueurs et ces tristes alarmes;
Mais de Vénus les aimables enfants,
Timides sœurs que l'univers adore,
De leurs tourments faut-il que l'on s'honore
Faut-il ?... Mais non !... Loin de l'injurier,
De la beauté, qui l'inv e et l'implore,
Un Franc-Maçon est toujours chevalier !...
Honneur du sexe et son plus bel exemple,
Filles des cieux, déesses du printemps,
Le monde entier pour elles n'est qu'un temple;
Sur leurs autels, vieillards et jeunes gens
Viennent sans cesse apporter leur hommage.
Sœurs de l'Amour, elles sont tout pour lui;
Ce dieu n'a point de plus solide appui,
Et son bonheur est tout leur apanage.
De l'Hélicon égayant les sentiers,
Près du Permesse embelli de leur trône,
Leur main féconde y sème les lauriers
Dont Apollon compose sa couronne;
Sur les coteaux de Tibur amoureux,
Dans ses beaux vers Horace les honore;
D'Anacréon l'encens voluptueux
A leurs genoux s'allume et brûle encore;

Et sur la lyre, au milieu des neuf Sœurs,
L'heureux Pindare a chanté leurs faveurs....
Pour ajouter à leur gloire éclatante,
Que vous dirai-je?... Elles sont des bienfaits
La source pure et toujours consolante,
Et des anciens la main reconnaissante
Sur mille autels avait gravé leurs traits....
Et l'on voudrait à de tristes épreuves
Assujétir leurs membres délicats !....
Vierges d'amour, ne vous effrayez pas;
J'en jure ici vos célestes appâts,
De vos bienfaits mes Frères ont des preuves,
Et, dans ces lieux, nul effroi, nulle horreur
Ne causeront près d'eux votre frayeur.
Approchez-vous, divinités charmantes;
Voyez déjà de nos mains caressantes
Tomber les fleurs au-devant de vos pas :
Dans ce beau jour qui devient notre fête,
Voyez déjà comme chacun s'apprête
A vous presser par trois fois dans ses bras.
Approchez-vous, et ne nous craignez pas.

AGLAÉ

** Merci des soins que ta bouche éloquente,
Jeune Orateur, a prodigués pour nous;
Dans notre cœur ta voix tendre et touchante
Vient de porter les plaisirs les plus doux.

THALIE

** Que ne viens-tu sur les bords du Céphise?
Dans ces beaux lieux nous t'offririons des fleurs,
Et du destin qui nous immortalise
Nous t'y verrions partager les douceurs.

EUPHROSYNE

** Pour prix des biens dont tu sèmes nos traces,
Nous te vouons un hommage éternel,
Et tu verras auprès de toi les Grâces
Sur ton pupitre élever leur autel.

Après ces trois quatrains qui se chantent sur l'air de Femme sensible, *le Secrétaire prend la parole et lit une longue et fastidieuse série d'accusations. Ce sont des lettres, venant les unes de Quimper, les autres de Paris (chaussée d'Antin) ; dans ces épîtres, des coquettes prétentieuses et des élégants de mauvais goût se plaignent de ce que les Grâces, agissant de partis pris, contrecarrent toutes les modes qu'ils s'escriment à inventer. Le Vénérable invite les Grâces à se défendre.*

Le Vénérable

* Parlez, parlez, néophytes charmantes,
Et répondez à vos accusateurs ;
Il est partout de lâches imposteurs,
Et, je le crois, vous êtes innocentes :
Mais les Maçons verront avec plaisir
L'essaim nombreux d'ignorants petits-maîtres,
Tous les méchants, les fourbes et les traîtres,
Ici par vous condamnés à rougir.

Aglaé

** Sans doute, à Quimper-Corentin,
On ne peut que mal nous dépeindre ;
Et de nous, au quartier d'Antin,
Les beaux messieurs ont à se plaindre.
D'un faux goût blâmant les travers,
Rebelles toujours au caprice,
Voilà tous les crimes divers
Dont nous accuse l'injustice.

Thalie

** Tant que la mode, réglant tout,
En France tiendra son empire,
A ses enfants les lois du goût
Ne paraîtront qu'un vain délire :
A tort, on y sera surpris
Que parfois on perde nos traces ;
Car, on le sait, même à Paris,
La mode est le tombeau des Grâces

EUPHROSYNE

** Au front du grave musulman,
Toujours, d'une main caressante,
Les Grâces d'un riche turban
Disposent l'aigrette élégante;
Mais, dans Paris où des chiffons
Ne font que naître et disparaître,
Que voulez-vous que nous mettions
Au front léger d'un petit-maître ?

AGLAÉ

** Des peuples du vieux continent
Un peintre faisait les costumes;
Il les habillait aisément,
Et chacun selon ses coutumes;
Mais, quand il en fut au Français :
« Comment, dit-il, pourrai-je faire ?
Donnons-lui l'étoffe à nos frais,
Et qu'il s'habille à sa manière ! »

THALIE

** Femmes qui, loin de vos enfants,
Prenant les airs d'une coquette,
Leur dérobez tous les moments
Que vous donnez à la toilette,
Des torts, qui par nous vous sont faits,
Vous plaindre ici n'est pas trop sage;
Les Grâces ne quittent jamais
Femme qui chérit son ménage.

EUPHROSYNE

** Jeunes gens, enfants du bon ton,
Qui, d'une existence éphémère
Passant du boudoir au salon,
Tous les jours, fatiguez la terre,
Vous nous accusez, mais à tort,
De ne suivre jamais vos traces;
Peut-on trouver un seul rapport
Entre un petit-maître et les Grâces ?

TOUTES TROIS

** Pour vous, Maçons, dont les loisirs
Sont les loisirs de la nature,
Toujours de vos heureux plaisirs
Les Grâces seront la parure;
Sur votre autel, à vos banquets,
Et même auprès de vos amantes,
Disposez de tous nos bienfaits
Et de nos faveurs innocentes !

LE VÉNÉRABLE

* Votre innocence a convaincu nos cœurs
C'en est assez, divinités gentilles,
Et vous avez de vos accusateurs
Détruit ici les rapports imposteurs;
Il est heureux, pour le goût et les mœurs,
Que dans le monde il se trouve des filles
Qui, comme vous, et défendent leurs droits,
Et des méchants fassent taire la voix.
Tout ce fatras de moderne élégance,
Ce mauvais goût qui fait tant d'embarras,
Ce ton bourgeois qu'à Vire ou Carpentras
Les grands esprits nomment de l'éloquence,
Ces longs discours, vieux moyens de plaider,
Dans le barreau trop souvent efficaces,
Tous réunis, pour nous persuader,
Ne valent pas un sourire des Grâces.
Par tous les dieux, au pied de cet autel,
Venez jurer, charmantes néophytes,
De conserver un secret éternel
Sur les objets dont vous serez instruites.
Aux Francs-Maçons jurez fidélité ;
Riches des biens où votre cœur aspire,
Mourez plutôt que de jamais redire
Les doux secrets de la fraternité.

(Le Maître des Cérémonies conduit les Grâces à l'estrade et les fait agenouiller devant le Vénérable et la Grande Maîtresse.)

LES TROIS GRACES

** Oui, nous le jurons, par les dieux,
Toujours fidèles à nos Frères,
Nous tairons, même dans les cieux,
Et vos secrets et vos mystères;
Et, si jamais à nos serments
Un seul jour nous trouve infidèles,
Puisse l'enfer par ses tourments
Punir les Grâces criminelles !

(On fait relever les Grâces; ramenées au milieu de la salle, elles sont entourées du Maître des Cérémonies et de deux Experts, prêts à leur ôter le bandeau qui couvre leurs yeux.)

LE VÉNÉRABLE

* Préparez-vous, mes aimables enfants :
Des Francs-Maçons va briller la lumière;
Le ciel ici la jette par torrents,
Et vos beaux yeux la verront tout entière.
Laissez tomber le mystique bandeau
Qui dans ce temple a voilé vos paupières;
Que l'harmonie, en un moment si beau,
Répète au loin le chant sacré des Frères !

(Pendant que la lumière est donnée aux trois Grâces, deux chœurs, l'un de Frères, l'autre de Sœurs, chantent ensemble un *Hymne à l'Amitié* dont la musique est réellement très belle.)

HYMNE A L'AMITIÉ

** Fille auguste des cieux, doux charme de la terre,
Sainte et pure Amitié, présent des immortels,
Tous les jours les Maçons t'adressent leur prière
Et couvrent de fleurs tes autels.

Des fragiles humains appui sûr et durable,
Hélas ! que serions-nous, privés de tes bienfaits ?
Nous serions les jouets du sort inexorable
Et par lui battus à jamais.

L'Amour, ô chers amis, quelle aimable folie !
Rose d'un seul matin que cueillent les amants,
Ainsi que le printemps, elle embellit la vie
Et se fane avec le printemps.

Mais la douce Amitié, semblable à l'immortelle,
Compagne des beaux jours et reine des hivers,
Sur l'homme et ses vieux ans vient, d'une main fidèle,
Verser tous les charmes divers.

Des chaînes de l'Hymen qu'elle rend éternelles,
Elle a tissu pour nous le durable bonheur;
Elle s'élève encore au nid des tourterelles
Et les nourrit de son ardeur.

Voyez dans le lointain cette simple chaumière :
Là, par trois fois vingt ans, deux époux sont unis,
Et l'Amitié céleste y met son sanctuaire
Entre Philémon et Baucis.

Beaux enfants de Léda, votre noble existence
De vous deux sur la terre a fait des demi-dieux;
Mais, au-dessus des dieux élevant sa puissance,
L'Amitié vous mit dans les cieux.

Autour du malheureux lorsque tout s'importune,
Si son aspect flétri dissipe la pitié,
Son cœur sourit encore au sein de l'infortune
Quand il lui reste l'Amitié.

Par delà le passé prolongeant son empire,
Sur les doux souvenirs son front est appuyé ;
Et la mort, ici-bas, qui vient pour tout détruire,
Ne détruit jamais l'Amitié.

Il vous souvient à tous de cette amour si chère
Qui soigna de nos jours la première moitié ;
Ah ! n'oublions jamais que le cœur d'une mère
Est le trône de l'Amitié.

L'univers tout entier est son vaste domaine;
En présence des cieux, tout par elle est lié;
Et l'éternel pouvoir dont le monde s'enchaîne,
L'attraction, c'est l'Amitié.

Chers Frères, chères Sœurs, quand, au soir de la vie,
De nos jours déclinants pâlira le flambeau,
Puisse de l'Amitié la main pure et chérie
Nous soutenir jusqu'au tombeau !

Cet hymne finit la seconde partie du divertissement. Nouvel entr'acte pour la circulation des boissons. La Loge est en récréation. Les trois Grâces se mêlent aux Frères et aux Sœurs. Quant à la jeune Maçonne, qui joue le rôle de l'Amour, un Frère Servant va lui porter des rafraîchissements dans le cabinet où elle est enfermée.

TROISIÈME PARTIE

La Réception de l'Amour

Un Expert apporte les bijoux, les métaux et les armes de l'Amour.

L'Expert.

* Très Vénérable à vos ordres fidèles
J'ai de l'Amour abordé la prison ;
Je l'ai trouvé plus souple, moins rebelle;
Il réfléchit, et déjà la raison
A son esprit paraît se faire entendre.
Au livre saint, écrit par Salomon,
Je l'ai vu lire avec attention ;
Je ne sais pas ce qu'il y peut comprendre.
Lorsque ses yeux de son triste cachot
Ont parcouru la funèbre étendue,
Triste, rêveur, il a lu mot à mot,
Chaque sentence ; et de son âme émue
Avec douleur s'échappait un soupir.
Je ne sais pas quelle était sa pensée ;

Mais il semblait touché de repentir.
Lorsque la Mort, auprès de lui placée,
De ses longs doigts lui montrait un tombeau,
Il pâlissait; et, de sa main glacée,
En s'éteignant, est tombé son flambeau.
Lors, près de lui, m'approchant en silence,
Sans lui parler, j'ai remis sous ses yeux
Des questions l'ordre mystérieux.
Il les reçoit, et, rempli d'assurance :
« J'y vais répondre, a-t-il dit, de mon mieux.
Des mains du Temps prenant le sable horaire
Qui passe, fuit et coule avec nos jours :
« Pense, ai-je dit, réfléchis ; dans son cours,
Le Temps rongeur détruit tout sur la terre. »
« — Fort bien, l'ami, m'a répondu l'Amour,
Tu me parais prêcher comme un apôtre ;
Le Temps et moi, nous vivons de retour,
Et l'un est propre à faire passer l'autre. »
De pain et d'eau j'ai formé son banquet :
« Ici l'on jeûne, ai-je dit ; l'abstinence,
Dans tous les temps, pour l'âme est un bienfait. »
« — Eh bien, dit-il, nous ferons pénitence ;
L'Amour, mon cher, sait faire un peu de tout,
C'est mon métier, et surtout lorsqu'au bout
Dans le lointain j'aperçois l'espérance. »
Bientôt après, sans qu'il fît résistance,
De ses métaux ma main l'a dépouillé :
« Vois, m'a-t-il dit, d'un air plein d'innocence,
Je suis, par toi, pas mal déshabillé ;
Prends mon carquois, prends mes flèches dorées,
Prends, si tu veux, mes ailes azurées ;
C'est tout mon bien.... Mon flambeau s'est éteint ;
Mais j'ai l'espoir qu'à vos flammes sacrées
Je le verrai se rallumer soudain. »
Dans son cachot, tel est l'Amour profane.
Il est déjà plein de contrition :
C'est bien à tort, je crois, qu'on le condamne ;
Car il est là, plus sage qu'un Caton.

LE VÉNÉRABLE

* Qu'on l'introduise à l'occident du Temple,
Que son bandeau demeure sur ses yeux,
Et dites-lui qu'en entrant dans ces lieux
Tout l'univers l'écoute et le contemple.

(On introduit l'Amour, les yeux bandés.)

LE FRÈRE TERRIBLE

* Tout l'univers porte sur toi les yeux ;
Il te contemple, il t'écoute en ces lieux.

L'AMOUR

** D'être écouté l'Amour n'a point à craindre ;
De son langage on connaît la douceur,
Et le moment où sa bouche veut feindre
Est le moment qui finit son bonheur.

L'Amour, dit-on, redoute la lumière ;
Quand il est vu, son pouvoir s'affaiblit :
C'est une erreur ; quoique enfant du mystère,
De son regard la beauté s'applaudit.

Mais toi, qui veux et me voir et m'entendre,
Grave soutien de ce secret séjour,
Aurais-tu peur de te laisser surprendre
Par un enfant que tu nommes l'Amour ?

LE FRÈRE TERRIBLE

* De ton langage adoucis la rudesse ;
Profane, ici tu fais l'impertinent !
Du *tu*, du *toi* le mélange insolent
Dans tes discours nous offense et nous blesse.

L'AMOUR

** Qui que tu sois, pardonne-moi,
Pardonne un familier langage :
Je dis toujours *tu*, toujours *toi*,
A la cour, ainsi qu'au village.

Dans Cythère, au milieu des jeux,
J'appris ces doux mots de ma mère,
Et, du plaisir maître joyeux,
J'en ai toujours fait ma grammaire.

Bien différent des faux humains,
Mon langage est toujours le même :
Par *vous*, j'exprime mes dédains,
Et par *toi*, mon amour extrême.
A la coquette, en ses vieux ans,
Je dis : « Fuyez, je vous abhorre. »
A la beauté, dans son printemps,
Je dis : « Oh ! viens, viens, je t'adore ! »

Au pied de votre autel sacré,
Lorsque j'aurai vu la lumière,
Au Maçon que j'embrasserai
Je dirai : « Sois toujours mon Frère ».
Ces mots par qui tout est lié,
Du *tu*, du *toi* le doux langage,
Entre l'Amour et l'Amitié
Les dieux en ont fait le partage.

LE VÉNÉRABLE

* Qui de ces lieux t'a montré le chemin ?
D'où viens-tu ?... Parle ! Et quel est ton dessein ?

L'AMOUR

** Chez vous, accompagné des Grâces
Et précédé de la beauté,
Maçons, je viens ; et sur mes traces
J'ai fait marcher la volupté.
Mon dessein ?... Qui peut s'y méprendre ?
Lorsqu'il se rend dans ce séjour,
Tout Maçon jeune, aimable et tendre,
Aisément devine l'Amour.

Longtemps, j'ai parcouru le monde ;
En ce moment, je viens des cieux :
Volant sur la terre et sur l'onde,
Des mortels j'exauce les vœux.

Moi qui fais heureux tous les autres,
Je voudrais bien l'être à mon tour ;
Du bonheur ô vous les apôtres,
Donnez le bonheur à l'Amour.

LE VÉNÉRABLE

* Quel est ton rang, ta fortune ? ton père ?
Quel âge as-tu ? Que fais-tu sur la terre ?

L'AMOUR

** Tantôt prince, tantôt berger,
Aujourd'hui pauvre, demain riche,
L'Amour ne craint point le danger
D'un vain nom que l'orgueil affiche
S'il me faut parler sans mentir,
Je ne sais trop qui fut mon père ;
Mon âge est l'âge du plaisir,
Et ma naissance est un mystère.

Ne pensez pas que le repos
Fasse mon existence entière :
Pour l'Amour, il est des travaux
Dans le monde comme à Cythère.
Sur les fleurs d'un riant séjour,
Mainte bergère me stimule ;
Et, pour tant faire en un seul jour,
Il me faut la force d'Hercule.

Hier, prétextant l'amitié,
J'instruisais la jeune Héloïse ;
Ce matin, j'ai dû, par pitié,
Réchauffer la vieille Arthémise.
En ce moment, peut-être, ici,
Plus d'un Maçon tout bas m'appelle ;
Et, ce soir, je l'aurai servi
Auprès d'une amante nouvelle.

Tous ces plaisirs, tous ces dégoûts,
Femme laide et femme jolie,
Tous ces soins, ou tristes, ou doux,
Partagent les jours de ma vie ;
A l'Hymen, fatigué bientôt,
J'apporte le secours d'un frère.
Voilà, messieurs, en dernier mot,
Ce que l'Amour fait sur la terre.

LE VÉNÉRABLE

* Que, le bandeau toujours mis sur ses yeux,
Le néophyte en ce moment voyage !
Par les travaux éprouvons son courage ;
N'épargnons point un dieu présomptueux ;
Et, s'il frémit des maux qu'on lui ménage,
Qu'il soit banni pour toujours de ces lieux !

(On fait faire à l'Amour les trois voyages, comme à Vénus dans la première partie.)

Que penses-tu de ce triple voyage ?

L'AMOUR

** Des trois voyages que j'ai faits,
Messieurs, je vais conter l'histoire :
L'Amour, chez vous autres, Français,
N'est pas, dit-on, toujours à croire.
Souvent il se prétend vainqueur,
Quoique battu dans la carrière ;
Ce dieu gascon, ce dieu trompeur,
Je le renonce pour mon frère.

Moi, je suis vrai, comme autrefois
On l'était aux beaux jours d'Homère,
Et la plus douce de mes lois
Est la vérité tout entière ;
Toujours aussi franc qu'un Maçon,
Pour un *oui* que l'honneur ordonne
L'Amour ne dira jamais *non*,
Pas même aux bords de la Garonne.

J'ai donc vu... Non, je n'ai rien vu,
Puisque je n'ai pas la lumière...
Mais, j'ai touché, puis entendu
Chose pour moi bien étrangère.
Gorge d'albâtre, aimable voix
D'une beauté prête à se rendre,
L'Amour n'a pu, pour cette fois,
Ni vous toucher, ni vous entendre.

D'abord, à travers les dangers
Auxquels un aveugle s'expose,
J'ai franchi, je crois, des rochers,
Et je ne sais quelle autre chose.
Sur ces rochers remplis d'horreurs,
Qu'avais-je à faire, je vous prie,
Moi qui ne sème que des fleurs
Dans tous les sentiers de la vie?

Bientôt, frappé d'un grand fracas,
Semblable à celui du tonnerre,
Il m'a paru que sous mes pas
S'ouvrait l'abîme de la terre;
Au bruit affreux de cent canons,
J'avance dans ces lieux d'alarmes,
Disant tout bas : « Quoi ! les Maçons
Contre l'Amour ont donc des armes? »

Soudain, mille feux allumés
Embrasent cette triste enceinte,
Et de leurs tisons enflammés
Ma tête elle-même est atteinte.
« Dieu ! m'écriai-je, en ce séjour,
Où semble régner le carnage,
Les Maçons brûlent-ils l'Amour
Comme on brûlait au moyen-âge ? »

Enfin, au gré de vos désirs,
A fini ce triple voyage;
J'ai vu cesser mes déplaisirs,
Et je me suis dit au rivage :

« Il est donc vrai, chez les Maçons,
Comme en Égypte et dans la Grèce,
Les voyages sont des leçons
Et de bonheur et de sagesse. »

Le Vénérable

* Dans le parvis bâti par Salomon,
Sur les feuillets du grand livre mystique
Il fut écrit : « Pour devenir Maçon,
C'est peu d'avoir un courage héroïque ;
Il faut de plus cultiver sa raison,
De la sagesse écouter les maximes,
A la vertu ne jamais faire affront,
Et publier ses préceptes sublimes. »
Consulte-toi, jeune dieu des amants,
Malgré l'ardeur qui t'anime et te presse,
Si la raison étonne ta faiblesse,
Sors de ce temple ; il en est toujours temps...
(*Une pause.*)
A ton silence aisément je comprends
Que tu souscris à ces lois énoncées :
Eh bien, écoute !... Il faut de tes pensées
Qu'on sache ici le plus secret détour,
Si toutefois a su penser l'Amour.
Telle est la loi de la Maçonnerie,
Que de tes mœurs on veut, pour caution,
Ici connaître : et ta religion,
Et ta croyance, et ta philosophie.

L'Amour

** Des philosophes du vieux temps
J'ai toujours suivi la bannière,
Et, sur les pas des bonnes gens,
Du plaisir j'ouvre la carrière :
Point de système, d'arguments,
Nuls soucis, un peu de folie,
Messieurs, quand on n'a pas vingt ans,
C'est la bonne philosophie.

Enfant chéri de la beauté,
Dans le monde, j'unis sans cesse
Ses devoirs à la volupté
Et mes baisers à la sagesse.
Du présent qui fait mon destin
J'embellis les jours de ma vie ;
Je ne crois guère au lendemain,
Et voilà ma philosophie.

Dans un art qui fait le bonheur,
Instruit des lois de la nature,
Je suis moi-même professeur,
Habile encore plus qu'Épicure.
Loin des regards de leurs mamans,
Sur un tapis d'herbe fleurie,
Je donne aux filles de quinze ans
Des leçons de philosophie.

Dans Cythère, au fond des vergers,
Issu de famille idolâtre,
J'adore et couvre de baisers
Lèvres de roses et sein d'albâtre :
Un cœur simple, sensible, aimant,
Est l'autel où je sacrifie;
Voilà, Messieurs, jusqu'à présent,
Mon culte et ma philosophie.

De la sagesse heureux enfants,
Ma croyance, hélas! est la vôtre.
Mes dieux sont des dieux bienfaisants
Et du bonheur je suis l'apôtre ;
Je mets en joyeuses chansons
Ma morale douce et chérie :
Pour être admis chez les Maçons,
Faut-il d'autre philosophie ?

LE VÉNÉRABLE

N'en change point. Il faut à la vertu
Joindre les dons que nous fait la nature :
Quand on a l'âme et bienfaisante et pure,
Plaisir d'amour n'est jamais défendu.

Que penses-tu de l'état misérabl
Où l'on t'a mis en entrant dans ces lieux ?
Dans un cachot, jeté comme un coupable,
Nu, sans défense, un bandeau sur les yeux,
Parmi des gens que tu ne peux connaître,
Et tel enfin qu'en te voyant paraître
On te croirait déchu du rang des dieux ?

L'Amour

** Dans les dangers que sur mes pas
Trop souvent le destin fait naître,
S'il est pour moi des embarras,
Je ne crains pas de les connaitre;
Car, chacun de vous le sait bien,
Quoiqu'on le mette sans défense,
L'Amour n'est effrayé de rien,
Tant qu'il lui reste l'espérance.

Sous les verroux d'un noir cachot,
Par mille fers si l'on m'enchaîne,
J'y souffre, sans dire un seul mot
Qui puisse dévoiler ma peine ;
Car, dans le monde, l'on sait bien
Que, intrépide et plein de vaillance,
L'Amour n'est effrayé de rien,
Tant qu'il lui reste l'espérance.

Des maux qu'à mes sens éperdus
Offre la fortune cruelle,
L'indifférence ou le refus
Me cause une douleur mortelle;
Un cœur sensible le sait bien,
Enfant timide et sans défense,
L'Amour est effrayé d'un rien,
Quand il a perdu l'espérance.

Dans les sentiers où du malheur
S'offre l'épine déchirante,
Au milieu des cris de douleur
Que jette une bouche innocente,

Femme gentille le sait bien,
Quoique nu, faible et sans défense,
L'Amour n'y souffre jamais rien,
S'il a pour soutien l'espérance.

Chez le vieil Homère, autrefois,
Pour guide j'obtins la Folie,
Et l'on sait trop que je lui dois
Toutes les erreurs de ma vie;
Chez les Maçons, je le vois bien,
Quoique nu, faible et sans défense,
L'Amour ne peut faillir en rien,
Puisque son guide est l'Espérance.

LE PREMIER SURVEILLANT

Amis, cessez de compromettre ici
Les Francs-Maçons et leurs triples mystères.
Quoi! vous voulez qu'il soit l'un de vos Frères,
Ce dieu méchant, libertin, étourdi,
Ce vieil enfant échappé de Cythère.
Pour le scandale et les maux de la terre?
Vous faut-il donc l'en croire à ses discours,
Aux vains serments de sa bouche perfide?
Sous les dehors d'une enfance timide,
L'Amour, amis, l'Amour trompe toujours.
Amant pervers, enfant cruel et traître,
Il a trompé d'innocentes beautés;
Il a trompé celle qui l'a fait naître;
Il a trompé mille divinités!
Il vient ici pour vous tromper, vous, même!...
Sa mère?... Hélas! dans sa tendresse extrême,
De son enfant elle a tu les forfaits.
Vénus a fait ce que doit une mère;
Mais nous, faut-il, trop enclins à lui plaire,
Taire aujourd'hui les maux qu'il nous a faits?
Faut-il rester plus longtemps ses victimes?
Non!... Que l'Amour, averti de ses crimes,
Trouve chez nous, s'il se peut, des remords!

Qu'il voie ici les soupirs, et les larmes,
Et les douleurs dont il a fait ses charmes !...
Du sombre enfer, de l'empire des morts,
Pour un instant, sortez, ombres plaintives !
Infortunés qu'un souris de l'Amour
Sut enivrer de faveurs fugitives !
Paraissez tous !... Il est venu, le jour
Où le méchant doit gémir à son tour !

(Un Expert enlève à l'Amour son bandeau. Une faible lueur éclaire la salle, les Frères Servants venant de baisser les becs de gaz. Au fond, on a déroulé rapidement une toile qui représente des ruines dans le lointain. Un certain nombre de Frères, drapés en revenants et simulant des ombres, font irruption, errent dans la salle, s'avancent vers l'Amour, poussent un cri et s'éloignent de lui aussitôt. Quelques autres Frères, déguisés en philosophes grecs, vont se placer auprès des colonnes, contre lesquelles ils s'appuient, comme s'ils étaient plongés dans d'absorbantes méditations. A l'Orient, il n'y a que le transparent figurant la lune qui soit éclairé. La musique fait entendre des accords plaintifs.)

UNE OMBRE

Amour, ici reconnais ton ouvrage;
Vois les malheurs que tes traits ont causés !
Dans l'univers, il n'est point de rivage
Que de nos pleurs ta main n'ait arrosés.
Contemple au loin ces plaines homicides;
Vois-tu le sang y couler par torrents ?
Reconnais-tu les farouches Atrides ?
N'est-ce point toi qui les fis des tyrans ?
Vois-tu ces murs, aux rives du Scamandre,
Ces murs sanglants dévorés par tes feux ?
C'est toi, toi seul, qui les as mis en cendre !...
Aux bords des mers, sur un roc sourcilleux,
Voici Sapho : trop malheureuse amante,
Lorsque tes feux ont causé tous ses maux,
De ce rocher, victime gémissante,
Ton bras cruel la pousse dans les flots !
Loin d'un amant qu'en vain sa plainte appelle,
Voici Médée en proie à ses malheurs :

Tes traits encore irritent ses douleurs ;
Tu vas bientôt la rendre criminelle....
Sur ses enfants, dieux ! quel sombre regard
Vient de jeter cette mère en furie !
Sa main sur eux a levé le poignard ;
Tu l'as conduit, cruel ; et de leur vie
Le fil naissant est aussitôt brisé....
Du trait sanglant par ta main aiguisé,
Regarde, vois cette beauté mourante.
Que t'avait fait cette reine charmante
Pour mériter ta haine et ton courroux ?
Tendre Didon, malheureuse princesse,
Dans ton palais tu tombes sous les coups
D'un dieu méchant que ta bouche caresse ;
En expirant, tu baises ses genoux !

Chœur d'Ombres

" Perfide Amour, dieu cruel et barbare,
Qui de tourments semas nos plus beaux jours,
Puisse avec nous, au fond du noir Tartare,
Un dieu vengeur t'engloutir pour toujours !

Une Ombre

" De tes forfaits gémissantes victimes,
Le monde fut abreuvé de nos pleurs ;
Nous faut-il donc, pour expier tes crimes,
Après la mort, subir d'autres douleurs ?

Le Chœur

" Perfide Amour, etc.

Une Ombre

" Parmi les fleurs qui, sous nos pas écloses,
Nous promettaient, en ton nom, le bonheur,
Combien de fois as-tu couvert de roses
Le trait cruel dont saigna notre cœur !

Le Chœur

" Perfide Amour, etc.

UNE OMBRE

** Viens-tu jouir encor de nos alarmes,
En nous offrant tes perfides douceurs ?
Le voile tombe : en ce séjour de larmes,
On ne croit plus, Amour, à tes faveurs !

LE CHŒUR

** Perfide Amour, dieu cruel et barbare,
Qui de tourments semas nos plus beaux jours,
Puisse avec nous, au fond du noir Tartare,
Un dieu vengeur t'engloutir pour toujours !

(On bisse ce chœur, la dernière fois. Un Expert remet à l'Amour son bandeau, et l'on rallume en plein les becs de gaz.)

LE VÉNÉRABLE

* A tant de voix qui viennent te confondre,
A tout ce sang que ta main a versé,
A tes forfaits dont le monde est lassé,
Amour, ici qu'oseras-tu répondre ?

L'AMOUR

** Des maux qu'on reproche à l'Amour
Pourquoi dépasser la mesure ?
Ne pourrait-il pas, à son tour,
Se plaindre, lui, de votre injure ?
Du sang qui coule chez les rois
Comment voulez-vous qu'il réponde ?
Le dieu, dont le monde a fait choix,
N'a pas fait les malheurs du monde.

Ces fureurs, ce sang, ces forfaits,
Dont on enlaidit mon histoire,
Amants légers, amants français,
Non ! jamais vous n'y pourrez croire ;
Chez vous, soupirer plus d'un jour
Est une gothique folie,
Et, lorsque vous mourez d'amour,
Ce n'est que dans la tragédie.

Cet antique amour de Didon,
Ces vieilles fureurs de Médée
Ne sont en France qu'un jargon,
Dont vos beautés n'ont point d'idée ;
Des Atrides le noir tableau
N'y peignit jamais mon empire,
Et le vieux rocher de Sapho
N'est chez vous qu'un conte pour rire.

Qu'une beauté par ses amours
Ait mis Ilion en poussière,
Et qu'un époux à son secours
Ait entraîné la Grèce entière,
Soit; mais chez vous autres, plus doux,
L'on sait très bien que, pour défendre
L'honneur et les droits d'un époux,
Je ne mets point de ville en cendre.

Au lieu de ces tristes cyprès
Dont, chez les Grecs, on m'environne,
Vous le savez, chez les Français,
C'est de roses qu'on me couronne :
Au sein des plus heureux loisirs
Et près d'une maîtresse aimable,
On ne croit bien qu'à mes plaisirs ;
Tout le reste n'est qu'une fable !

(On baisse de nouveau les becs de gaz. Une autre toile se déroule au fond de la salle, représentant des cloîtres, en perspective ; on y voit aussi un cimetière, dans lequel des fantômes de religieuses errent parmi les cyprès et les tombes ; enfin, on distingue encore, dans un angle de la toile peinte, d'autres religieuses enchaînées au fond d'un cachot, levant au ciel leurs mains suppliantes, baignant de leurs larmes le pain noir qui les nourrit et la paille où elles sont couchées (*sic*). Un Expert ôte à l'Amour son bandeau, afin qu'il contemple cette scène de désolation. Cette peinture, disposée en transparent, doit se voir très nettement à raison de l'obscurité qui règne dans le reste de la salle.)

UNE VOIX

* Détourne-toi, porte ici tes regards ;
Profane Amour, contemple encor tes crimes :
Je ne vois point, il est vrai, tes poignards ;
Mais à leurs pleurs je connais tes victimes.
Écoute-les.... De leurs cris déchirants,
De leurs soupirs a gémi cette enceinte :
Dans ces déserts, dans ces tristes couvents,
Tout contre toi fait entendre sa plainte.
Vois-tu là-bas ces horribles cachots,
Ces lourds verroux, ces chaînes meurtrières,
Ce pain mouillé par des larmes amères
Et cette paille où n'est point de repos ?
C'est le séjour d'une jeune vestale,
Dont le cœur tendre et séduit par tes feux
A trop connu ta puissance fatale :
Jusqu'à la mort, dans ces funèbres lieux,
Retentiront ses soupirs douloureux.
Vois-tu plus loin cette beauté céleste,
Aux yeux baissés, au front pâle et modeste ?
Un dur cilice a couvert ses appâts ;
Sur son doux cœur, où règne un roi de France,
Le repentir a croisé ses beaux bras ;
Le deuil, les pleurs, l'austère pénitence
Font en ces lieux toute son existence.
Qu'a-t-elle fait pour souffrir en un jour
Tous les tourments dont on punit le crime ?
Tu le sais bien, Amour, perfide Amour,
De ton caprice elle est une victime ;
Elle aima trop et n'eut point de retour.
Près de cette ombre et tranquille et souffrante,
Vois-tu, cruel, cent vierges aux yeux bleus
Aller, venir ?... Leur paupière mourante
Couvre un éclair que condamne les cieux !
Telle, au printemps, une rose naissante
Se fane, tombe et périt au matin,
Quand des beaux jours la sève fécondante
Ne porte plus la fraîcheur dans son sein.

Amour, pourquoi de tes flèches cruelles
As-tu blessé ces filles du Seigneur ?
Perfide Amour, en les faisant si belles,
Il fallait donc leur refuser un cœur !...
Mais, au penchant de ce bois solitaire,
Triste voilée et marchant à pas lents,
Le front courbé, l'œil fixé vers la terre,
Vois-tu cette ombre en proie à ses tourments ?
C'est Héloïse : amante infortunée,
Ta main l'avait de roses couronnée ;
Son cœur connut tes plus rares faveurs ;
Tu l'enivras de toutes tes douceurs :
Et maintenant, à gémir condamnée,
Près de la tombe, elle accuse à la fois
Toi, ses plaisirs, et sa flamme et tes lois !

L'Amour

** Des maux dont gémissent les filles,
A tort, on m'accuse en ce jour :
Les verroux, les cloîtres, les grilles
Ne sont pas l'œuvre de l'Amour.
Si, chef d'un ordre peu sévère,
J'eusse édicté des règlements,
Jamais fillette de quinze ans
N'eût refusé le monastère !

Trop malheureuse et tendre amante,
Cette beauté qui dans les pleurs
Par amour devient pénitente,
Amour n'a pas fait ses malheurs ;
O généreuse La Vallière,
Un roi seul cause tes tourments ;
Et l'Amour, qui fit tes beaux ans,
Tient en horreur ton monastère !

Du destin aimable victime,
Héloïse voit ses beaux jours
Par un abominable crime
Ravis aux plus tendres amours :

De cette amante solitaire
Loin d'avoir causé les douleurs,
J'aurais voulu changer en fleurs
Les cyprès de son monastère !

Oui, sous des grilles criminelles,
Gémissent, dans le désespoir,
De nombreuses et tendres belles;
Mais, si j'en avais le pouvoir,
Pour vous prouver que leurs misères
N'ont point pour cause mes leçons,
J'introduirais tous les Maçons
Sous les verroux des monastères !

(On replace le bandeau sur les yeux de l'Amour, et l'on rallume les becs de gaz. La toile peinte, qui avait été déroulée à l'Orient, est enlevée.)

VÉNUS

* Des maux divers qu'on reproche à mon fils
L'affreux tableau vient ici de paraître,
Tableau si noir, du moins à mon avis,
Qu'avec raison il n'a pu s'y connaître.
Chez les mortels, injustes et méchants,
L'Amour, hélas ! ainsi que la Fortune,
Est, on le sait, par une erreur commune,
De leurs malheurs responsable en tous temps.
Si par hasard l'ambitieux succombe
Dans les projets d'où dépendra son sort
Il fit tout bien, et la Fortune a tort !
Par les plaisirs s'il entr'ouvre sa tombe,
L'amant trop jeune, égaré par ses feux,
Sur l'Amour seul la disgrâce en retombe,
Et l'imprudent n'est plus qu'un malheureux.
Telle est, d'ailleurs, la volonté des dieux.
Le bien, le mal, ici-bas, se compensent ;
Sur le chemin des siècles qui s'avancent,
La main du Temps sème, hélas ! en tous lieux,
Devant nos pas, et l'épine et la rose ;
Et des étés l'empire se compose

De jours sereins et de jours nébuleux.
Qu'il soit permis à l'Amour qu'on accuse
De nous montrer les heureux qu'il a faits ;
Ce beau tableau, si mon cœur ne s'abuse,
Pour disculper mon enfant à jamais,
Devra suffire à des Maçons français.

Le Vénérable

* Parle, Profane !... Aux désirs de ta mère
Avec plaisir souscrivent les Maçons ;
Dans ce parvis, fais que nous connaissions
Tous les heureux que tes feux ont pu faire.

L'Amour

** Des heureux que l'Amour a faits
Vous qui me demandez l'histoire
Ecoutez-moi ; sur deux portraits
Aisément on pourra m'en croire.
Peintre fidèle, mes couleurs,
Je les trouve dans le bocage,
Et d'un simple cordon de fleurs
Je fais un cadre à mon ouvrage.

Voyez, au bord de ce ruisseau,
Dans leur innocence première,
Ces deux amants qui d'un ormeau
Recherchent l'ombre solitaire :
Tous deux sentent battre leur cœur,
Et, tous deux, ils sont du même âge ;
L'espérance fait leur bonheur,
Et voilà déjà mon ouvrage.

Demain, il est fête au hameau ;
Tous deux, vous les verrez paraître :
Dans leurs regards un feu nouveau
Avec ce beau jour semble naître.
Tout se prépare pour les jeux,
Et l'on va danser sous l'ombrage ;
Voyez-les se chercher tous deux,
Et reconnaissez mon ouvrage.

Déjà, la nuit à l'horizon
Prolonge son ombre légère,
Et la lune dans le vallon
Répand sa paisible lumière;
Tous deux par le même chemin
Doivent retourner au village ;
Tous deux se sont donné la main,
Et leur départ est mon ouvrage.

Dans le bosquet mystérieux
Qui les couvre de son feuillage,
Ils soupirent, et leurs beaux yeux
De leurs cœurs disent le langage ;
Et, comme ils enlacent leurs bras
Pour mieux achever le voyage,
Tous les deux, ils font un faux-pas,
Et ce faux-pas est mon ouvrage.

Au gré de leurs jeunes désirs,
La nuit, épaississant son ombre,
Pour ajouter à leurs plaisirs,
Se couvre d'un voile plus sombre :
Tous deux, ils se donnent la fleur
De l'innocence et du bel âge;
Tous deux connaissent le bonheur,
Et ce bonheur est mon ouvrage.

LE VÉNÉRABLE

De ce bonheur le ravissant tableau
Chez les Maçons ne peut manquer de plaire;
Mais, en dépit du magique pinceau
Qui vient l'offrir aux regards de la terre,
Comme la rose au matin du printemps
Dans son éclat est pourtant périssable,
Un tel bonheur passe avec les beaux ans,
Et nous voulons un bonheur plus durable.

L'Amour

* Jeunes amants, qui du bonheur
Cherchez la route difficile,
Vous jugez, d'après votre cœur,
Que l'Amour seul en est l'asile :
Vous vous trompez ; être enflammé
N'est pas toujours l'unique affaire ;
Un rien fait que l'on est aimé,
Un rien fait qu'on cesse de plaire.

Le secret d'être heureux longtemps,
Le secret du bonheur suprême,
Légers disciples de vingt ans,
Apprenez-le de l'Amour même :
Que, tous trois se donnant la main,
Comme au premier jour de la terre,
L'Amitié, l'Amour et l'Hymen
Chez vous joignent leur sanctuaire.

Loin des palais où la grandeur
Offre des beautés peu cruelles,
Si le secret du vrai bonheur
Est dans le nid des tourterelles,
C'est que, éternisant leurs amours,
L'Amitié, de sa main fidèle,
Vient répandre sur leurs beaux jours
Une douceur toujours nouvelle.

De Philémon et de Baucis
Voyez la paisible chaumière ;
Là, deux époux, d'amour unis,
Conservent leur flamme première ;
Époux, amants, dans leur ardeur,
A la terre ils servent d'exemple,
Et de ce réduit du bonheur
Un dieu lui-même a fait son temple.

Jeunes amants, de mes leçons
Instruisez vos belles amies,
Et, dans vos joyeuses chansons,
Ayez pour maximes chéries :

L'Hymen n'est jamais malheureux,
Amour dure toute la vie,
Quand sous le pouvoir de ses nœuds
La douce Amitié les rallie.

LE VÉNÉRABLE

* Amour, enfin, au gré de tes souhaits,
Dans un instant, finira ta souffrance;
Dans un instant, de la persévérance
Tu connaîtras les durables effets.
Chacun de nous, te jugeant en silence,
Au fond du cœur, par trois fois applaudit
Ton goût exquis, ta rare intelligence
Et les talents dont brille ton esprit.
Mais l'esprit seul est chose bien légère;
Feu d'un moment, sa flamme passagère
Pétille, luit, et ne laisse après soi
Que vain fracas, fragile renommée,
Qui de l'éclair suit la rapide loi
Et comme lui se dissipe en fumée.
D'un cœur bien né les douces qualités,
Tendres vertus que doit avoir un sage,
Chez les Maçons, épris de leurs beautés,
Ont conservé le plus bel apanage.
De ces vertus qu'ici nous professons,
La bienfaisance est toujours la première;
Faire du bien, soulager la misère,
Tel est, Amour, le devoir des Maçons.
Quel bien encore as-tu fait à la terre?
Chez les mortels, où sont les malheureux
Dont ton sourire ait calmé les alarmes?
Par des bienfaits, accumulés sur eux,
As-tu, jamais, as-tu séché leurs larmes?
Près de ce temple, en proie à la douleur,
Des malheureux ont bâti leurs chaumières;
C'est leur appui; chaque jour, tous nos Frères
Y vont ouvrir et leur bourse et leur cœur.
Pour pénétrer sous le toit du malheur,
Où sont, dis-nous, tes offrandes premières?

L'Amour

** S'il eût dépendu de l'Amour
D'adoucir l'infortune,
Aurais-je souffert un seul jour
Un mal qui m'importune ?
Moi qui des plaisirs et des jeux
Fis le don à la terre,
N'aurais-je pas des malheureux
Soulagé la misère ?

Hélas ! jamais aucun trésor
Ne fut en ma puissance,
Et des lieux où l'on cherche l'or
Je n'ai pas connaissance ;
Quoique issu de riches aïeux,
Simple et sans opulence,
Pour soulager les malheureux
Je n'ai que l'espérance.

Tout mon trésor est un carquois
Et des flèches légères ;
Ce brillant appui de mes droits,
Je le cède à vos Frères :
L'Amour offrirait avec eux
Tous les biens de la terre,
Pourvu qu'ici des malheureux
S'apaisât la misère !

Le Vénérable

* Tout est fini.... Mes Frères, satisfaits,
A tes désirs n'ont plus rien qu'ils opposent;
Sois Franc-Maçon, et des lois qu'ils t'imposent
Grave l'esprit dans ton cœur à jamais.
Sur un autel, redoutable au parjure,
Tu vas prêter le terrible serment :
Malheur à toi, s'il sort d'une âme impure !
Malheur à toi, si ton cœur le dément !...

Place, à genoux, la main sur cette épée;
C'est le symbole avoué de l'honneur :
Et crains qu'un jour, indiscret, imposteur,
De ton sang même elle ne soit trempée !

(On fait mettre l'Amour à genoux sur les degrés de l'autel.)

L'AMOUR

Par tous les dieux, ennemis du parjure,
Sur cet autel, je promets aux Maçons
Discrétion, amitié franche et pure,
Et cœur toujours soumis à leurs sages leçons.

A mes serments, si, parfois infidèle,
J'ai pu trahir les secrets du plaisir,
C'est que, entraîné toujours de belle en belle,
Toujours plaisir nouveau m'invitait à trahir.

Mais aujourd'hui que la Maçonnerie
Vient m'enivrer de durables faveurs,
Toujours fidèle au serment qui me lie,
J'en ferai mes plaisirs et toutes mes ardeurs.

(On reconduit l'Amour entre les deux colonnes, près de la porte d'entrée.)

LE VÉNÉRABLE

Enfant des dieux, dans notre sanctuaire,
Que cherches-tu ?... Dis, que veux-tu de nous ?

L'AMOUR

Daignez vous rendre à mes vœux les plus doux ;
Accordez-moi, dans ces lieux, la lumière.

(Vénus et les Grâces se rendent à l'Occident, entre les deux colonnes, où elles se groupent autour de l'Amour ; elles tiennent, chacune d'une main, son flambeau, son carquois, son arc et ses flèches, et, de l'autre main, elles l'enlacent avec des guirlandes de fleurs. Le temple est alors brillamment illuminé, et tous, Frères et Sœurs, sont à l'ordre, une branche d'acacia à la main.)

Le Vénérable

* Qu'à mon commandement luise aussitôt le jour!
Frères et Sœurs, donnez la lumière à l'Amour !

(Il frappe trois coups de maillet Au troisième, on enlève définitivement le bandeau qui couvre les yeux de l'Amour.)

Chœur Général

** Offrons tous à l'Amour
L'aimable nom de Frère;
Car ses yeux, en ce jour,
Se sont ouverts à la lumière;
Et chantons en chœur tour à tour :

Les Sœurs

** Vive à jamais les Maçons et l'Amour !

Les Frères

** Vive à jamais les Maçons et l'Amour !

Tous ensemble

** Vive à jamais les Maçons et l'Amour !

La Grande Maitresse

** Amour, Amour, seul espoir de la terre,
Des Francs-Maçons partage le bonheur ;
Et que ce temple où tu deviens leur Frère
De tes plaisirs soit l'asile enchanteur.

Chœur Général

** Offrons tous à l'Amour, etc.

La Sœur Inspectrice

** Aveugle enfant que la Grèce ennemie
Priva du jour dont brilla ton berceau,
Tu n'auras plus pour guide la Folie;
Les Francs-Maçons ont levé ton bandeau.

CHŒUR GÉNÉRAL

** Offrons tous à l'Amour, etc.

(Vénus rend à l'Amour son flambeau, en chantant ce qui suit.)

VÉNUS

** Au feu sacré de notre sanctuaire,
Rallume, Amour, rallume ton flambeau ;
Que, sans brûler, toujours il nous éclaire,
Et dans nos cœurs répande un feu nouveau !

CHŒUR GÉNÉRAL

** Offrons tous à l'Amour, etc.

(En chantant le couplet suivant, les Grâces rendent à l'Amour son arc et lui rattachent son carquois.)

LES GRACES

** Reprends ces traits dont la douce puissance
Fait soupirer les mortels et les dieux ;
Et que jamais la timide innocence
N'ait à gémir de tes coups malheureux !

CHŒUR GÉNÉRAL

** Offrons tous à l'Amour, etc.

UN VIEUX MAÇON

** Au sein des fleurs qui, par trois fois écloses,
De triples nœuds enchaînent les Maçons,
Viens, tous les jours, le front paré de roses,
De la sagesse embellir les leçons.

CHŒUR GÉNÉRAL

** Offrons tous à l'Amour, etc.

TROIS JEUNES MAÇONS

** Dans ce parvis que la main de tes Frères
A consacré toujours à l'Amitié,
Nous te brûlons, sur l'autel des mystères,
De notre encens la seconde moitié.

(Ils versent de l'encens dans un réchaud qu'on vient de placer sur l'autel.)

CHŒUR GÉNÉRAL

** Offrons tous à l'Amour
L'aimable nom de Frère;
Car ses yeux, en ce jour,
Se sont ouverts à la lumière ;
Et chantons en chœur tour à tour:

LES SŒURS

** Vive à jamais les Maçons et l'Amour !

LES FRÈRES

** Vive à jamais les Maçons et l'Amour !

TOUS ENSEMBLE

** Vive à jamais les Maçons et l'Amour !

(Les Grâces conduisent l'Amour à l'autel; la musique cesse.)

LE VÉNÉRABLE

* Par le pouvoir que je tiens de mes Frères,
Au nom des dieux, amis de ce séjour,
Je fais Maçon le séduisant Amour
Et le déclare admis à nos mystères.

(Tout le monde s'assied pour entendre le discours du Frère Orateur.)

L'ORATEUR

* Frère, — aujourd'hui, notre famille entière
N'a plus ici d'autre nom pour l'Amour, —
Dans ce parvis, embelli par ta mère,
Les Francs-Maçons t'offrent un nouveau jour.
Enfant léger de l'antique Cythère,
Un jour trompeur éclairait ton berceau,
Et chez les Grecs les feux de ton flambeau,
Sans l'éclairer, brûlaient souvent la terre.
Aveugle, hélas! en perdant les humains,
Tu te perdais aux sentiers de la vie,
Et, par un don fatal à nos destins,
Pour te guider on t'offrit la Folie !

Dieu malheureux, tous les jours, sous tes pas,
A ton insu, s'entr'ouvraient les abîmes,
Et tu tombais sur tes propres victimes
Dans les dangers que tu ne voyais pas :
Mais, aujourd'hui qu'une douce lumière
Chez les Maçons remplace ton bandeau,
Quand la sagesse allume ton flambeau,
Tu vas marcher dans une autre carrière.
Plus sûr de toi, plus sûr de tous les traits
Qui partiront de tes mains bienfaisantes,
Tu n'iras plus, entouré de forfaits,
Au cœur trop bon des filles innocentes
Faire au hasard des blessures sanglantes.
Tu n'iras plus, perfide avec douceur,
Semant de rose un dangereux rivage,
Aux jeunes gens présenter le bonheur
Pour les plonger dans un triste naufrage.
Tu n'iras plus du vieillard décrépit
Brûler les sens d'une flamme indiscrète;
Et tu diras à la vieille coquette
Que ton empire est pour elle interdit.
Du feu maçon, qui brûle dans ton âme,
Porte aux amants les durables ardeurs ;
Au bruit nouveau de tes triples faveurs,
Que la beauté s'attendrisse et s'enflamme !
Sur les gazons, sur les tapis de fleurs,
Quand tu viendras instruire une innocente,
Que par trois fois ta bouche caressante
Soir et matin répète la leçon !
Que par trois fois ton heureuse écolière,
Dans ses beaux bras tenant l'Amour Maçon,
De tes baisers reçoive la lumière !
Loin des dégoûts et des tristes froideurs,
Rends à jamais tous les amants fidèles;
Que ton pouvoir rappelle dans nos cœurs
Et la constance et les douces langueurs
Qu'on ne voit plus qu'au nid des tourterelles !
Au lit d'Hymen reporte les désirs

Et tous les droits dont tu privas ton frère;
Que des époux la chaîne plus légère
Soit sous ta main la chaîne des plaisirs!
Vois ce niveau qui plane sur nos têtes;
Apprends de lui ce qu'est l'égalité,
Et que toujours la plus simple beauté
Soit l'ornement et l'orgueil de tes fêtes.
Connais l'équerre, ainsi que le compas;
Sois juste, Amour; ne t'imagine pas
Par le mensonge augmenter ta puissance.
Ce lourd marteau, qu'on mettra dans tes mains,
Ce tablier, tissu par l'innocence,
Sont du travail les emblèmes certains.
De ce travail, dont se remplit la vie,
Il t'appartient d'adoucir les rigueurs;
Amour, Amour, c'est de ta main chérie
Que l'infortune espère des douceurs.
Près de ta mère et des Grâces fidèles,
Chez les Maçons tu viendras chaque jour,
Semant pour eux des fleurs toujours nouvelles,
De ton sourire embellir leur séjour:
Et nous, charmés d'avoir l'Amour pour Frère,
Entre Vénus et nos nouvelles Sœurs,
Nous nous croirons, sous leurs nœuds enchanteurs,
Par ton pouvoir transportés à Cythère;
Et nous dirons, enlaçant, tour à tour,
L'acacia, les roses sur leurs traces:
« Vive à jamais et Vénus et les Grâces!
Vive à jamais les Maçons et l'Amour! »

(Sur un signal du Vénérable, on forme la chaîne d'union, chaque Frère ayant une Sœur auprès de lui: le Vénérable est entre Vénus et l'Amour, du côté de l'estrade, et, à l'extrémité opposée de la salle, se trouvent les deux Surveillants mêlés aux trois Grâces. Deux chœurs, l'un de Frères, l'autre de Sœurs, chantent ensemble les couplets, et le baiser maçonnique circule chaque fois après le refrain.)

HYMNE A VENUS, A L'AMOUR ET AUX GRACES

** Fêtons et Vénus et les Grâces !
Fêtons les Maçons et l'Amour !
Semons les roses sur leurs traces
Et l'acacia tour à tour !
(On s'embrasse.)

Dans le temple de la Sagesse
Pouviez-vous ne pas être admis ?
Beaux enfants qu'adora la Grèce,
Vous n'êtes pas nos ennemis.

Fêtons et Vénus et les Grâces, etc.

De ta lumière vive et pure,
Amour, guide nos Compagnons;
Et que des Grâces la ceinture
Soit le tablier des Maçons !

Fêtons et Vénus et les Grâces, etc

Au fond de notre sanctuaire,
Quand l'encens brûle pour les dieux,
Amour, sur ton aile légère,
Tu le porteras dans les cieux.

Fêtons et Vénus et les Grâces, etc.

Vous, sœurs d'Amour, Grâces charmantes,
A cet Orient plein d'appâts,
Offrez, de vos mains caressantes,
Les fleurs qui naissent sur vos pas.

Fêtons et Vénus et les Grâces, etc.

Belle Vénus, quand, sur tes traces,
Vers le banquet nous marcherons,
Qu'avec toi l'Amour et les Grâces
Y viennent remplir nos flacons?

Fêtons et Vénus et les Grâces, etc.

Amour, Grâces, Beauté chérie,
Doux charmes par qui nous vivons,
Dans le voyage de la vie
Soutenez toujours les Maçons !

Fêtons et Vénus et les Grâces, etc.

Heureux amis, suivons leurs traces
Aux beaux jours de notre printemps,
Et près de l'Amour et des Grâces
Réchauffons encore nos vieux ans !

Fêtons et Vénus et les Grâces, etc.

Baisers d'Amour, baisers de Frères,
Des Grâces riantes faveurs,
Sur nos banquets, sur nos mystères,
Venez toujours semer des fleurs !

Fêtons et Vénus et les Grâces, etc.

Quand, pour nous, du jour funéraire
Brilleront les pâles flambeaux,
Baisers d'Amour, baisers de Frère,
Recouvrez encor nos tombeaux !

Fêtons et Vénus et les Grâces !
Fêtons les Maçons et l'Amour !
Semons les roses sur leurs traces
Et l'acacia tour à tour !

(Dernière embrassade générale.)

Le spectacle, ainsi qu'il a été dit, est inévitablement clôturé par un banquet, suivi de bal.

Ce banquet, qui a lieu dans les formes prescrites par les rituels, ne se distingue des autres que par un toast porté à Vénus, aux Grâces et à l'Amour et par une chanson dite Eloge des Apprentis.

SANTÉ DES AMUSEMENTS

PREMIER FEU

** A la Beauté !... Que toujours son empire
Sur nous s'étende et nous donne des lois !
Un simple geste, un regard, un sourire,
Ont sur nos cœurs tout le pouvoir des rois !

SECOND FEU

* Au don de plaire, à ces charmes heureux
Qui de nos Sœurs embellissent les traces !
Sur leurs beaux jours puisse la main des Grâces
Semer longtemps les plaisirs et les jeux !

TROISIÈME FEU

* A l'art d'aimer ! à cette ardeur si belle
Qui de la terre anime les enfants !
Puisse d'Amour la puissance éternelle
Nous soutenir jusque dans nos vieux ans !

CANTIQUE DES AMUSEMENTS

Éloge des Apprentis

LE MAITRE DES CÉRÉMONIES

** Dans l'art de la Maçonnerie
Fêtons nos Apprentis nouveaux ;
Tout Cythère, de compagnie.
Partage aujourd'hui nos travaux :
Les dieux, qui de notre bel âge
Forment les charmes tour à tour,
Vénus, les Grâces et l'Amour
Font ici leur apprentissage.

LE VÉNÉRABLE

** Il m'en souvient, bien jeune encore,
Le nombre *trois* me fit Maçon,
Et dans les bras d'Éléonore
J'appris ma première leçon :
Aujourd'hui que j'ai l'avantage
D'embrasser l'Amour Apprenti,
Je sens, dans mon cœur rajeuni,
Tous les feux de l'apprentissage,

LE PREMIER SURVEILLANT

** Amis, dans la Maçonnerie,
On n'est Apprenti qu'une fois ;
Mais, pour les tourments de la vie,
Le monde s'est fait d'autres lois :
De la Vistule aux bords du Tage,
Que de maris, dans leur malheur,
Prennent des femmes dont le cœur
A fait plus d'un apprentissage !

LE SECOND SURVEILLANT

** Vous, de cette Loge chérie,
Rose-Croix, dignes sénateurs,
Si dès demain l'Amour vous lie
Par ses enivrantes faveurs,
Sur les fleurs d'un riant bocage,
Puissiez-vous, auprès d'une Sœur,
Dans l'étroit sentier du bonheur,
Vous remettre en apprentissage !

L'ORATEUR

** Maçons, qui, par des prosélytes
Voulant agrandir vos travaux,
Trouvez, près de vos néophytes,
Les jours heureux de Fontevrault,
Trop ignorante ou trop volage
Si quelquefois est votre Sœur,
Vous lui devez, en tout honneur,
Recommencer l'apprentissage.

LE SECRÉTAIRE

** Par un usage trop commode
Admis chez les peuples divers,
Dans le monde, suivant la mode,
Tout va quelquefois de travers :
Fille, qui pour le mariage
Se destine après ses vingt ans,
Presque toujours avant le temps
A fini son apprentissage.

LE FRÈRE TERRIBLE

** Ici, de vos doubles colonnes
Chargé d'écarter les erreurs,
Un regard de nos Sœurs friponnes
Souvent élude mes rigueurs :
Désarmé par un doux langage,
Par un geste, par un souris,
Frère Terrible, ô mes amis,
Aurait besoin d'apprentissage !

LA GRANDE MAÎTRESSE

** Voyez-vous, auprès de sa mère,
Assise et ne disant un mot,
Cette Agnès dont l'unique affaire
Est la couture ou le tricot ?
La pudeur est sur son visage ;
Les yeux baissés, au nom d'amant,
Elle rougit... et cependant
Elle a deux ans d'apprentissage !

LE FRÈRE COUVREUR

** Si bien souvent trop curieuse,
— Et quelle femme ne l'est pas ? —
Une Profane ambitieuse
Vers ce temple porte ses pas,
Le Couvreur lui dit au passage :
« — Quoique vous ayez de beaux yeux,
Avant d'entrer dans ces saints lieux,
Prouvez-moi votre apprentissage ! »

VÉNUS

** O vous tous, qui dans l'art de plaire
Savez passer vos heureux jours,
Maçons, aux bosquets de Cythère,
Venez sur l'aile des amours ;
Par vos leçons et votre usage
En les instruisant tour à tour,
Les nymphes, qui peuplent ma cour,
Vous devront leur apprentissage.

L'Amour

Lorsque des Maçons de Cythère
S'ouvrira l'auguste parvis,
Et quand, par un triple mystère,
On y fera des Apprentis,
Sous l'ombre épaisse du feuillage,
Sans résistance et sans douleur,
On recevra, de chaque Sœur,
Trois baisers par apprentissage.

Les Graces

O vous, qui d'une main chérie
Semez des fleurs sur nos beaux ans,
Enfants de la Maçonnerie,
Soyez toujours des cœurs constants!
Malgré le monde et son usage,
En multipliant nos faveurs,
Nous maintiendrons dans tous vos cœurs
Les charmes de l'apprentissage!

Tous les Frères

De fleurs la tête couronnée,
Allumant pour nous ses flambeaux,
Lorsque le dieu de l'hyménée
Recevra nos serments nouveaux,
La nuit de notre mariage,
Amour, ici nous t'en prions,
Dans les beautés que nous prendrons
Conserve-nous l'apprentissage!

X

CANTIQUES MAÇONNIQUES[1]

I

BÉNÉDICITÉ DES MAÇONS

I

Élevons une âme pure
A notre divin auteur,
Amis, et dans la nature
Admirons son constructeur;
Chantons le Grand Architecte
Qui jeta ses fondements,
Qui forma l'homme et l'insecte,
Et les vastes éléments.

(1) Tous ces « Cantiques », *tous sans exception*, figurent, imprimés, dans des Recueils et Rituels qui se vendent couramment chez les libraires spéciaux de la Franc-Maçonnerie; les dépôts principaux sont au siège du Grand Orient de France et au siège du Suprême Conseil du Rite Ecossais, à Paris.

2

Ce fut ce puissant génie
Qui, du chaos ténébreux,
Fit éclore l'harmonie
De ces globes lumineux;
Qui, sous la céleste voûte,
Plaça ces mondes divers
Et l'astre qui, dans sa route,
Féconde notre univers.

3

A te rendre nos hommages
Qu'ici nous trouvons d'attraits !
Grand Dieu, chanter tes ouvrages,
C'est retracer tes bienfaits:
Sans cesse ta main féconde
Sous nos yeux les reproduit;
Si de fruit la terre abonde,
C'est ta main qui l'enrichit.

4

Reconnais, Père Adorable,
A nos respects tes enfants;
Vois-les d'un œil favorable
Se nourrir de tes présents :
De ce banquet qui s'apprête
Bénis les mets en ce jour;
Daigne honorer cette fête
De ton sourire d'amour !

II

AUTRE BÉNÉDICITÉ

Chœur :

De ce banquet, où sont assis nos Frères,
O juste ciel, daigne bénir les dons;
Et, tous les jours, sur les deux hémisphères,
Que ta bonté nourrisse les Maçons !

1

Mes chers amis, semons de fleurs
Le temps qui fuit avec la vie;
Goûtons sans crainte les douceurs
Que donne la Maçonnerie.
Tendre amitié, plaisir d'amour,
Double trésor de la nature,
A chaque Maçon tour à tour
Portez l'ivresse la plus pure.

Chœur :

De ce banquet, où sont assis nos Frères,
O juste ciel, daigne bénir les dons;
Et, tous les jours, sur les deux hémisphères,
Que ta bonté nourrisse les Maçons!

2

Quand le plaisir de ses faveurs
Enchaîne nos doubles colonnes,
Et lorsque la main de nos Sœurs
De pampres tresse nos couronnes,
Amis, buvons tous à longs traits
Le bon vin que nous verse un Frère,
Et que toujours dans nos banquets
La gaîté soit douce et légère!

Chœur :

De ce banquet, où sont assis nos Frères,
O juste ciel, daigne bénir les dons;
Et, tous les jours, sur les deux hémisphères,
Que ta bonté nourrisse les Maçons!

III

ÉLOGE D'ÈVE

1

O mes amis, passons à notre mère
Un mouvement de curiosité;
Ne jugeons point d'un esprit trop sévère
Ce sexe aimable en sa fragilité.
O mes amis, passons à notre mère
Un mouvement de curiosité !

2

Aucun travail, en ce lieu solitaire,
N'était permis à leur oisiveté.
Ils étaient seuls, ils étaient deux... Que faire?
A tant d'écueils quel ange eût résisté ?
O mes amis, passons à notre mère
Un mouvement de curiosité !

3

Eve reçut, en voyant la lumière,
Tous les trésors qui forment la beauté;
Quand on est belle et qu'on a tout pour plaire,
Il n'est qu'un pas à la divinité.
O mes amis, passons à notre mère
Un mouvement de curiosité !

4

Ce doux péché, ce crime héréditaire,
Qui coûta cher à sa postérité,
Depuis qu'un diable en instruisit la terre,
Est parmi nous si souvent répété....
O mes amis, passons à notre mère
Un mouvement de curiosité !

5

Sans ce péché, dit un saint commentaire,
Toujours au ciel notre cœur arrêté,
Pur et fidèle à sa vertu première,
N'aurait connu désirs ni volupté.
O mes amis, passons à notre mère
Un mouvement de curiosité !

IV

LES FILLES D'ÈVE

1

Aimables Sœurs, faut-il vous faire un crime
Du premier culte offert à la beauté?
Un souffle pur produit l'homme et l'anime;
Il croit en vous voir la divinité.
Aimables Sœurs, l'homme eût-il pu sans crime
Être insensible aux pieds de la beauté?

2

Aimables Sœurs, dans ce pieux hommage
Les fils d'Adam ont tous été fervents;
Par eux ce culte a passé d'âge en âge;
Ils lui donnaient leurs plus charmants instants.
Aimables Sœurs, dans ce pieux hommage
Nous nous piquons ainsi qu'eux d'être ardents.

3

Aimables Sœurs, par toute la nature
On a voulu vous dresser des autels;
Chez les humains, privés d'art, de culture,
Vous obtenez des tributs naturels.
Aimables Sœurs, par toute la nature,
Qui mieux que nous encense vos autels ?

4

Aimables Sœurs, quoi ! l'Olympe en murmure,
Pourquoi, chère Eve, eûtes-vous tant d'attraits ?
Ah ! notre père au ciel eût fait injure
En dédaignant le prix de tels-bienfaits !
Aimables Sœurs, si l'Olympe en murmure,
Pour l'apaiser, montrons-lui vos attraits.

5

Aimables Sœurs, puisque la faute est faite,
Pour mieux la boire, à Bacchus livrons-nous;
Et si pour mal encore on l'interprète,
Toute erreur plaît, dirons-nous, avec vous.
Aimables Sœurs, notre excuse est parfaite :
A vos côtés, qu'aimer et boire est doux !

V

ÉVA

1

On nous dit de l'Angleterre
Que tout son vocabulaire
Dans *goddam* se renfermait;
Mais, dans la Maçonnerie,
Un mot a plus de magie.
Ce mot, qui ne l'aimerait ?
Eva ! Eva !
Eva ! Eva ! Eva !
Jamais Maçon ne sera
Insensible à ce mot-là !
Eva ! Eva !
Eva ! Eva ! Eva !

2

Heureux le Maçon fidèle
Qui peut consacrer son zèle

A la beauté qu'il chérit;
Mais bien plus heureux encore,
Quand d'une Sœur qu'il adore
Le tendre regard lui dit :
Eva ! Eva !
Eva ! Eva ! Eva !
Jamais Maçon ne sera
Insensible à ce mot-là
Eva ! Eva !
Eva ! Eva ! Eva !

3

Quoique ennemi de la guerre,
Quoique la paix lui soit chère,
Un Maçon est-il soldat,
Son cœur se montre intrépide
Et, si l'honneur qui le guide
Lui dit au jour du combat :
Eva ! Eva !
Eva ! Eva ! Eva !
Il s'élance, et le voilà
Frémissant à ce mot-là !
Eva ! Eva !
Eva ! Eva ! Eva !

4

Qu'on lui prépare une fête
Qu'un banquet pour lui s'apprête,
Un Maçon l'acceptera ;
Mais qu'au sein de la folie,
Une voix soudain lui crie :
« Un Frère indigent est là ! »
Eva ! Eva !
Eva ! Eva ! Eva !
Jamais Maçon ne sera
Insensible à ce mot-là !
Eva ! Eva !
Eva ! Eva ! Eva !

5

Ignorant notre langage,
Mondor, au déclin de l'âge,
Épouse une jeune Sœur;
La pauvre petite femme,
Qui le croit Maçon dans l'âme,
A beau dire avec ferveur :
Eva ! Eva !
Eva ! Eva ! Eva !
Vieux Profane est et sera
Toujours sourd à ce mot-là !
Eva ! Eva !
Eva ! Eva ! Eva !

6

Chères Sœurs, cette journée
Pour nos cœurs, toute l'année,
Est un objet de désir;
Et, pour qu'il nous la ramène,
Chacun de nous dit sans peine
Au temps trop lent à s'enfuir :
Eva ! Eva !
Eva ! Eva ! Eva !
Mais, lorsque vient ce jour-là,
On dit au temps : Halte-là !
Eva ! Eva !
Eva ! Eva ! Eva !

VI

A UNE NOUVELLE INITIÉE

Dans nos temples tout est symbole,
Tous les préjugés sont vaincus;
La Maçonnerie est l'école
De la pratique des vertus.

Ici, nous domptons la faiblesse
Qui dégrade l'humanité;
Et le flambeau de la sagesse
Nous conduit à la volupté.

VII

HONNEUR AUX MAÇONNES !

1

En dépit des censeurs,
Dans ce jour plein de charmes,
A nos aimables Sœurs,
Frères, rendons les armes !
Vénus et la Sagesse
Ici sont de moitié;
Cédons à la tendresse
Au sein de l'amitié !

2

Triomphe, tendre Amour,
Élève des trophées;
Les nymphes de ta cour
Ornent nos assemblées :
Sans raison, le vulgaire
Te suppose indiscret;
Aux plaisirs de Cythère
Préside le secret !

3

Allumons mille feux
Pour fêter nos Maçonnes;
Par des succès heureux
Obtenons des couronnes.

Soufflons, soufflons sans cesse,
Frères, et méritons
Que la beauté s'empresse
A louer les Maçons !

VIII

LES QUALITÉS DES VRAIS MAÇONS

1

O toi, qui, de l'Être Suprême
Respectant les lois qu'il apprit,
Fais à chacun ce qu'à toi-même
Tu voudrais que chacun te fit,
Viens avec nous dans notre Loge
Pratiquer la sainte leçon ;
Car il ne manque à ton éloge
Que celui d'être Franc-Maçon.

2

Celui dont l'âme généreuse
Compâtit aux maux du prochain,
Dont la tendresse ingénieuse
Sert en secret le genre humain,
Est digne de venir en Loge
Pratiquer la sainte leçon;
Car il ne manque à son éloge
Que celui d'être Franc-Maçon.

3

Et vous à qui tout rend hommage,
Sexe charmant, sexe enchanteur,
Venez couronner votre ouvrage
En partageant notre bonheur;
Les Maçons, marchant sur vos traces,
Connaîtront mieux l'art de jouir;
La beauté, les vertus, les grâces
Ajoutent toujours au plaisir.

4

Une sage philosophie
Ne nous défend pas les désirs;
L'indécence seule est bannie,
Mais non les innocents plaisirs.
Ah ! Profane, si de nos Loges
Tu connaissais mieux la leçon,
Bientôt, en faisant nos éloges,
Tu deviendrais un Franc-Maçon !

IX

AIMONS SAGEMENT

1

En faveur des plus doux mystères,
Signalons nos vives ardeurs;
Remplissons nos lampes, mes Frères,
Et fêtons nos aimables Sœurs.
Brillez, lampes ! brillez pour elles !
Et qu'à l'ardeur d'un feu si beau
Le petit dieu brûle ses ailes,
Et qu'il allume son flambeau !

2

Ailleurs s'il cause des alarmes,
Il n'offre ici que des douceurs ;
Nous ne craignons rien de ses armes
Ni de ses aveugles fureurs.
Troupe heureuse, troupe ingénue,
Ses traits sont chez nous sans poison;
Il n'est plus privé de la vue,
Il a les yeux de la raison !

X

CANTIQUE DES SANTÉS

1

Tandis que je vois la gaîté
Briller à cette table,
Frères, donnons d'une santé
Le signal agréable.
Frères, alignons !
La main aux canons !
En joue, allons, mes Frères !
Feu ! très brillant feu !
Faisons triple feu !
Ces santés nous sont chères !
(On répète en chœur les six derniers vers.)

2

N'oublions pas, dans nos concerts,
Les Maîtres Vénérables,
Qui des Loges de l'univers
Rendent les nœuds durables.
Frères, alignons !
La main aux canons !
En joue, allons, mes Frères !
Feu ! très brillant feu !
Faisons triple feu !
Ces santés nous sont chères !

3

Aux Lumières de l'Occident
Rendons le même hommage ;
Leur zèle actif, intelligent,
Éclaire notre ouvrage.
Frères, alignons !
La main aux canons !

En joue, allons, mes Freres !
Feu ! très brillant feu !
Faisons triple feu !
Ces santés nous sont chères !

4

A célébrer son fondateur
La Loge est obligée ;
C'est par ses soins pleins de ferveur
Qu'elle fut érigée.
Frères, alignons !
La main aux canons !
En joue, allons, mes Frères !
Feu ! très brillant feu !
Faisons triple feu !
Ces santés nous sont chères !

5

Chantons les Maçons répandus
Sur les deux hémisphères ;
Rendons les honneurs qui sont dus
A ce peuple de Frères.
Frères, alignons !
La main aux canons !
En joue, allons, mes Frères !
Feu ! très brillant feu !
Faisons triple feu !
Ces santés nous sont chères !

XI

LE FEU MAÇONNIQUE

1

Dans cet agréable réduit,
Loin des Profanes et du bruit,

L'amitié nous rassemble;
Sans gêne, chagrin ni souci,
Mes Frères, livrons-nous ici
Au bonheur d'être ensemble;
Et, dans notre commun transport,
Pour preuve d'un parfait accord,
Faisons tous feu,
Faisons tous bon feu,
Le vrai feu maçonnique!

2

De l'amour les feux séducteurs,
Ni ceux que porte dans les cœurs
La discorde et la guerre,
Toujours éloignés de ces lieux,
Ne font point briller à nos yeux
Leur funeste lumière;
Amitié, douce égalité,
Concorde et sage liberté,
Voilà le feu,
Voilà le bon feu,
Le vrai feu maçonnique!

3

Lorsque dans ses hardis desseins,
Jadis Prométhée aux humains
Voulut donner une âme,
Pour former des êtres heureux,
En vain il alla jusqu'aux cieux
En dérober la flamme;
Son ouvrage eût été parfait,
S'il eût su. pour ce beau projet,
Prendre le feu,
Prendre le bon feu,
Le vrai feu maçonnique!

4

De quels feux étaient animés
Ces sept Sages si renommés
Que possédait la Grèce ?
Par leur nombre juste et parfait
On voit assez de quel objet
S'occupait leur sagesse ;
Dans leurs banquets si révérés,
Par Platon jadis célébrés,
Ils faisaient feu,
Ils faisaient bon feu,
Le vrai feu maçonnique !

5

Dans la fable, on voit qu'Apollon,
Pour se faire ici-bas Maçon,
Fuit la troupe immortelle ;
Mais bientôt le sénat divin,
Jaloux de son heureux destin,
Près de lui le rappelle,
Afin qu'au céleste séjour
Il apprenne aux dieux, à leur tour,
A faire feu,
A faire bon feu,
Le vrai feu maçonnique !

6

Que de ce beau feu, parmi nous,
De Bacchus le présent si doux
Soit la parfaite image ;
Qu'en ces lieux il fasse à jamais
Régner la concorde et la paix,
Liberté toujours sage ;
Et lorsqu'ici tous à la fois
Nous goûtons ce doux jus par trois,
Pensons au feu,
Pensons au bon feu,
Au vrai feu maçonnique !

XII

POUR FÊTER UN VÉNÉRABLE

1

Célébrons l'agréable fète
Qui nous rassemble en ce beau jour;
La tendre amitié qui l'apprête
Ne connaît jamais de détour :
Car, pour l'ordinaire,
Le Maçon sincère,
Pour bien tourner un compliment,
Est un enfant,
Est un enfant.

2

Savoir donner à la sagesse
Cet air qui sait persuader ;
Pour ses Frères pleins de tendresse,
A leurs besoins tout accorder ;
Peut-on méconnaître
A ces traits le Maître
Que tous nous fêtons aujourd'hui ?
Oui, oui, c'est lui !
Oui, oui, c'est lui !

3

Notre cher et très Vénérable
Réunit toutes les vertus :
Généreux, humain, charitable,
Franc et modeste par-dessus.
Profane vulgaire,
Ne t'étonne guère
De voir un nouveau Salomon ;
C'est un Maçon !
C'est un Maçon !

4

A sa santé, mes très chers Frères,
Chargeons, alignons nos canons;
Et prions que les cieux prospères
Lui prodiguent les plus beaux dons;
La main droite aux armes,
Et, faisant vacarmes,
Chantons en chœur, à l'unisson,
Ce vrai Maçon,
Ce vrai Maçon!

XIII

LE SECRET DES FRANCS-MAÇONS

1

Je n'ai pas, jusqu'à cette fois,
Permis à ma timide voix
De chanter nos mystères
Mais si j'en crois ce que j'ai vu,
Bâtir un temple à la vertu,
C'est le secret,
C'est le secret,
C'est le secret des Frères!

2

L'équerre en main, chaque ouvrier
Orné d'un simple tablier,
Travaille à l'édifice;
Et, pour que dans ce monument
La vertu soit plus décemment,
On y construit,
On y construit
Des cachots pour le vice!

3

Si ce temple de Salomon
N'est pas le cœur d'un vrai Maçon,
Je ne m'y connais guère ;
Chaque jour, du vice vaincu
Offrir l'hommage à la vertu,
C'est le secret,
C'est le secret
C'est le secret des Frères !

4

Dans ce temple auguste et sacré,
Jamais l'air ne fut infecté
Du souffle de l'envie ;
Le bonheur de chacun de nous
Fut toujours le bonheur de tous ;
C'est le secret,
C'est le secret
De la Maçonnerie !

5

Sensible aux cris du malheureux,
Lui tendre un secours généreux
Sous le sceau du mystère,
Trouver le prix de son bienfait
Dans le plaisir de l'avoir fait,
C'est le secret,
C'est le secret
De la Sœur pour son Frère !

6

Rangs, titres, dignités, grandeur,
Ailleurs tenez lieu du bonheur,
Ici l'on vous oublie ;
Rangés sous les mêmes drapeaux,
Princes et sujets sont égaux ;
C'est le secret,
C'est le secret
De la Maçonnerie !

7

La décence orne nos banquets ;
Le bon ordre n'y fut jamais
Troublé par la folie ;
On n'y connaît que la gaîté
Et l'art de tirer la santé,
Par trois fois trois,
Suivant les lois
De la Maçonnerie !

XIV

EN FAVEUR DES MAÇONNES

1

O mes amis, mes Frères,
A quoi donc pensez-vous,
Lorsque des lois sévères
Écartaient loin de nous
Ce sexe doux et tendre,
Du monde la moitié,
La plus propre à se rendre
Au cri de l'amitié ?

2

Quand notre premier Frère,
Le père des humains,
Eut reçu la lumière,
Aussitôt les destins
Lui ménagent près d'Ève
Un bonheur sans pareil ;
Adam faisait un rêve,
Ah ! quel fut son réveil !

3

Le titre heureux de Frère,
Privé du nom de Sœur,
Ne pouvait toujours plaire
Et faire un vrai bonheur :
L'autre était nécessaire,
C'était le vœu de tous ;
Un zèle trop austère
En était seul jaloux.

4

Avant d'être vos Frères,
Que disiez-vous de nous ?
Contre tous nos mystères,
Ah ! quel juste courroux !
Pardonnez, sexe aimable ;
Vos vertus, vos appâts,
Par un accord durable,
Orneront nos climats.

5

Chantons, chantons, mes Frères,
Ces jours purs et sereins,
Près des Sœurs les plus chères
Qui fixent nos destins ;
Ne cherchant qu'à leur plaire,
Qu'à combler leurs désirs,
Trouvons notre salaire
Au sein de leurs plaisirs !

XV

NOS MYSTÈRES

1

Du doux lien qui nous unit
Tout nous retrace ici l'image ;
Nos plaisirs sont purs, sans nuage,
Le sentiment les embellit.

Nous nous aimons en Sœurs et Frères;
C'est l'objet de tous nos mystères!

2

Le Maçon est l'homme qu'en vain
A midi cherchait dans Athène
Le philosophe Diogène,
Avec sa lanterne à la main;
La vertu nous rend Sœurs et Frères,
C'est le vœu de tous nos mystères!

3

Qu'à son gré chaque passion
Dans tous les cœurs porte ses flammes,
Le vice jamais sur nos âmes
Ne laissera d'impression;
Nous conseiller en Sœurs et Frères,
C'est le fruit de tous nos mystères!

4

En quelque lieu que nous soyons,
Dans l'opulence ou la misère,
Nous trouvons une Sœur, un Frère,
Auprès de chacun des Maçons :
L'égalité règne entre Frères;
C'est l'effet de tous nos mystères!

5

De ce feu pur, du feu divin
Qu'au ciel déroba Prométhée,
Notre union alimentée
Brave les revers du destin :
Notre assurance est dans nos Frères;
C'est le fond de tous nos mystères!

6

Des Maçons célébrons les faits,
Chantons leurs unions sacrées;
Que leurs Loges soient révérées,
Comme l'asile de la paix :
Et buvons à nos Sœurs et Frères,
C'est la fin de tous nos mystères.

XVI

LE MAÇON AUX PROFANES

1

D'Ariste la morale honnête
Est nouvelle, il paraît, pour vous :
Du plaisir se faire une fête
Et du devoir être jaloux,
Au talent de plaire
Joindre un cœur sévère,
Profanes, goûtez la leçon ;
C'est un Maçon !
C'est un Maçon !

2

Ariste à son Frère fait grâce,
Il sait qu'un mortel peut errer ;
Sur la faute a-t-il fait main basse,
Il invite à la réparer ;
Il montre au coupable
Le port favorable :
Profanes, goûtez la leçon ;
C'est un Maçon !
C'est un Maçon !

3

L'ingrat et perfide égoïsme,
En soulevant son tendre cœur,
Lui fait établir l'héroïsme
Au centre du commun bonheur ;

Et quand il opère,
Voyez-le s'en taire :
Profanes, goûtez la leçon ;
C'est un Maçon !
C'est un Maçon !

4

Ami toujours rempli de zèle
Et prêt à se sacrifier,
Il est de même amant fidèle
Et des belles le chevalier :
En vain leur adresse
Tente sa promesse :
Profanes, goûtez la leçon ;
C'est un Maçon !
C'est un Maçon !

5

Voulez-vous de même qu'Ariste,
Ornant la sagesse d'appâts,
Que, complaisante et jamais triste,
Elle instruise et ne choque pas,
Au plus saint des temples,
Cherchez nos exemples :
Profanes, goûtez nos leçons;
Soyez Maçons !
Soyez Maçons !

6

Frères, que notre artillerie
A ma voix se charge à l'instant,
Et que notre mousqueterie
Offre un feu partout éclatant !
Ordre à nos mystères !
Par trois, tirons, Frères :
Les mains tous ensemble aux canons !
Feu ! feu ! grand feu !
Feu des Maçons !

XVII

LE NOMBRE CINQ

1

Le nombre cinq est en ces lieux
Le nombre qu'on préfère;
Oui, mes Sœurs, il offre à nos yeux
Une leçon bien chère.
Il dit, dans ce temple divin
Où candeur nous rassemble :
« Comme les cinq doigts de la main,
Soyons unis ensemble. »

2

Nous avons beau nous concerter
Dans cette conjoncture;
On fait en vain, pour vous charmer,
Les cinq sens de nature :
Le sens des yeux a tant d'appâts
Pour qui fixe les vôtres,
Que nous pourrions, en ces climats,
Oublier les quatre autres.

3

Par cinq points se donne un baiser,
Voilà qui m'embarrasse !
Je ne sais comment les placer;
Instruisez-moi de grâce !
Sur chaque joue un, c'est bien deux,
Si j'en crois mon Barême;
Deux autres vont chercher les yeux,
Où placer le cinquième ?

XVIII

LA PAIX DES CŒURS MAÇONS

1

Pour trouver la félicité
Sans cesse on se tourmente;
Ce bien, partout tant souhaité,
N'est qu'où l'âme est constante.
Entre bons Frères, entre amis,
Tout semble prendre un nouveau prix;
Chaque moment
Du sentiment
Porte la vive empreinte,
Et, sans effort,
D'un doux transport
L'âme ressent l'atteinte.

2

De l'honneur, des mœurs, des vertus,
Voilà nos titres; rien de plus!
Tout citoyen
Faisant le bien,
Bon ami, bon époux, bon père,
Est vrai Maçon, vrai Frère.

3

Dedans nos tranquilles foyers,
La sagesse préside;
Nos Surveillants, nos Officiers
Ont l'amitié pour guide.
L'estime a conduit notre choix;
Comment ne pas chérir nos lois?
Dans ses travaux
Toujours égaux,

L'abeille, exacte et sûre,
Voit dans son coin,
Sans crainte, au loin,
Le frêlon qui murmure.

4

Dans un aimable intérieur,
Nous trouvons la paix, la douceur;
Vivant d'accord,
On est bien fort:
Il est facile, quand on s'aime,
De suffire à soi-même.

5

Soyons, en fidèles Maçons,
Réunis pour la vie;
Tous, vrais amis nous resterons,
Malgré la sombre envie.
Aimons-nous et ne craignons rien,
C'est là le vrai, le plus grand bien,
Céleste don,
Tendre union,
Nous t'élevons ce temple!
Aux cœurs jaloux,
D'un bien si doux
Tu montreras l'exemple!

XIX

LE BONHEUR PAISIBLE

1

Nous n'avons tous qu'une âme,
Qu'un esprit, qu'un sentiment;
Même but nous enflamme,
Nous aimons tout bonnement:
Sans nous fatiguer la tête
Par de vains raisonnements,
Chez nous, le cœur fait la fête,
La fête des bonnes gens.

2

Le funeste égoïsme
N'a sur nous aucun pouvoir;
Au travers de son prisme,
Nous voyons tout peint en noir :
Qui fait des heureux lui-même
S'assure un droit au bonheur;
De ce bon grain que l'on sème
Le fruit n'attend pas la fleur.

3

Une sagesse austère
Souvent cause du souci;
Jamais un front sévère
Ne nous en impose ici :
Amitié, douceur affable
Veillent à nos règlements;
Jugés par le Vénérable,
Nous sommes tous ses enfants.

4

Que le Profane fronde
Tout à son aise nos goûts;
Qu'importe s'il en gronde,
Le bonheur est parmi nous :
Dans ce petit coin du monde,
L'univers semble être à nous;
Ailleurs, si la richesse abonde,
Plaisirs ne sont pas si doux.

5

On ne voit point un Frère
Chez nous briguer les honneurs,
En silence, il préfère
Attendre le cri des cœurs :
Avoir le commun suffrage,
Voilà notre vanité;
Notre plus bel apanage
Est la douce égalité.

6

Que chacun me seconde
Dans ces moments enchanteurs;
Chargeons tous à la ronde,
Tirons pour nos visiteurs :
De fleurs couronnons leurs têtes,
Heureux s'ils s'en vont contents;
Ils reviendront, à nos fêtes,
Rire avec de bonnes gens.

XX

L'AMOUR MAÇON

I

L'Amour, outré de colère
De voir déserter sa cour,
Un matin, dit à sa mère :
« Je quitte votre séjour;
Je renonce à cet empire,
Tout y méconnaît ma voix;
Quoi ! faut-il qu'un dieu soupire,
Quand il peut donner des lois ! »

2

« — L'Amitié, répond sa mère,
Vient de rassembler ses Sœurs;
Pour les Maçons de Cythère,
Ce jour a mille douceurs...
Ah ! d'une chaîne si belle,
Mon fils, ne sois point jaloux;
L'Amitié, toujours fidèle,
Se rirait de ton courroux ! »

3

L'Amour devient plus tranquille
Et dit, en baissant la voix :
« L'Amitié me rend docile;
Je brise flèche et carquois;

Et, pour profiter, ma mère,
De votre tendre leçon,
Je jure d'être bon Frère,
Si l'on me reçoit Maçon ! »

4

Voulez-vous l'Amour pour Frère ?
Répondez, charmantes Sœurs.
Son seul but est de vous plaire
Et de captiver vos cœurs :
Ah ! si par vôtre suffrage
Il obtient cette faveur,
Du dieu qui vous rend hommage
Vous fixerez le bonheur.

XXI

MÊME SUJET

1

On m'a raconté que l'Amour,
Voulant connaître nos mystères,
Des Sœurs, avant d'aller aux Frères,
Le fripon avait pris jour :
« Votre loi, dit-il, me condamne,
Mais je veux être Frère aussi;
Car, ma foi, ce n'est qu'ici
Que l'Amour est Profane ! »

2

On craint son dard et son flambeau,
Armure aimable et meurtrière;
On les lui prend, le voilà Frère;
On fait tomber son bandeau.
Mais, en recouvrant la lumière,
Ce dieu redemanda ses traits;
Il prit, voyant tant d'attraits,
La Loge pour Cythère !

3

Frères, si l'Amour est Maçon,
Ce Maçon-là fait votre éloge;
Car, on le voit dans cette Loge,
Ce n'est pas un faux soupçon:
Ne sait-on pas que sur ses traces
La beauté rassemble sa cour?
On dut recevoir l'Amour
Où président les Grâces!

XXII

LES VERTUS MAÇONNIQUES

1

L'ambitieux vole à la gloire
Sans délicatesse et sans choix;
Pour s'assurer de la victoire,
Il foule aux pieds l'honneur, les lois.
Le vrai Maçon voit sans ivresse
Et la fortune et la grandeur;
Toujours l'honneur,
Toujours l'honneur
Est pour lui plus que la richesse;
Toujours l'honneur,
Toujours l'honneur
Est pour lui plus que la grandeur!

2

Par l'intrigue et par l'artifice,
On voit s'élever le flatteur;
Bientôt le sort lui rend justice:
Il tombe; on rit de sa douleur.

Sans art, sans détour, sans bassesse,
Le vrai Maçon est en faveur :
Dans le malheur,
Dans le malheur,
On le plaint, son sort intéresse ;
Et, de bon cœur,
Et, de bon cœur,
On fait des vœux pour son bonheur !

3

Un avare avec soin enterre
Dans sa cave un coffre plein d'or;
La faim, la soif et la misère
L'assiègent, malgré son trésor.
Le vrai Maçon, en homme sage,
De la fortune sait jouir,
Et son plaisir,
Et son plaisir
Est d'en faire un utile usage ;
Et son plaisir,
Et son plaisir
Est d'en user sans repentir !

4

Un grand prodigue les richesses,
Inspiré par la vanité;
Souvent, en faisant des largesses,
Il cède à l'importunité.
Le vrai Maçon avec tendresse
Vole au secours des malheureux,
Veille sur eux,
Pleure avec eux;
Partage, adoucit leur tristesse,
Veille sur eux,
Pleure avec eux;
C'est ainsi qu'on fait des heureux !

5

Le vrai Maçon, sans opulence,
Est toujours content de son sort;
En faveur d'une molle aisance,
Il ne fait point un vil effort :
Le plaisir qu'offre la richesse
Est souvent fatal et trompeur;
Le vrai bonheur,
Le vrai bonheur,
C'est la vertu, la sagesse;
Le vrai bonheur,
Le vrai bonheur,
C'est la paix, le calme du cœur !

6

Le hasard donne l'opulence,
Et la bonté dépend de nous;
Le vrai Maçon, dans l'abondance,
N'en est pas moins affable et doux :
Aimer, accueillir l'infortune,
Être du pauvre le soutien,
Compter pour rien,
Compter pour rien
Le rang, la grandeur importune,
Offrir le sien,
Offrir le sien,
Est pour lui le souverain bien !

7

La paix, l'aimable bienfaisance
Nous rendent ici tous égaux;
Les vertus sont la récompense,
L'unique but de nos travaux.
Puissent sur les deux hémisphères,
Nos douces lois charmer les cœurs !
Que les censeurs,
Que les censeurs
Cessent d'attaquer nos mystères !

Que les censeurs,
Que les censeurs
N'y voient que l'école des mœurs !

XXIII

APOLOGIE DE L'AMITIÉ

1

Vous, de la Maçonnerie
O sages instituteurs,
Qui de notre artillerie
Avez réglé les honneurs !
A mes chants soyez propices;
Un temple est édifié,
Sous les lois et les auspices
De la céleste Amitié !

2

A Thalie, à Melpomène,
Que d'autres fassent leur cour;
La muse qui nous enchaîne
Est celle du tendre amour :
Tout à cet amour si vaste
Est par nous sacrifié,
Amour bienfaisant et chaste,
Douce et céleste Amitié !

3

En vain, l'ignorant vulgaire
Veut sonder notre secret;
Du Maçon le caractère
Est d'être toujours discret.
Cacher le bien qu'il peut faire,
N'en jamais faire à moitié,
Aimer sa Sœur et son Frère,
C'est la céleste Amitié !

4

Dans la maçonnique lice,
Il suit le chemin battu,
Construit des cachots au vice,
Des temples à la vertu;
Enclin à la bienfaisance
Et sensible à la pitié,
Il sent en lui la présence
De la céleste Amitié!

5

Présider d'aimables Frères,
Les instruire, les former,
Leur dévoiler nos mystères,
Surtout celui de s'aimer;
Sage et Vénérable Maître,
Ce soin vous est confié;
Que de fruits vous verrez naître
De leur céleste Amitié!

6

A la perpendiculaire
Le niveau vous unirez;
Du compas et de l'équerre
Le sens vous leur montrerez:
Ces bijoux sont la boussole
De tout Frère initié;
Ils tendent toujours au pôle
De la céleste Amitié!

7

Avec prudence et sagesse,
Des dessins vous tracerez;
Avec force, avec noblesse,
Vous les exécuterez:
Pour la beauté de l'ouvrage
Si vous êtes envié,
Vous conjurerez l'orage
Par la céleste Amitié!

8

Frères et Sœurs, je vous jure,
Avec la plus vive ardeur,
Cette amitié douce et pure,
Source de notre bonheur!
Tant que roulera la sphère,
Je serai toujours lié
Par l'amour le plus sincère
A la céleste Amitié!

XXIV

ÉLOGE DE LA MAÇONNERIE

1

Quel plaisir pur, sur tous les fronts,
Comme un beau jour, dans ces lieux brille
Ah! je reconnais les Maçons
Assis au banquet de famille:
Une heureuse simplicité,
Ainsi qu'au temps de nos vieux pères,
Donne ici la félicité
Et fait de nous autant de Frères!

2

Chantons, amis, le verre en main,
L'antique nœud qui nous rassemble:
Et que toujours même destin
Unisse les Maçons ensemble.
Image du bonheur des cieux,
Cette union et douce et tendre
Est un bien que la main des dieux
Sur la terre a daigné répandre!

3

Qui peut ignorer de nos lois
Et la bienfaisance et les charmes?
Dans le monde, combien de fois
Les Maçons ont séché des larmes!

Au vieillard ils tendent la main,
Du pauvre ils calment la misère,
Et souvent au jeune orphelin
Ils donnent les soins d'une mère !

4

Voyez, dans ces tristes climats
Où vit le Sarmate sauvage,
Ce Maçon que dans les combats
Égare un trop bouillant courage;
Sous le fer de son ennemi
Il tombe... il va perdre la vie !...
Il fait un signe... et d'un ami
Sa main touche la main chérie !

5

Comme autrefois ces chevaliers,
Qu'emportait au loin la vaillance,
Sous des lambris hospitaliers
Se reposaient de leur souffrance;
Un Maçon qu'en lointain pays
Porte la fortune ennemie,
Sous la voûte de nos parvis
Retrouve encore sa patrie !

6

Heureux Maçons, dans nos banquets,
Liés d'une chaîne éternelle,
Ah ! conservons tous les bienfaits
D'une amitié pure et fidèle !
Et puissions-nous, toujours heureux,
Quand nous leur transmettrons la vie,
Porter à nos derniers neveux
Les dons de la Maçonnerie !

XXV

L'ESPRIT DES VRAIS MAÇONS

I

Parler beaucoup et ne rien dire,
S'égayer aux dépens d'autrui,
Folâtrer, éclater de rire,
C'est le bel esprit d'aujourd'hui;
Garder à propos le silence,
Sans aigreur donner des leçons,
Gaîté sage, aimable décence,
Voilà l'esprit des vrais Maçons!

2

Mépriser la triste impuissance,
Du riche rechercher l'appui,
Traiter la vertu d'ignorance,
C'est le bel esprit d'aujourd'hui;
Du pauvre chérir la présence,
Mépriser les froids harpagons,
Bonté, douceur et bienfaisance,
Voilà l'esprit des vrais Maçons!

3

Pour le plaisir fuir la sagesse,
L'aimer et ne penser qu'à lui,
Sacrifier ami, maîtresse,
C'est le bel esprit d'aujourd'hui;
Du plaisir éviter l'ivresse,
Conserver toujours sa raison,
Pure amitié, noble tendresse,
Voilà l'esprit du vrai Maçon!

4

Sur l'airain en trace profonde
Graver l'injure et le mépris,
Écrire un service sur l'onde,
C'est le bel esprit d'aujourd'hui;

Avec force et sans répugnance
Savoir vaincre ses passions,
Oubli du mal, reconnaissance,
Voilà l'esprit des vrais Maçons !

5

Frères, votre aimable présence,
Vos vertus dictent ma chanson;
Recevez avec indulgence
Le faible hommage d'un Maçon;
Et, pour prix de mes vœux sincères,
En chœur, par trois fois, répétons :
« Vivent, vivent nos tendres Frères !
« Vivent, vivent les vrais Maçons ! »

XXVI

LES MÉRITES DES MAÇONS

1

On sait qu'autrefois nos aïeux,
Dans leurs banquets, par des cantiques,
Célébraient les faits glorieux;
Suivons donc tous ces mœurs antiques.
Par chaque Frère, avec gaîté,
Que ce refrain soit répété :
Sagesse, bonté,
Sont les vertus maçonniques,
Sagesse, bonté,
Paix, franchise, égalité !

2

Toujours au travail excité,
Que j'aime à voir le Secrétaire
Ne songer qu'à l'utilité
Et n'être heureux qu'en sachant plaire !
Lorsque son ouvrage est goûté,
Trois fois, il chante avec gaîté :

Sagesse, bonté,
mon cœur sont le salaire,
Sagesse, bonté,
Paix, franchise, égalité !

3

Sur nos secrets un envieux
Porte-t-il des regards sévères,
Dédaignons cet audacieux ;
S'il voyait ici Sœurs et Frères,
Honteux de sa témérité,
Il chanterait avec gaîté :
Sagesse, bonté,
Sont leurs secrets, leurs mystères,
Sagesse, bonté,
Paix, franchise, égalité !

4

A nos pieds le vice abattu
Nous en assure la victoire ;
C'est à nos mœurs, à nos vertus,
Qu'il faut en reporter la gloire :
Puisqu'enfin ce monstre est dompté,
Chantons, chantons avec gaîté :
Sagesse, bonté,
Des Maçons voilà l'histoire,
Sagesse, bonté,
Paix, franchise, égalité !

5

Pour modèle à tous bons Maçons
Présentons notre Vénérable ;
En Loge, offrons-leur ses leçons,
Et sa gaîté, s'il est à table :
Près de lui, la sobriété
Règne, ainsi que la liberté :

Sagesse, bonté,
Sagesse toujours aimable,
Sagesse, bonté,
Paix, franchise, égalité!

6

De ce temple les Surveillants
Avec douceur règlent les Frères;
Leurs yeux actifs et vigilants
Reçoivent, portent les lumières;
Charmés de leur activité,
Nous chantons tous avec gaité:
Sagesse, bonté,
Voilà nos dieux tutélaires,
Sagesse, bonté,
Paix, franchise, égalité!

7

Faut-il servir les malheureux,
Aussitôt l'Orateur s'enflamme;
Un zèle actif et généreux
Pour leur bonheur brille en son âme;
Aussi, pour eux, avec gaîté,
Ce doux refrain est répété:
Sagesse, bonté,
De ses jours forment la trame,
Sagesse, bonté,
Paix, franchise, égalité!

XXVII

CANTIQUE DES FENDEURS (1)

1

Mes chers amis, braves Fendeurs,
Que la hache rassemble,
Est-il de plaisirs plus flatteurs
Que de bien fendre ensemble?

---

(1) La Fenderie ou Maçonnerie Forestière n'est autre que le Carbonarisme; les Fendeurs sont donc les Carbonari.

Aimons et buvons,
Chantons et fendons,
C'est notre loi suprême;
Dans ces sombres lieux,
A qui fend le mieux
Donnons le diadème.

2

Selon le bois, un bon Fendeur
Ménage son adresse :
Les uns veulent de la raideur,
D'autres, de la souplesse.
Toujours à droit fil
Posez votre outil,
Si vous voulez bien fendre ;
Le coin bien trempé,
Bien mis, bien frappé,
Le bois devra se fendre.

3

Si vous fendez un jeune ormeau,
Ménagez l'encoignure ;
Sagement, avec le ciseau,
Disposez l'ouverture :
Petit à petit,
On ouvre un réduit
A l'instrument docile ;
Si l'on brusque trop,
Souvent le galop
Blesse l'ormeau fragile.

4

Le chêne résiste souvent ;
Tant mieux pour la victoire !
Les Fendeurs, comme les amants,
Sont amis de la gloire :

Que l'outil, d'abord,
Caresse le bord
De l'écorce revêche;
Le coin s'affermit,
Le bois s'attendrit
Et le Fendeur fait brèche.

5

Parfois, il se trouve, au chantier,
Quelque vieille culasse;
C'est le plus ingrat du métier,
Et le plus fort s'y lasse:
Jamais un Fendeur
N'use sa vigueur
Sur ce bois coriace;
Il met, dans son cœur,
Un feu destructeur
Qui tonne et le crevasse.

6

Mais toujours fendre est un travail
Qui, chez nous, prévient l'âge;
Faut épargner le gouvernail
Pour faire un long voyage:
Fendre à tout propos,
Sans prendre repos,
Croyez-moi, n'est point sage;
L'outil le plus fin
S'émousse à la fin
Et plie à l'abordage.

XXVIII

HYMNE A L'AMITIÉ

1

Sublime accord des âmes,
Source du vrai bonheur,
Embrase de tes flammes
Notre sensible cœur!

Amitié douce et tendre,
Viens à jamais
Sur nous aussi répandre
Tous tes bienfaits!

2

C'est par toi que l'on goûte
La pure volupté;
Le temps sans cesse ajoute
Un lustre à ta beauté;
Tout devient jouissance
Dans tes doux nœuds,
Et, seule, ta constance
Nous rend heureux!

3

De l'amoureuse flamme
Tu n'as pas les attraits;
Mais aussi, dans notre âme,
Tu préviens les regrets:
Quand l'amour nous accable
De ses rigueurs,
Ta douceur ineffable
Sèche nos pleurs!

4

Tu dissipes les craintes,
Tu bannis le remord,
Tu braves les atteintes
Et les rigueurs du sort,
De l'un à l'autre pôle,
Ton divin nom
De tous ses maux console
Le vrai Maçon!

5

De la cruelle envie
Tu confonds les noirceurs;
Sur l'hiver de la vie
Tu sais semer des fleurs;

Tu sers à la jeunesse
De guide sûr,
Gardant à la vieillesse
Un plaisir pur !

6

Deviens ici le gage
D'une tendre union ;
Écarte tout nuage
Loin de notre horizon ;
De la voûte éthérée,
Viens, pour toujours,
Pour ramener d'Astrée
Les heureux jours !

XXIX

ALLÉGORIE DES BANQUETS

I

De pied en cap Minerve armée
Voulut, autrefois, de ces lieux
Défendre l'approche et l'entrée
A tout indiscret curieux ;
Comme elle était en sentinelle,
L'Amour qui lui garde une dent,
Envoie, à petit bruit, vers elle,
Morphée instruit du-tour méchant.

2

La déesse, qui n'est pas tendre,
Prend au collet le sombre dieu :
« Qui t'envoie ici me surprendre ?
« — C'est Cupidon, votre neveu.
« — Mon neveu ?... Fi ! le mauvais drille !
Voyez un peu la trahison !...
Mais, chut, il faut que je l'étrille,
En enfant de bonne maison ! »

3

Soudain, méditant sa vengeance,
Elle s'assied dans son fauteuil,
S'étend, s'endort en apparence,
Et la voilà qui ferme l'œil;
Pour donner plus de confiance,
Elle avait mis son casque bas
Et tenait mollement sa lance
Et son égide entre ses bras.

4

L'Amour et Bacchus, dieu fantasque,
Viennent, commencent par piller;
Le dieu des vignes prend le casque
Et sur son front le fait briller;
L'enfant ailé, d'une main sûre,
Touche aussi déjà son butin;
Il s'applaudit de l'aventure
Et rit tout bas d'un air malin.

5

Mais, voici bien une autre fête!
Pallas se réveille en sursaut...
L'Amour veut fuir, elle l'arrête;
Le petit fripon reste sot :
En vain, il gémit, il implore,
Il craint de payer de sa peau :
Il n'était pas aveugle encore;
On lui mit alors le bandeau.

6

« Tu voulais me voir endormie?
Tes yeux ne verront plus le jour;
Le Caprice avec la Folie
Désormais conduiront l'Amour!..
Mais, reprit la déesse émue,
La main d'un Franc-Maçon pourra
Oter ce bandeau de ta vue;
Sur ta bouche il le posera...

7

« Et vous, monsieur le bon apôtre?... »
Mais Bacchus lui parut charmant ;
Le casque le rendait tout autre :
« Ah ! lui dit-elle en l'embrassant,
Pareil bonnet t'est nécessaire
Pour couvrir ta tête à l'évent ;
Va ! je veux bien Bacchus pour Frère,
Lorsque Bacchus sera prudent ! »

XXX

L'EXCOMMUNICATION

1

Ah ! je me sens pousser des cornes !
En vérité, je vous le dis !...
A sa douceur mettant des bornes,
Le Saint-Père nous a maudits.
    Mes Sœurs, fuyez !
    Fuyez, fuyez !
Nous sommes excommuniés !

2

On nous expulse de l'Église ;
De nos erreurs voilà les fruits :
Que Loyola nous exorcise,
Ou pour toujours nous sommes cuits.
    Mes Sœurs, priez !
    Priez, priez !
Nous sommes excommuniés !

3

La vérité, sainte victime,
Craindrait-elle encore Escobard ?
Serpent, souviens-toi de la lime ;
Pape, ta foudre est un pétard.
    Mes Sœurs, riez !
    Riez, riez !
Nous sommes excommuniés !

4

Que voulons-nous ?... Voir sur la terre
La Liberté, l'Égalité !
Voir régner, au lieu de la guerre,
La Paix et la Fraternité !
Mes Sœurs, criez,
Criez, criez :
« Vivent les excommuniés ! »

XI

RITES DIVERS

DE LA MAÇONNERIE ANDROGYNE

RITE ÉGYPTIEN (DIT DE CAGLIOSTRO)

Le Rite Égyptien d'Adoption est celui qui est pratiqué dans les Loges de femmes annexées aux Ateliers d'hommes du Rite de Misraïm. Il n'est pas sans intérêt de rappeler que les israélites qui s'affilient à la Franc-Maçonnerie se font recevoir de préférence membres des Loges misraïmites ; le Rite de Misraïm et le Rite Égyptien d'Adoption sont les rites préférés des juifs.

Joseph Balsamo, un des plus hardis imposteurs qui aient existé, est l'inventeur du Rite Égyptien, essentiellement androgyne; et ce fut en s'inspirant du système maçonnique de cet aventurier que des Frères Trois-Points, de l'Orient de Naples, fondèrent au commencement de ce siècle-ci, le fameux Rite de Misraïm dont il ne reste plus aujourd'hui de Loges qu'en France.

Ce Joseph Balsamo, qui devait tant se faire connaître sous le nom de Cagliostro, était né en Sicile, vers

1748, de parents obscurs. De bonne heure, il s'était déshonoré par de nombreuses escroqueries et avait été obligé de fuir son pays natal, devant la réprobation publique. Dans ses voyages, il joua tous les rôles et fit partout des dupes. Accueilli à bras ouverts dans les Loges maçonniques, il se fit initier, en Allemagne, à tous les mystères de la secte. Il revint alors en Italie, porteur de lettres de recommandation de divers grands-maîtres; il épousa, à Rome, la belle Lorenza Feliciani, dont il pervertit la vertu, et qu'il poussa par la violence à l'adultère, pour se faire une ressource de ses charmes. Bref, l'existence de cet homme fut celle du plus vil des scélérats. Tous les auteurs sont d'accord sur ce point; ce qui n'empêche pas Cagliostro d'être un des saints de la Maçonnerie.

Le Rite d'Adoption de Cagliostro se compose de trois grades: 1o Apprentie, 2o Compagnonne, 3o Maîtresse Égyptienne.

Les deux premiers degrés ne sont qu'un noviciat pour arriver à la Maîtrise. Le président de Loge porte le titre de Grand Cophte, et la présidente, celui de Maîtresse Agissante. Aux Maîtresses seules sont réservés les grands secrets, tels que les mystères de la régénération physique et de la régénération morale, l'art des évocations, etc. Ce rite est un de ceux qui dissimulent le moins leur caractère satanique; et l'on sait, du reste, que son fondateur se vantait d'avoir des rapports avec les esprits infernaux.

L'Apprentie

Le temple, pour la réception au premier grade, est tendu en blanc et bleu d'azur. Un arbre est au milieu; un serpent artificiel y est enroulé, tenant une pomme entre ses dents.

La Chambre des Réflexions est un cabinet noir, éclairé d'une faible lumière; on y voit un squelette et des ossements, avec cette devise en grosses lettres sur la muraille : « Pense au passé, au présent, à l'avenir. » La Sœur préparatrice coupe une mèche de cheveux à la récipiendaire.

Une fois la postulante introduite en Loge et interrogée, on chante, en français, le psaume *Laudate nomen Domini, laudate, servi, Dominum* (psaume CXXXIV); par ce chant, les Maçons misraïmites entendent glorifier, sous le nom de Seigneur, le démon lui-même, à qui ils attribuent une grande partie des actes du Dieu des chrétiens.

Voici donc comment ils traduisent ce psaume :

« Louez le nom du Seigneur, Frères et Sœurs de la sainte Maçonnerie : louez le Seigneur, vous qui êtes ses serviteurs, vous qui habitez dans sa maison et sous les portiques de son temple.

« Louez le Grand Architecte de l'Univers, parce que lui seul est le Seigneur plein de bonté; louez son nom, parce que son nom est doux.

« C'est lui qui a choisi Jacob, c'est lui qui a voulu qu'Israël lui appartînt.

« Notre Seigneur, à nous, Frères et Sœurs, est le seul grand; le Dieu que révèrent les Maçons est au-dessus de tous les dieux.

« Notre Seigneur fait tout ce qu'il veut faire, dans le ciel, sur la terre, dans la mer et dans les abîmes...

« Les idoles des religions ne sont que d'or et d'argent, ouvrages de la main des hommes.

« Leur bouche est muette, leurs yeux sont aveugles, leurs oreilles sont sourdes; car la vie n'anime point les idoles.

« Que leurs adorateurs deviennent semblables à ces statues impuissantes! que tous ceux qui mettent leur confiance en ces faux dieux soient comme leurs dieux !

« Vous, Loges d'Israël, bénissez le Seigneur ; vous, Loges d'Aaron, bénissez le Seigneur.

« Vous, Loges de Lévi, bénissez le Seigneur; vous tous, Frères et Sœurs qui craignez le seul vrai Dieu, bénissez son nom.

« Qu'il soit béni sur la montagne de Sion, notre Dieu qui habite dans Jérusalem ! »

Après quoi, le Grand Cophte fait donner la lumière à la récipiendaire, à laquelle il adresse une courte allocution, et reçoit son serment.

La Maîtresse Agissante tient alors à la néophyte un discours en ces termes :

— Ma chère Sœur, vous entrez dans notre société pour apprendre de grandes choses. Par les connaissances que nous vous ferons acquérir, vous aurez la certitude absolue et la preuve directe de l'existence de Dieu ; vous apprendrez aussi, dans nos mystères, que l'espèce humaine ne peut périr. Dès à présent, sachez que l'Éternel a créé l'homme en trois temps et trois souffles, et que, comme l'œuvre de la création était complète pour celle de l'homme, un souffle a suffi pour former la femme. Nous allons donc vous accorder ce souffle, tel qu'il nous a été donné par notre Maître... (lui soufflant sur la figure depuis le front jusqu'au menton:) Je vous donne ce souffle, ma Sœur, pour faire germer en vous et pénétrer dans votre cœur les vérités que nous possédons. Je vous le donne pour fortifier en vous la partie spirituelle. Je vous le donne pour vous confirmer dans la foi de vos Frères et de vos Sœurs, selon les engagements que vous avez contractés. Nous vous créons fille légitime de la véritable Adoption Égyptienne et membre de la Respectable Loge (*ici le nom de la Loge*). Nous voulons que vous soyez reconnue, en cette qualité, de tous les Frères et Sœurs du Rite Égyptien, et que vous jouissiez avec eux des mêmes prérogatives. C'est pourquoi, nous vous donnons le pouvoir d'être Maçonne, désormais et pour toujours.

On communique ensuite à la néophyte les mots secrets, signes et attouchement du grade; on la fait reconnaître par la Loge; on lui rend la mèche de cheveux qui lui avait été coupée; on y joint une paire de gants blancs, en lui disant qu'elle peut offrir ces gants avec la mèche de cheveux à l'homme qui est ou sera l'objet de son affection, la Maçonnerie ne défendant pas d'aimer honnêtement ses semblables.

On lui donne une rose, en lui expliquant que c'est l'emblème secret de la femme; on lui passe une écharpe bleue et blanche, et on la ceint d'un tablier blanc bordé de bleu, portant ces mots : « Amour et Charité ».

Le discours du Frère Orateur roule sur un prétendu entretien que Salomon eut avec la reine de Saba. Dans cet entretien, Salomon, qui avait enfin découvert la vérité religieuse, en instruisit la reine Balkis. On explique encore à la néophyte ce que signifie le serpent entortillé autour de l'Arbre du Milieu; cet enseignement est irréligieux au premier chef et ressemble à l'instruction donnée à la Compagnonne du Rite Moderne. Cette représentation de l'arbre et du serpent, dit l'Orateur, est pour rappeler que le Génie de l'Orgueil a fait le malheur des humains; bien entendu, ce Génie de l'Orgueil n'est pas le serpent, qui, lui, représente la modestie et la science. La pomme est le symbole du fruit défendu; la femme, mettant à profit la leçon à elle donnée par le serpent, a fait manger à l'homme le fruit défendu. De là, grande colère du Génie de l'Orgueil. Dans sa fureur, il a condamné l'humanité à mort, et le fruit défendu est ainsi devenu funeste à nos premiers parents. Heureusement, par la grâce de l'éternel Bon Principe, le pépin de ce même fruit donne à l'espèce humaine le moyen de réparer, du moins en partie, la perte de ses privilèges ; les humains, en tant qu'individus, sont mortels, mais l'humanité, en tant que race, est immortelle. La pomme symbolise donc le fruit de gloire de la femme, et sa semence permettra à l'humanité de recouvrer un jour le pouvoir que l'Être Suprême lui avait accordé.

La Compagnonne

Ce second degré du Rite Égyptien n'est qu'une préparation aux secrets de la Maîtrise.

L'Apprentie, qui sollicite le grade de Compagnonne, est introduite en Loge, un poignard à la main, les cheveux épars sur son cou et sur son visage ; elle a, au surplus, les yeux bandés.

Au milieu de la salle, il y a un arbre, comme au grade précédent ; le serpent, en cuir bouilli, qui y est enroulé, passe sa tête entre le tronc et le premier rameau, à une hauteur d'environ quatre-vingts centimètres du sol. Le haut de ce serpent est flexible ; en même temps, il est muni d'un mécanisme qui permet de lui imprimer des mouvements nerveux ; la tête est arrangée de façon à pouvoir se détacher.

On amène la récipiendaire auprès de l'arbre, sans lui dire où elle est ; on lui fait prendre à la main le haut du serpent, en évitant de lui laisser toucher l'arbre, afin qu'elle ne sache ce qu'elle tient. Le Grand Cophte lui déclare alors que l'on va éprouver son courage, et il lui ordonne de couper avec son poignard l'extrémité de l'objet qu'on lui a mis dans la main.

Pendant que le Grand Cophte parle, on fait manœuvrer le mécanisme du serpent, et la Loge s'amuse beaucoup des hésitations de la récipiendiaire. Enfin, quand elle a obéi, on lui enlève son bandeau, et elle voit qu'elle a coupé la tête du serpent artificiel.

Le Grand Cophte lui apprend qu'elle a commis une très mauvaise action, attendu que le serpent est un animal fort respectable; modeste, intelligent, prudent, agissant sans bruit, il a droit à tous les égards; c'est lui qui communiqua à Ève la science du bien et du mal. Mais, ajoute le Grand Cophte, en coupant la tête du serpent, la récipiendaire ne savait ce qu'elle faisait, puisqu'elle était dans l'aveuglement de la superstition; et, comme la Maçonnerie ne condamne que lorsque la faute a été commise en parfaite connaissance de cause, la récipiendaire est pardonnée, et elle devra réparer le mal qu'elle a involontairement produit en se livrant le plus possible, avec ses Frères, à la pratique des vertus.

Après le serment et la consécration, la Maîtresse Agissante adresse à la nouvelle Compagnonne une allocution qui se termine ainsi :

— Ma chère Sœur, vous n'êtes reçue aujourd'hui que par mes mains; mais, le temps de vos travaux de Compagnonne une fois expiré, vous serez consacrée par la volonté de l'Éternel et par le pouvoir d'une Maîtresse Agissante, qui vous fera connaître les intermédiaires existant entre nous et l'Être Suprême.

Parmi les Questions d'Ordre, il convient de signaler celles-ci :

D. Êtes-vous Compagnonne ? — R. Je viens d'exécuter les travaux qui m'avaient été prescrits.

D. Quels sont vos travaux ? — R. J'ai foulé aux pieds l'amour de moi-même et me suis dévouée à l'humanité; j'ai méprisé le vice et rendu hommage à la vertu; je connais le pépin, c'est-à-dire la matière première dont l'Esprit d'Orgueil nous avait caché l'existence pour annihiler notre pouvoir.

La Maîtresse Égyptienne

La salle, pour ce grade, est tapissée en bleu d'azur avec étoiles d'argent. Le trône est élevé de sept marches; le dais, qui le recouvre, est en soie blanche parsemée de lys d'argent. Brillant éclairage. Derrière l'autel, se trouve le tabernacle.

On appelle « Tabernacle » un petit local séparé du temple et situé derrière le trône; le sol de ce cabinet est un peu plus élevé que l'autel. Ce réduit est tendu de blanc; au milieu, est une minuscule table, sur laquelle brûlent trois bougies. Il s'y trouve aussi un siège ou une banquette, et l'on y a pratiqué une petite fenêtre communiquant avec le temple.

C'est la Maîtresse Agissante qui préside; elle prend le nom de Reine de Saba.

Les douze plus anciennes Maîtresses de la Loge adoptent des noms de Sibylles.

Les Sœurs portent, sur la toilette de ville, une sorte d'aube ou *talari*, au bas de laquelle sont brodées les initiales de sept esprits que l'on invoque au cours de la séance: Anaël, Mikaël, Raphaël, Gabriel, Uriel, Zobiakel et Anokiel. Les Frères sont munis d'épées qu'ils tiennent fièrement; ils gardent la tête découverte.

La Maîtresse Agissante ouvre les travaux, tandis que la récipiendaire est dans la Chambre des Réflexions.

On amène d'abord en Loge la *Colombe*. C'est une toute jeune fille, spécialement dressée aux pratiques du rite. La Colombe, vêtue d'une longue robe blanche ornée de rubans bleus et décorée d'un cordon rouge, est conduite devant la Maîtresse Agissante, et prend place sur un tabouret bleu et argent.

En ce moment, sur le signal de la Première Sibylle, toute l'assistance se met à genoux et adresse à l'Être

Suprême (c'est-à-dire à Lucifer) une invocation, afin qu'il daigne permettre que la Maîtresse Agissante exerce le pouvoir qu'il lui a remis.

De son côté, la Colombe prie l'Être Suprême de lui donner la grâce d'opérer suivant les ordres de la Maîtresse Agissante et de servir de médiatrice entre elle et les esprits.

La Maîtresse Agissante souffle alors sur le visage de la Colombe, en prolongeant le souffle depuis le front jusqu'au menton. Elle ajoute quelques paroles sacramentelles. Après quoi, la Colombe est renfermée dans le tabernacle.

Nouvelle prière à l'Être Suprême.

La Maîtresse Agissante ordonne aux sept esprits primitifs de se manifester à la Colombe.

Tout le monde garde un profond silence.

La Colombe, par la petite fenêtre du tabernacle, annonce enfin que les esprits viennent de se mettre en communication avec elle.

La Maîtresse Agissante lui enjoint de demander à l'un des esprits, qu'elle désigne par son nom, si la postulante réunit les qualités nécessaires pour être reçue Maîtresse Égyptienne.

Sur la réponse affirmative de la Colombe, la Maîtresse Agissante ordonne d'introduire la récipiendaire.

Celle-ci est placée entre les deux colonnes. On la fait mettre à genoux, ainsi que tous les Frères et Sœurs présents. Seule, la Maîtresse Agissante reste debout.

La Maîtresse Agissante, levant les yeux et les mains au ciel. — Réunissez-vous à moi, Frères et Sœurs tant visibles qu'invisibles, pour adorer l'Être Suprême et le prier intérieurement de me faire la grâce d'admettre au nombre de ses enfants la Sœur (*ici le nom de la récipiendaire*).

On prie en silence pendant deux ou trois minutes.

La Maîtresse Agissante met fin à cette invocation muette en frappant sur l'autel un coup du glaive qu'elle tient à la main.

Tous les assistants se relèvent, à l'exception de la récipiendaire, à qui l'on dit de se prosterner la face contre terre, et qui récite ensuite à haute voix, en français, le psaume *Miserere mei, Deus, secundum magnam misericordiam tuam* (psaume L) ; il va sans dire que le Dieu auquel elle adresse sa supplication est l'Être Suprême des Francs-Maçons, le Grand Architecte de l'Univers. Ainsi, par une parodie sacrilège, qui rappelle bien les sorcelleries du moyen âge, la secte emploie les prières mêmes de l'Église catholique, pour invoquer Satan, et cela en plein dix-neuvième siècle !

Le psaume achevé, la Maîtresse Agissante ordonne à la Colombe de se mettre en communication « avec l'esprit primitif Gabriel, qui préside à la planète Mercure, » pour lui demander s'il est permis que la récipiendaire soit purifiée.

La réponse étant affirmative, trois Sœurs chantent, en français, le *Veni, Creator Spiritus.* (Voir au chapitre VIII de cet ouvrage, page 172.)

On fait placer la récipiendaire au milieu de trois cassolettes, et sa purification a lieu en jetant sur la flamme de l'encens, de la myrrhe et du laurier.

— Les richesses sont le premier présent que je vais vous faire, lui dit alors la Maîtresse Agissante.

Et, prenant quelques feuilles d'or dans un vase, elle les dissipe par son souffle.

La Maîtresse des Cérémonies, avec solennité. — Ainsi passent les gloires du monde profane !

On donne ensuite à boire à la récipiendaire une sorte de bouillon aux herbes refroidi, lequel est intitulé « breuvage d'immortalité. »

On la fait agenouiller au milieu de la Loge, en face

du Tabernacle, et, sur l'ordre de la Maîtresse Agissante, la Colombe évoque les six esprits primitifs que voici : Anaël, qui préside au soleil ; Mikaël, à la lune ; Raphaël, à la planète Mars ; Uriel, à la planète Jupiter ; Zobiakel, à la planète Vénus ; Anokiel, à la planète Saturne. Cette évocation a pour objet d'inviter les esprits dont il s'agit à consacrer les ornements enfermés dans le Tabernacle et qui sont destinés à la postulante.

Par la même occasion, la Colombe évoque aussi Moïse et le prie « de vouloir bien, lui aussi, bénir chaque ornement et tenir, dans sa main droite, durant quelques instants, la couronne de roses dont va être ceint le front de la récipiendaire. »

La Colombe, par le fenestron du Tabernacle, passe au fur et à mesure les ornements à la Maîtresse Agissante, en lui assurant qu'ils viennent d'être bénis par les esprits évoqués.

La Maîtresse Agissante trace un grand cercle et y fait placer la néophyte, à qui elle adresse une allocution, en lui remettant chaque objet (cordon, tablier, gants). Enfin, elle dépose sur sa tête la couronne de roses bénie par Moïse et les esprits primitifs. C'est cette formalité qui termine la réception. Toutefois, il est permis à la Maîtresse Agissante d'évoquer encore l'esprit du premier Grand Cophte, fondateur du rite, pour que la réception de la néophyte soit confirmée et bénie par lui.

L'instruction du grade roule sur l'immortalité physique et l'immortalité morale ; la Maçonnerie misraïmite prétend posséder les secrets qui donnent cette double immortalité. Seulement, les pratiques, enseignés aux adeptes, sont tellement compliquées qu'il leur est impossible de les pousser jusqu'au bout.

Voici quelques-unes des questions du Catéchisme de Maîtresse Agissante

D. Connaissez-vous ce que vous êtes ? — R. Oui. Je suis homme, c'est-à-dire j'appartiens à l'humanité.

D. Quel est votre sexe ? — R. Femme. Mon sexe étant enclin à la faiblesse, j'avais d'abord accepté le joug de l'ignorance ; mais, ayant heureusement reçu la lumière, j'ai écrasé le vice, je suis parvenue à connaître la vérité et à recouvrer mon pouvoir.

D. En quoi consiste ce pouvoir ? — R. Ayant été formée à l'image de Dieu, j'ai reçu de lui le pouvoir de me rendre immortelle, de commander aux esprits et de régner sur la terre.

D. Qu'entendez-vous par régner sur la terre ? — R. J'entends que Dieu n'a formé la terre que pour l'homme et pour être commandée par lui ; mais l'homme ne saurait parvenir à cet empire sans connaître la perfection du moral et du physique, sans avoir pénétré dans le véritable sanctuaire de la nature, et sans posséder notre doctrine sacrée, qui enseigne deux façons d'opérer : l'une pour se rendre immortel physiquement, l'autre pour le devenir moralement.

D. Comment parvient-on à régner sur la terre ? — R. Pour commander à la nature, il faut s'être fait supérieur à la nature par la résistance à ses entraînements. C'est quand on a l'esprit parfaitement libre de tout préjugé et de toute superstition, que l'on peut commander aux esprits. Les forces fatales obéissent seulement à qui ne leur obéit pas. Pour diriger les courants de la lumière mobile, il faut être fixé dans une lumière immobile. Pour commander aux éléments, il faut avoir dompté leurs ouragans, leurs foudres, leurs abîmes et leurs tempêtes. En résumé : il faut *savoir* pour *oser*, il faut *oser* pour *vouloir* ; il faut *vouloir* pour *régner*, et pour *régner*, il faut *se taire*.

D. Que nous procure la régénération physique ? — R. Elle nous fait trouver la matière première, et elle nous donne l'acacia, qui maintient l'homme dans la force de la jeunesse et le rend immortel.

D. Que nous procure la régénération morale ? — R. Elle nous met en possession du sceau de Salomon et du pentagramme, qui sont la synthèse de toutes les figures magiques et de tous les signes cabalistiques auxquels obéissent les esprits.

D. Qu'est-ce que le sceau de Salomon ? — R. Le sceau de Salomon, nommé aussi « la Signature de Salomon, » est la figure la plus simple et le plus complet abrégé de la science de toutes choses ; ce signe sacré, par la réunion de deux triangles formant une étoile à six pointes, exprime, avec perfection, l'idée de l'infini et de l'absolu. Il représente les deux principes qui se combattent de toute éternité, le bien et le mal, la lumière et l'ombre, la vie et la mort. Ces deux principes de l'équilibre universel, bien que se combattant, ne peuvent parvenir à se détruire ; car ils sont égaux en force et de même essence suprême. Leur double existence constitue la divinité elle-même, qui est à la fois une et triple. En effet, le triangle supérieur étant égal au triangle inférieur, et le verbe qui exprime leur valeur égale faisant trois, il s'ensuit que le dogme ternaire est le dogme universel. Si Dieu n'était qu'un, il serait fatalement improductif et ne pourrait être le père de toutes choses ; l'unité, pour devenir active, doit se multiplier ; un principe indivisible, immobile et infécond, serait l'unité morte et incompréhensible. Si Dieu était seulement deux, l'antagonisme éternel de ses deux principes serait l partage et la division de l'univers dans tous les siècles des siècles. Il est donc trois pour engendrer de lui-même et à son image la multitude infinie des êtres et des nombres. Ainsi, il est réellement unique en lui-même et triple dans notre conception ; ce qui nous le fait voir aussi triple en lui-même et unique dans notre intelligence et dans notre amour. Le dogme ternaire, mystère pour l'aveugle qui croit sans raisonner, est donc une nécessité logique pour l'initié aux sciences absolues et réelles ; et rien ne peut mieux figurer l'Être Suprême et ses deux éternels principes que le signe sacré ou sceau de Salomon.

D. Qu'est-ce que le pentagramme ? — R. Le pentagramme, nommé aussi « la Signature de Lucifer », est la figure de l'intelligence qui régit, par l'unité de force, les quatre puissances élémentaires ; c'est l'Étoile Flamboyante des enfants d'Hiram ; c'est le prototype de la lumière équilibrée ; vers chacune de ses pointes un trait de lumière remonte, comme de chacune de ses pointes un trait de lumière descend. Cet autre signe sacré représente le grand et suprême athanor de nature qui est le corps de l'homme : l'influence magnétique part en deux rayons de la tête, de chaque main et de chaque pied ; le rayon positif est équilibré par le rayon négatif ; la tête correspond avec les deux pieds, chaque main avec une main et un pied, les deux pieds chacun avec la tête et une main. Ce signe régulier de la lumière équilibrée synthétise l'esprit d'ordre et d'harmonie. Il est le signe de la toute-puissance de l'initié ; car, à raison de ce qu'il exprime la domination de l'esprit sur les éléments, c'est par lui que l'initié soumet à son pouvoir les démons de l'air, les esprits du feu, les spectres de l'eau et les fantômes de la terre.

Interrompons ici ce catéchisme du Rite Égyptien ; ce que les Maçons misraïmites font réciter à leurs Sœurs n'est pas autre chose que la théorie de la magie et de la cabale.

La Maîtresse Agissante ferme la Loge, après avoir fait adorer et remercier l'Être Suprême, c'est-à-dire Satan ; car, selon la doctrine de la secte, la divinité est formée de deux principes opposés, le génie de l'Être, qui est

Lucifer, et le génie de la Destruction, qui est Adonaï. En d'autres termes, la Maçonnerie reconnaît la qualité de Dieu à l'Éternel adoré des chrétiens ; mais c'est pour poser en dogme cette abomination : l'être adoré des Maçons le Grand Architecte, lui aussi, est Dieu.

Dans le Rite Français et dans le Rite Écossais, on est amené lentement au satanisme, et les voiles ne se déchirent qu'au grade de Kadosch. Dans le Rite de Misraïm, complété par le Rite Égyptien d'Adoption, on va plus vite ; dès le premier grade, ainsi que le constate le F.·. Ragon (1), l'instruction roule tout entière, du moins dans les Loges d'hommes, sur l'alchimie, la magie, les évocations et les sciences occultes.

Je terminerai cette étude du Rite Égyptien par la divulgation de quelques pratiques essentiellement diaboliques des Loges misraïmites.

Les Frères, pour leurs évocations, portent sur la poitrine le double triangle qu'ils appellent sceau de Salomon et tiennent à la main le pentagramme ou Étoile Flamboyante.

Les appels aux esprits commencent par des consécrations spéciales de l'air, du feu, de l'eau et de la terre.

Exorcisme de l'Air

On exorcise l'air en soufflant du côté des quatre points cardinaux et en disant :

« Spiritus Dei ferebatur super aquas, et inspiravit in faciem hominis spiraculum vitæ. Sit Mikaël dux meus, et Sabtabiel servus meus in luce et per lucem !

« Fiat verbum halitus meus ; et imperabo spiritibus aeris hujus, et refrœnabo equos solis voluntate cordis mei, et cogitatione mentis meæ, et nutu oculi dextri !

« Exorciso igitur te, creatura aeris, per Pentagram-

(1) Ragon, *Manuel complet de Maçonnerie d'Adoption*, chapitre relatif au Rite Égyptien, page 110.

maton et in nomine Tetragrammaton, in quibus sunt voluntas firma et fides recta ! Amen. Sela. Fiat. Qu'il en soit ainsi ! »

Oraison des Sylphes

Après quoi, on trace dans l'air un signe de cabale, et on récite l'oraison des Sylphes :

« Esprit de Lumière (1), Esprit de Sagesse, dont le souffle donne et reprend la forme de toute chose ; toi devant qui la vie des êtres est une ombre qui change et une vapeur qui passe ; toi qui montes les nuages et qui marches sur l'aile des vents ; toi qui respires, et les espaces sans fin sont peuplés ; toi qui aspires, et tout ce qui vient de toi retourne à toi ; mouvement sans fin dans la stabilité éternelle, sois éternellement béni !

« Nous te louons et nous te bénissons dans l'empire changeant de la lumière créée, des ombres, des reflets et des images, et nous aspirons sans cesse à ton immuable et impérissable clarté. Laisse pénétrer jusqu'à nous le rayon de ton intelligence et la chaleur de ton amour ; alors, ce qui est mobile sera fixé, l'ombre sera un corps, l'esprit de l'air sera une âme, le rêve, sera une pensée. Et nous ne serons plus emportés par la tempête ; mais nous tiendrons la bride des chevaux ailés du matin et nous dirigerons la course des vents du soir pour voler au-devant de toi.

« O esprit des esprits, ô âme éternelle des âmes, ô souffle impérissable de la vie, ô soupir créateur, ô bouche qui aspirez et respirez l'existence de tous les êtres dans le flux et le reflux de votre verbe éternel, qui est l'océan divin du mouvement et de la vérité ! Amen. »

---

(1) Il est indiscutable que c'est à Lucifer lui-même que les Francs-Maçons s'adressent ; car *Lucifer* signifie *Porte-Lumière* ou *Esprit de Lumière*.

Exorcisme de l'Eau.

On exorcise l'eau par l'imposition des mains, par le souffle et par la parole en y mêlant le sel consacré avec un peu de la cendre restée dans la cassolette des parfums. L'aspersoir est fait de branches de verveine, de pervenche, de sauge, de menthe, de valériane, de frêne et de basilic, liées par un fil, avec un manche de noisetier.

En bénissant d'abord le sel, on dit :

« In isto sale sit sapientia, et ab omni corruptione servet mentes nostras et corpora nostra, per Hokmaël et in virtute Ruach-Hokmaël, recedant ab isto fantasmata hylæ ut sit sal cœlestis, sal terræ et terra salis, ut nutrietur bos triturans et addat spei nostræ cornua tauri volantis ! Amen. »

En bénissant ensuite la cendre, on dit :

« Revertatur cinis ad fontem aquarum viventium, et fiat terra fructificans, et germinet arborem vitæ per tria nomina, quæ sunt Netsah, Hod et Jesod, in principio et in fine, per Alpha et Omega qui sunt in spiritu Azoth ! Amen. »

En mêlant l'eau, le sel et la cendre, on dit :

« In sale sapientiæ æternæ, et in aqua regenerationis, et in cinere germinante terram novam, omnia fiant per Eloïm Gabriel, Raphaël et Uriel, in sæcula et œonas. Amen. »

Tout étant mêlé, on dit :

« Fiat firmamentum in medio aquarum et separat aquas ab aquis, quæ superius sicut quæ inferius, et quæ inferius sicut quæ superius, ad perpetranda miracula rei unius. Sol ejus pater est, luna mater et ventus hanc gestavit in utero suo, ascendit a terra ad cœlum et rursus a cœlo in terram descendit. Exorciso te, creatura aquæ, ut sis mihi speculum Dei vivi in operibus ejus, et fons vitæ, et ablutio peccatorum. Amen. »

Oraison des Ondins.

Nouveau signe cabalistique, et récitation de l'oraison suivante :

« Roi terrible de la mer, vous qui tenez les clefs des cataractes du ciel et qui renfermez les eaux souterraines dans les cavernes de la terre ; roi du déluge et des pluies du printemps ; vous qui ouvrez les sources des fleuves et des fontaines ; vous qui commandez à l'humidité, qui est comme le sang de la terre, de devenir la sève des plantes, nous vous adorons et nous vous invoquons !

« Nous, vos mobiles et changeantes créatures, parlez-nous dans les grandes commotions de la mer, et nous tremblerons devant vous ; parlez-nous aussi dans le murmure des eaux limpides, et nous désirerons votre amour !

« O immensité dans laquelle vont se perdre tous les fleuves de l'être, qui renaissent toujours en vous ! O océan de perfections infinies ! hauteur qui vous mirez dans la profondeur ! profondeur qui vous exhalez dans la hauteur ! amenez-nous à la véritable vie par l'intelligence et par l'amour ! amenez-nous à l'immortalité par le sacrifice, afin que nous soyons trouvés dignes de vous offrir un jour l'eau, le sang et les larmes, pour la rémission des erreurs ! Amen. »

Exorcisme du Feu.

On exorcise le feu, en y jetant du sel, de l'encens, de la résine blanche, du camphre et du soufre, et en prononçant trois fois les trois noms des Génies du Feu : Mikaël, roi du soleil et de la foudre ; Samaël, roi des volcans ; et Anaël, prince de la lumière astrale. Après quoi, on récite l'oraison des Salamandres.

Oraison des Salamandres.

« Immortel, Éternel, Ineffable et Incréé, Père de

toutes choses, qui es porté sur le chariot roulant sans cesse des mondes qui tournent toujours ! Dominateur des immensités éthérées, où est élevé le trône de ta puissance, du haut duquel tes yeux redoutables découvrent tout, du haut duquel tes oreilles écoutent tout ! exauce tes enfants que tu as aimés dès la naissance des siècles ; car ta dorée et grande et éternelle majesté resplendit au-dessus du monde et du ciel des étoiles !... Tu t'es élevé sur elles, ô Feu étincelant ! Là, tu t'allumes et t'entretiens toi-même par ta propre splendeur, et il sort de ton essence des ruisseaux intarissables de lumière qui nourrissent ton esprit infini.

« Cet esprit infini nourrit toutes choses, et fait ce trésor inépuisable de substance toujours prête pour la génération qui la travaille et qui s'approprie les formes dont tu l'as imprégnée dès le principe.

« De cet esprit tirent aussi leur origine ces rois très saints qui sont autour de ton trône et qui composent ta cour, ô Père universel ! ô Unique ! ô Père des bienheureux mortels et immortels !

« Tu as créé en particulier des puissances qui sont merveilleusement semblables à ton éternelle pensée et à ton essence adorable ! Tu les as établies supérieures aux anges, qui annoncent au monde tes volontés ! Enfin, tu nous as créés au troisième rang dans notre empire élémentaire.

« Là, notre continuel exercice est de te louer et d'adorer tes désirs ! Là, nous brûlons et brûlerons sans cesse en aspirant à te posséder !

« O Père ! O Mère, la plus tendre des mères ! O archetype admirable de la maternité et du pur amour ! O Fils, la fleur des fils ! O forme de toutes les formes, âme, esprit, harmonie et nombre de toutes choses ! Amen. »

Exorcisme de la Terre.

On exorcise la terre par l'aspersion de l'eau, par le souffle et par le feu ; on y emploie divers parfums qui varient suivant les jours. Enfin, on dit l'oraison des Gnomes.

Oraison des Gnomes.

« Roi invisible, qui avez pris la terre pour appui et qui en avez creusé les abîmes pour les remplir de votre toute-puissance ; vous dont le nom fait trembler les voûtes du monde ; vous qui faites couler les sept métaux dans les veines de la pierre ; monarque des sept lumières, rémúnérateur des ouvriers souterrains, amenez-nous à l'air désirable et au royaume de la clarté !

« Nous veillons et nous travaillons sans relâche ; nous cherchons et nous espérons, par les douze pierres de la cité sainte, par les talismans qui sont enfouis, par le clou d'airain qui traverse le centre du monde.

« Seigneur ! Seigneur ! Seigneur ! ayez pitié de ceux qui souffrent, élargissez nos poitrines, dégagez et élevez nos têtes, agrandissez-nous !

« O stabilité et mouvement ! O jour enveloppé de nuit, ô obscurité voilée de lumière ! O maître qui ne retenez jamais par devers vous le salaire de vos travailleurs ! O blancheur argentine ! O splendeur dorée ! O couronne de diamants vivants et mélodieux ! vous qui portez le ciel à votre doigt comme une bague de saphir ! vous qui cachez sous la terre dans le royaume des pierreries la source merveilleuse des étoiles ! vivez, régnez et soyez l'éternel dispensateur des richesses dont vous nous avez fait les gardiens ! Amen. »

L'oraison des Gnomes se récite en se tournant vers le nord ; celle des Salamandres, vers le midi ; celle des Sylphes, vers l'orient ; et celle des Ondins, vers l'occident. En Loge de dames, on se tourne, par conséquent:

pour les esprits de la terre, vers le climat d'Amérique ; pour les esprits du feu, vers le climat d'Afrique ; pour les esprits de l'air, vers le climat d'Asie ; et pour les esprits de l'eau, vers le climat d'Europe.

Conjuration Générale.

Mais les Maçons misraïmites ne se contentent pas d'évoquer les esprits des phalanges de Lucifer ; ils tiennent, dans leurs pratiques, à conjurer l'influence des esprits adverses, c'est-à-dire des anges d'Adonaï.

Aussi, pour ne point être inquiétés par ceux-ci, font-ils une conjuration générale, en soufflant, en aspergeant, en brûlant des parfums et en traçant sur le sol le sceau de Salomon et le pentagramme sacré. Ces figures doivent être faites avec une parfaite régularité, avec un roseau trempé dans diverses couleurs.

Puis, on prononce à voix haute en ces termes la conjuration générale ou Conjuration des Quatre :

« Caput mortuum, imperet tibi Dominus per vivum et devotum serpentem ! Cherub, imperet tibi Dominus per Adam Jot-Chavah ! Aquila errans, imperet tibi Dominus per alas tauri ! Serpens, imperet tibi Dominus Tetragrammaton per angelum et leonem !

« Mikaël ! Gabriel ! Raphaël ! Anaël !

« Lucifer ! Belzébuth ! Moloch ! Astaroth !

« Fluat udor per spiritum Eloïm ! Maneat terra per Adam Jot-Chavah ! Fiat firmamentum per Jahuvehu-Zebaoth ! Fiat judicium per ignem in virtute Mikaël !

« Ange aux yeux morts, obéis, ou écoule-toi avec cette eau sainte !

« Taureau ailé, travaille, ou retourne à la terre, si tu ne veux pas que je t'aiguillonne avec cette épée !

« Aigle enchaîné, obéis à ce signe, ou retire-toi devant ce souffle !

« Serpent mouvant, rampe à mes pieds, ou sois tourmenté par le feu sacré et évapore-toi avec les parfums que j'y brûle !

« Que l'eau retourne à l'eau ! que le feu brûle ! que l'air circule ! que la terre tombe sur la terre !

« Par la vertu du pentagramme, qui est l'étoile du matin, Lucifer ! et au nom du tétragramme qui est écrit au centre de la croix de lumière ! Amen. »

Signe de la Croix Maçonnique.

On termine la Conjuration des Quatre par une profanation maçonnique du signe de la croix.

Le président de la Loge, soit le Vénérable, soit la Grande Maîtresse, donne le signal aux Frères et Sœurs, et tous ensemble exécutent la parodie sacrilège.

On porte la main au front, en disant :

— A toi, Lucifer, appartiennent...

On la descend sur la poitrine, en disant :

— Le règne suprême...

On la porte à l'épaule gauche, en disant :

— La justice...

Puis, à l'épaule droite, en disant :

— Et la miséricorde...

Enfin, on laisse, en les joignant, retomber les deux mains, et on les appuie sur le corps, au bas du ventre, en disant :

— Dans les cycles générateurs. Amen

Telles sont les pratiques les plus usuelles des Maçons du Rite de Misraïm. Ces cérémonies, ou ces sortilèges, comme on voudra, sont la préface obligée des évocations prescrites par les rituels. Je les ai citées, non pour divulguer des mystères plus ou moins intéressants à connaître, mais pour établir une bonne fois que l'odieuse secte, qui parle toujours de lumière et de progrès, croupit, en plein dix-neuvième siècle, dans le sacrilège obscène des sorciers du moyen âge.

— A quoi croyez-vous, Frères et Sœurs ? demande le Vénérable.

Et tous répondent en chœur :

— Nous croyons à la vie éternelle !

Inutile d'expliquer le sens ignoble de ce *Credo* de dépravés maudits.

RITE DU MONT-THABOR

OU DES SŒURS ÉCOSSAISES

Ce rite date de 1810. Il est essentiellement français. Il se compose de sept grades, ainsi répartis :

PETITS MYSTÈRES.

I. *Grades Symboliques* : 1er degré, Apprentie ; 2e degré, Compagnonne ; 3e degré, Maîtresse. — Ces trois premiers degrés sont les mêmes que ceux du Rite Moderne d'Adoption.

II. *Grades d'Election* : 4e degré, Novice Maçonne 5e degré, Compagnonne Discrète.

GRANDS MYSTÈRES.

III. *Grades de Perfection* : 6e degré, Maîtresse Adonaïte ; 7e degré, Maîtresse Moraliste.

La Novice Maçonne

Tableau de la Loge. Il est à fond bleu, semé d'abeilles d'argent. Au sommet, une ruche d'or, avec les lettres H :·: H :·: B :·: Au centre, deux mains jointes tenant une épée et une quenouille, et cette inscription au-dessous : « Pour ma défense personnelle et l'estime publique, union. » Au bas, une règle, un compas et un fuseau, avec cette devise : « Par eux, je brave les méchants. »

Chambre des Réflexions. La tenture est noire. Une lampe seule éclaire le cabinet. Sur un mur, cette inscription : « Impudeur, Licence, Insensibilité. » Sur une table, un miroir terni, un bouquet fané, et une petite urne, que le rituel appelle : un lacrymatoire. Il y a aussi, sur la table, du papier, de l'encre et une plume.

Les questions, auxquelles la récipiendaire a à répondre par écrit, sont les suivantes :

« 1° Que doit-on à ses père et mère ? — 2° Que doit-on à son mari et à ses enfants ? — 3° Que doit-on à l'amitié et à la société ? »

Ouverture des Travaux. — D. A quelle heure, Sœur Inspectrice, les Novices Maçonnes ont-elles coutume d'ouvrir leurs travaux ? — R. Sitôt que les roses ouvrent leurs calices au retour de la blanche aurore, Grande Maîtresse. — D. Sœur Inspectrice, voyez-vous l'aurore ? — R. Grande Maîtresse, elle paraît toujours pure et belle au-dessus de vous. — D. Sœur Dépositaire, quels sont les devoirs d'une Novice Maçonne ? — R. Silence, soumission et joyeuse humeur. — D. Sœur Inspectrice, à quoi les Novices Maçonnes s'occupent-elles ? — R. A filer, broder et chanter le bonheur domestique.

Fermeture des Travaux. — D. Quelle heure est-il, Sœur Inspectrice? — R. Grande Maîtresse, il est l'instant où la déesse au crêpe noir, aux étoiles d'argent, aux songes heureux, entr'ouvre les calices des fleurs pour en respirer les parfums innocents.

Habillement. Le cordon est couleur amaranthe et se porte en sautoir ; au milieu, trois petites croix rayonnantes, l'une blanche, l'autre verte, la troisième bleue, sont disposées en triangle.

Le bijou, suspendu à la pointe du cordon, est en or et représente un T en forme de clef.

Le tablier, en satin blanc, a la forme d'un écusson. Au milieu, un triangle renversé où est un T. A droite du triangle et en biais, une quenouille ; à gauche et en biais, une épée flamboyante. Le tout est entouré d'une guirlande de roses. Les bordures et les attaches sont en ruban vert ; la doublure est en amaranthe. Ce tablier, qui reste le même aux trois grades suivants, est attaché sur la robe au bas du ventre. Il porte cette devise brodée : « A bon chevalier, bon hospice. »

Marche. On entre en Loge par trois pas, le premier à gauche, le second à droite, le troisième à gauche.

Batterie. On frappe trois coups dans les mains et on crie trois fois : Houzé !

Signe. On porte trois fois l'index sur la bouche, et l'on dit : « Silence, Secret, Discrétion. »

Attouchement. On se prend la main en griffe de Maître, comme dans la Maçonnerie des hommes.

Mots Sacrés. Le Frère dit à haute voix : FÉIX-FÉAX. La Sœur lui répond à l'oreille : LUCIBEL. On interprète le premier mot par : « Académie de vertus », et le second par : « Lumière sans ombre ».

Mot de Passe. « Les plaisirs de cet hospice ».

Banquets. Les banquets de Novices Maçonnes s'appellent des *Agapes*. La table, en fer à cheval, est nommée *demi-lune* ; les flambeaux, des *astres* ; les couteaux, des *éclairs* ; la nappe, le *voile* ; les serviettes, des *aumusses* ; les verres, des *patères* ; les bouteilles, des *amphores* ; les mets, de l'*ambroisie* ; le vin, du *nectar* ; l'eau, du *cristal* ; le pain, de la *manne* ; les fleurs, des *parfums*. Porter un toast, c'est *former un vœu*. N'importe quel chant est un *hymne*. Quant aux Profanes, lorsqu'on en parle, on les qualifie de *serpents*.

La manœuvre des toasts est commandée par la Grande

Maîtresse, de la façon que voici : « Aumusses au bras ! Eclairs au cœur ! Patères au ciel ! Buvons le nectar en trois temps ! Nectar de vertu ! Nectar de sentiment ! Nectar de volupté céleste ! Patères en avant ! Un, deux, trois ! Un, deux, trois ! Un, deux, trois ! » On pose les verres sur la table, ainsi que les couteaux ; et, après un triple applaudissement, on crie : « Houzé ! houzé ! houzé ! »

Age. « Quel âge avez-vous ? » demande-t-on à une Novice Maçonne. Et elle répond : « J'ai l'âge des fleurs qui ont embaumé trois soleils. »

La Compagnonne Discrète

Ouverture des Travaux. — D. Quelle heure est-il, Sœur Inspectrice ? — R. Grande Maîtresse, il est l'instant du point de l'aurore où le ciel est pur et le calme universel.

Fermeture des Travaux. — D. Quelle heure est-il, Sœur Inspectrice ? — R. Grande Maîtresse, il est l'heure à laquelle les serpents roses s'éveillent pour séduire les novices inconséquentes, les compagnonnes indiscrètes, les vestales inattentives et les vierges folles, pour leur causer, à l'ombre de plaisirs passagers, des regrets cuisants et sans fin.

Marche. On entre en Loge par cinq pas, trois en avant et deux en arrière.

Batterie. On frappe cinq coups, comme ceci : OOO-OO ; et l'on dit, à chaque coup : « Honneur ! »

Mot de Passe. A la demande : « Donnez-moi le mot de passe », on répond : « Chère Sœur, soyez la bienvenue ».

Mot Sacré. A la demande : « Donnez-moi le mot

sacré », on répond : « Ouvrez la porte et j'entrerai. » — « Que signifie ceci ? » riposte la personne qui tuile. Et la personne tuilée réplique : « Porte du ciel ! »

Age. « Quel âge avez-vous ? » demande-t-on à une Compagnonne Discrète. Et elle répond : « J'ai cinq fois trois, cinq fois six, cinq fois dix, et plus encore. » On riposte : « Expliquez-vous, Chère Sœur ». La Compagnonne Discrète réplique : « A quinze ans, la nature nous dispose au désir de devenir la compagne d'un homme aimable et vertueux ; au delà, c'est l'estime, l'amitié, la confiance qui rendent le compagnonnage charmant et indissoluble. » Autre question : « Lequel des serpents est le plus venimeux ? » Réponse : « Le serpent rose qui vit de pomme d'amour. »

A ce grade, on désigne les procès-verbaux sous le nom d'*étoffes façonnées*. On ne dit plus de l'assistance qu'elle est rangée en deux colonnes ; on dit : « Les Frères et les Sœurs sont en *pyramides fleuries.* »

La Maîtresse Adonaïte

Chambre des Réflexions. A ce grade, le petit cabinet de préparation s'appelle « la Contrée des Limbes ». Il y a aussi, pour les besoins du cérémonial de l'initiation, une caverne de la mort et un sanctuaire de la résurrection.

Titres. La Grande Maîtresse porte le titre d'Hiérophantide Suprême, et la Sœur Inspectrice, celui d'Hiérophantide Première.

Ouverture des Travaux. L'Hiérophantide Suprême ne demande pas l'heure. Elle frappe gravement sept coups de maillet sur l'autel, crie trois fois : *Domine Sol!* et débite avec solennité le boniment que voici : « De jour et de nuit, quand une Maîtresse Adonaïte entend le cri de la douleur ou les gémissements de l'infortune, elle se plaît à écouter le sage, satisfait de sa condition; elle adoucit les larmes de l'affligée, les regrets de l'imprudent, les remords du coupable, et semblable aux saintes prêtresses de Vesta, elle se rend sur le chemin du condamné, demande sa grâce et l'obtient. » Telle est la formule pour l'ouverture des travaux.

Fermeture des Travaux. L'Hiérophantide Suprême demande : « Où est maintenant le *Domine Sol?* » L'Hiérophantide Première répond : « Loin de nous ; il nous invite au repos tranquille que nous ont mérité nos travaux. » L'Hiérophantide Suprême reprend : « La nuit est la mère du jour ! »

Marche. Elle est de sept pas : trois en avant, trois en arrière, et le septième à gauche.

Batterie. On frappe sept coups ainsi : O-OO-OO-OO, et on crie trois fois : *Domine Sol !*

Bijou du grade. C'est une clef d'or ; on dit à la récipiendaire que cette clef ouvre les serrures du passé, du présent et de l'avenir.

Ordre. On se met à l'ordre en croisant sur la poitrine ses bras étendus.

Signe de reconnaissance. On regarde fixement la personne que l'on veut éprouver, et, brusquement, on ferme les yeux. Si l'on a affaire à une Maîtresse Adonaïte, elle répond en levant au ciel ses yeux grands ouverts. Ce signe est censé représenter le passage du néant à la vie.

Attouchement. On se prend les deux mains gauches ; on pose les deux mains droites, l'une en dessus, l'autre en dessous ; puis, alternativement et par trois fois, on s'approche du cœur les mains ainsi unies.

Mot de Passe. L'un dit : DOMINE. L'autre répond : SOL. (Traduction : Seigneur Soleil.)

Mot Sacré. ADONAI. On explique le choix de ce mot, en disant que, pour voir Adonaï, il faut avoir la clarté de deux flambeaux, qui sont le soleil et la lune.

Le cérémonial de la réception roule sur la révolution annuelle du soleil ; tout cela est mélangé à la mort, à la résurrection, etc., à peu près comme pour la légende d'Hiram au grade de Maître dans les Loges d'hommes. Ces symboles, assez confus, ne sont guère expliqués qu'au grade suivant.

Age. « Quel âge avez-vous? » demande-t-on à une Maîtresse Adonaïte. Et elle dit : « Je ne saurais vous répondre ; car, une Maîtresse Adonaïte étant dans un printemps et un automne éternels, je ne puis compter dans sa vie ni étés orageux ni hivers glacés. » Nouvelle question : « Ne pourriez-vous pas cependant me répondre d'une manière plus précise? » Réponse : « A vingt ans comme à soixante, une Maîtresse Adonaïte a l'âge qu'on appelle d'or, si elle est douce et bienfaisante. »

La Maîtresse Moraliste

Ce grade est purement et simplement la récapitulation des précédents degrés et l'explication définitive du système des Ecossaises du Mont-Thabor.

La Maîtresse Moraliste a connu, à son initiation antérieure, la contrée des limbes, la caverne de la mort, l'antre des enfers et le sanctuaire de la résurrection. Elle a dû cette connaissance à un papillon bleu d'azur et or, à un serpent noir, à un triangle céleste composé de sept planètes, de sept signes et de sept couleurs ; on lui a parlé, en outre, des « quatre saisons de la vie sans remords », et on l'a liée avec la *chaîne d'amitié.*

Le papillon d'azur et d'or représente « le ver rampant du Noviciat, la chrysalide du Compagnonnage, et l'état de sylphide ailée de la Maîtrise Adonaïte, trois métamorphoses de l'âme, pour s'élancer, pure et brillante, dans le sein de la vertu, foyer de la vraie lumière. »

Voici maintenant ce qui concerne le serpent noir : « Rose dans sa jeunesse, l'insensibilité, l'ingratitude, la perfidie, tous les vices le teignent de noir dans sa prompte caducité ; il est l'emblème des crimes que la société frappe et des vices qu'elle ne punit pas. »

Le triangle céleste, delta aux sept couleurs du prisme, est « le symbole du soleil s'élevant dans le ciel pour rajeunir et reproduire : le printemps, qui naît dans un berceau de fleurs; l'été, qui répand la nourriture végétale ; l'automne, qui mûrit la sagesse ; et l'hiver, qui rend fermes ou chancelants les derniers pas de la Maîtresse Adonaïte, selon qu'elle a marché bien ou mal dans les saisons précédentes. »

Quand on demande à la récipiendaire ce qu'elle pense de la chaîne d'amitié, elle répond : « La chaîne d'amitié m'a fait l'impression d'un poids léger et doux, et je cesserais de vivre heureuse, si l'on avait la cruauté de m'ôter cette aimable chaîne, qui lie si étroitement les Frères et les Sœurs du Mont-Thabor. »

Ordre. On se met à l'ordre de Maîtresse Moraliste en campant fièrement ses poings sur les hanches, absolument comme une poissarde en colère. « Tenir le bras gauche en équerre sur la hanche gauche et le bras droit en équerre sur la hanche droite, » est-il dit dans le rituel du grade ; et le rituel ajoute : « Cette posture fière signifie que la Maîtresse Moraliste est droite et ferme sur les principes de la morale maçonnique. »

Signe de reconnaissance. Il dérive du signe d'ordre. Pour savoir si l'on a devant soi une vraie Maîtresse Moraliste, on campe bien ostensiblement la main droite sur la hanche. La Sœur du Mont-Thabor répond à ce signe en campant à son tour sur la hanche sa main gauche.

Batterie. Elle est de quatre coups, ainsi frappés : OO-OO. On la fait suivre de cette acclamation : « Isis ! Isis ! Isis ! »

Mot de Passe. FREYA. C'est le nom de la déesse des amours dans la mythologie scandinave.

Mot Sacré. HORUS.

L'Hiérophantide Suprême consacre la néophyte en ces termes : « Je vous investis de votre dignité nouvelle par l'anneau ; mais si un sentiment d'orgueil se glissait en vous à l'aspect de cette honorable décoration, jetez les yeux sur la rosette noire qui double la rosette verte de votre Première Maîtresse, et vous sentirez le néant de la gloire humaine. »

Parmi les sornettes débitées à la Maîtresse Moraliste, se trouve la légende de Freya :

« Freya, dans l'Olympe scandinave, est la sœur de Freyr et la seconde épouse d'Odin. Elle était, après Frigga, la déesse la plus révérée dans le ciel et sur la terre. C'est elle qui présidait aux amours. Elle habite, dans le ciel, le palais Folkwanger, et ne sort que sur un char traîné par deux chats. La moitié des héros qui tombent sur les champs de bataille lui appartient ; l'autre moitié revient à Odin, qui les héberge dans le Walhalla. La galanterie étant une des principales vertus de tout vaillant chevalier, il était juste que la déesse des amours fût chargée de récompenser au moins une partie de ceux qui mouraient les armes à la main. Freya porte une parure splendide. Son mari, Odin, dont elle eut deux filles, Hnos et Gersemi, deux types de beauté, l'abandonna un jour pour courir le monde. Désolée de cette perte, elle se mit en route et le chercha de contrée en contrée, changeant de nom chaque fois qu'elle arrivait chez un nouveau peuple. Elle ne put retrouver son époux et elle en conçut une telle douleur que, nuit et jour, de ses yeux coulaient des larmes d'or intarissables qui inondaient sa poitrine ; et depuis, parmi le peuple allemand, l'or a conservé le nom poétique de *larmes de Freya.* La Vénus scandinave a donné aussi son nom au vendredi du calendrier allemand, *freitag ;* on sait que le même jour est consacré à Vénus dans le calendrier romain. Freya est le symbole de la lune, comme son frère, le dieu Freyr, est le symbole du soleil. Ainsi, Isis et Horus, chez les Egyptiens. »

En résumé, le Rite du Mont-Thabor est fort diffus et n'a jamais eu beaucoup de succès. Il est surtout panthéiste et n'a pas le caractère satanique du Rite Egyptien.

RITE PALLADIQUE

COMPAGNES DE PÉNÉLOPE OU PALLADIUM DES DAMES

La Maçonnerie Palladique est une sorte de sélection androgyne pratiquée au sein des Ateliers d'Adoption, comme la Maçonnerie Forestière ou Carbonarisme est une sélection politique pratiquée au sein des Loges d'hommes.

Le Rite Palladique ne cherche point à faire des prosélytes. « Il ne professe aucun dogme, dit le rituel ; il ne s'attache qu'à mettre en contact les amateurs de la vérité, de la nature et de la vertu, afin de les retirer de l'isolement où la hauteur de leurs conceptions les place dans la société ; mais l'Ordre n'accueille pour adeptes que les personnes qui ont été préalablement épurées et purifiées par les grades maçonniques. »

Cette sorte de sous-Maçonnerie se divise en deux Ordres : l'Ordre des Sept Sages ou de Minerve, et l'Ordre du Palladium ou Souverain Conseil de la Sagesse.

ORDRE DES SEPT SAGES

Les Frères, qui adoptent le système dit *Ordre des Sept Sages*, se réunissent par sept; chacun prend le nom et la devise d'un des sept Sages de la Grèce.

Chaque Cercle de Sages ou Palladium est isolé, pouvant même n'être pas connu des autres.

On n'emploie ni épreuves ni cérémonies pour l'admission des adeptes. Seulement, on leur lit sept vœux, relatifs au prétendu perfectionnement de soi-même. Après chacun, l'adepte dit : « Je le ratifie. »

Travaux. On ouvre le Palladium en faisant une circonférence. Chaque membre du Cercle préside à tour de rôle.

Chaque adepte, également à tour de rôle, prononce un discours de morale, de science, d'histoire, ou bien traite une question d'arts libéraux, ou encore fait l'apologie d'un des grands hommes chers à la Maçonnerie, dont les noms sont contenus dans la nomenclature que chaque Cercle a adoptée et qui n'est jamais close.

En somme, les travaux du Palladium sont consacrés à des causeries intimes. Ces Cercles ont la primeur des conférences que les beaux parleurs de la secte vont ensuite faire dans les Loges.

Pour fermer la séance, on fait une circonvolution autour du président placé au centre de la salle. Celui-ci désigne le Frère qui présidera la prochaine réunion et on en fixe l'époque. Puis, on se sépare.

Habillement. Dans leurs assemblées particulières.

les adeptes de ce rite portent leurs insignes maçonniques habituels, et, en outre, le cordon distinctif du Palladium. C'est un large ruban blanc, au milieu duquel se trouve l'image de la tête de Méduse, servant d'égide à Minerve; de chaque côté de ce cordon, qui se porte en sautoir, pendent sept faveurs ayant chacune une des couleurs de l'arc-en-ciel.

Signe de reconnaissance. On met verticalement l'index de la main droite sur la bouche. En réponse à ce signe, on porte la paume de la main droite au-dessus de la tempe droite, en disant : « Hic est vita. »

Attouchement. On se prend mutuellement la main, et on appuie le bout du pouce sur la première phalange du petit doigt; puis, en serrant un peu, on fait du bras un léger mouvement rétroactif, comme si l'on craignait de s'être trompé.

Mot d'Ordre. Pour se reconnaître, les adeptes du Rite Palladique des Sept Sages ont encore un mot secret particulier : MEGA-PAN, c'est-à-dire : le Grand Tout.

Le rituel, que les auteurs sacrés de la secte déclarent être « gracieux et philosophique », est rempli de passages extraits, mot pour mot, du *Voyage du Jeune Anacharsis en Grèce.*

En dehors de leurs réunions intimes de Frères, les Cercles tiennent des séances spéciales, dont le but est de former aux fonctions de Grande Maîtresse, Inspectrice, Sœur d'Éloquence, etc., les Maçonnes dont les aptitudes les ont frappés.

ORDRE DU PALLADIUM

Ce second système du Rite Palladique est moins restreint que le premier.

Il se compose de deux grades masculins et d'un grade féminin.

Grades de Frères : 1er degré, l'*Adelphe;* 2e degré, le *Compagnon d'Ulysse*.

Grade de Sœur : unique degré, la *Compagne de Pénélope*.

Le règlement d'Ordre du Palladium ou Souverain Conseil de la Sagesse est en 61 articles, suivis de la déclaration suivante :

« Faits sous l'égide de Minerve, à l'issue de l'établis sement du Souverain Conseil, dont les membres ont été unanimement élus et choisis parmi soixante Compagnons d'Ulysse, assemblés à cet effet, et rédigés ainsi, de leur consentement, par moi, *Fénelon*, le plus petit de tous les sages, à Lutèce, le 20 mai 1637. »

Suivent les signatures : Jamard, président; Blandel de la Fleuterie; Guérin de la Place; Piquez, trésorier; Demeiston, grand secrétaire.

Cette déclaration constitue un faux aussi impudent que grossier en ce qui concerne Fénelon. L'Ordre du Palladium se recommande de l'illustre prélat, comme de son fondateur, et le portrait de l'archevêque de Cambrai figure même en tête du rituel de ce système maçonnique. Il faut que la secte compte bien sur l'ignorance de ses adeptes pour se permettre de pareilles supercheries. D'abord, la Franc-Maçonnerie n'a été introduite en France qu'en 1721, c'est-à-dire six ans après la mort de Fénelon. Ensuite, Fénelon ne pouvait pas avoir fondé en 1637 un Ordre secret ou public quelconque, dont les sectaires se seraient approprié plus tard les règlements, puisqu'en 1637 Fénelon n'était pas encore né; sa naissance est de 1651. La vérité est que l'Ordre du Palladium a été fondé à Paris en 1737 et que ses fondateurs, pour dissimuler le caractère de leur innovation, l'ont frauduleusement vieillie d'un siècle.

Le sceau du rite représente un cœur, dans lequel on

lit cette inscription : « Je sais aimer ». Ce cœur est sur un autel enguirlandé, entre une branche de palmier et une branche de laurier; au-dessus du cœur, est une couronne de roses.

L'Adelphe.

Dans ce grade, comme dans le suivant, le rituel copie celui de l'Ordre des Sept Sages, excepté pour les points qui vont être indiqués.

Serment de l'Adelphe. On fait étendre au récipiendaire la main sur quatre vases dont chacun contient un des quatre éléments (eau, feu, terre, air), et on lui dicte la formule suivante qu'il répète :

« Je suis sorti de la terre; un feu divin anime mon être; l'air et l'eau se combinent pour soutenir mon existence. Je suis homme d'honneur; je promets secret inviolable, attachement sincère à mes Frères, dévouement au service de la patrie et obéissance à ses lois. »

Mot Sacré. Ce mot est double : AGAPAN, signifiant « aimer », et MÉLÉTAN, signifiant « s'exercer ». Après avoir prononcé le mot sacré, on ajoute : « Je le connais, parce que je viens de lui. »

Signe de reconnaissance. On place verticalement sur la bouche l'index et le médius de la main droite. On répond par le même signe.

A chaque réception, un Frère adresse au récipiendaire un bref discours sur un point de morale ou sur l'éloge d'une vertu, et l'on allume une bougie. Six autres Frères prononcent à leur tour une autre harangue, et de la sorte, sept bougies se trouvent allumées à la fin de ce déluge d'éloquence maçonnique.

Le premier harangueur commence son discours par cette phrase : « On ne dit pas au lion : Sois la terreur des déserts », et le termine par cette autre phrase : « De la part et au nom des Compagnons d'Ulysse, je vous dis : Soyez bienfaisant. »

Le second harangueur commence son discours par cette phrase : « On ne dit point au tigre farouche : Sois la terreur des forêts », et la termine par cette autre phrase : « De la part et au nom des Compagnons d'Ulysse, je vous dis : Soyez le doux ami de vos Frères. »

Et ainsi de suite.

On parle au récipiendaire de l'éléphant superbe, pour lui enseigner la modestie ; du cheval, pour la générosité ; du chien, pour la fidélité ; de l'agneau, pour l'innocence ; de la colombe, pour la volupté ; et de l'enfant, pour la tendresse.

Les sept chandelles graduellement allumées symbolisent les progressions successives de la lumière dans l'esprit du néophyte.

Notez bien que l'on n'allume pas des becs de gaz dans les Loges Palladiques ; cela est formellement interdit par le règlement. Tout le luminaire doit être de cire. Et ce n'est pas sans raison, allez ! « La cire, travail de l'abeille, est un emblème précieux, choisi de préférence ; sœur du miel, elle est, comme lui, le fruit des recherches les plus laborieuses et des soins les plus assidus... La seconde qualité de la cire est de jeter la flamme la plus pure et la plus homogène qui doit retracer celle dont le néophyte doit brûler pour la sagesse. Tour à tour, chaque orateur a été près de lui son organe, en lui donnant les conseils qu'elle a dictés à la société. Chacun d'eux a été comme un échelon lumineux qui le guide jusqu'à elle. »

Le Compagnon d'Ulysse

Les séances sont tenues censément dans la tente d'Ulysse. Le récipiendaire assiste à un dialogue en vers médiocres et ridicules qui a lieu entre Ulysse et Diomède au sujet du dépôt du Palladium.

Nota : le récipiendaire a les yeux bandés.

Pour la prestation du serment, on lui fait mettre la main droite sur le cœur, la gauche sur un écusson stupide qui représente le bouclier de Minerve, et on lui dicte ces paroles :

« Si le mensonge est dans ma bouche, puisse le ciel verser sur ma tête tous les maux dont il frappe l'imposteur ! »

Après quoi, on conduit notre homme aux tombeaux des sept Sages de la Grèce. Il va sans dire que, tandis qu'on le fait arrêter devant chacun des pseudo-tombeaux, un Frère prononce un discours. Total : sept harangues, comme au grade précédent. C'est au tombeau de Pittacus qu'on lui apprend l'histoire du Palladium ; on lui débite encore un éloge pompeux d'Ulysse, le plus rusé de tous les Grecs. On lui confère le nom d'Anacharsis, et finalement, on l'envoie souper, « attendu qu'il a besoin de forces pour retourner sur la terre. »

Ce fameux souper se compose de trois plats et d'une énorme tartine de miel, en guise de dessert. Que le récipiendaire aime ou non le miel, il faut qu'il avale la tartine ; car c'est une tartine symbolique.

Toutes ces grotesques simagrées servent de prétexte à des réunions galantes avec des Sœurs choisies parmi les plus dévergondées ; c'est en l'honneur de ces Maçonnes privilégiées qu'a été créé le Souverain Chapitre de la Sagesse et été imaginé le grade de *Compagne de Pénélope*.

La Compagne de Pénélope

Pour être admise à ce degré du Rite Palladique, il faut que la Sœur postulante soit au moins initiée au grade de Maîtresse.

La récipiendaire, sitôt arrivée au local maçonnique, est conduite, par deux Compagnons d'Ulysse et une Compagne de Pénélope, dans une chambre au milieu de laquelle se trouve une table couverte de linge blanc et supportant la statue de Minerve entre trois flambeaux.

Là, on lui fait prêter le serment que voici :

« Sur mon honneur de Maçonne, je promets et jure de garder dans mon cœur la connaissance des secrets que je vais acquérir et de n'en jamais parler qu'avec des Compagnes de Pénélope ou des Compagnons d'Ulysse, que j'aurais reconnus bien légitimes. »

Après quoi, on la mène à la salle où sont réunis les Frères et les Sœurs composant l'Atelier Palladique.

Les Frères portent le cordon de Minerve, décrit plus haut (Ordre des Sept Sages). Les Sœurs portent, en sus de leurs insignes ordinaires, une ceinture de trois couleurs (vert, jaune et couleur de feu) ayant au milieu la tête de Méduse.

Dans cette salle, il y a trois simulacres de tombeaux.

On fait promener la récipiendaire autour de ces mausolées, en lui disant qu'ils contiennent les précieux restes de Pénélope, de Lucrèce et d'Artémise.

Cette promenade terminée, la postulante est reconduite à la chambre de la statue de Minerve. Un Frère Servant y a déposé un tour à filer, des fuseaux, de la broderie, etc., c'est-à-dire tout ce qui peut permettre à une femme de s'occuper utilement.

La récipiendaire est laissée en ce réduit pendant quelques minutes, sans avoir reçu aucune explication.

Alors, un Compagnon d'Ulysse entre et propose à la Sœur de la conduire en un endroit moins triste. Ce disant, il ouvre une petite porte communiquant avec un boudoir spécialement aménagé. La lampe, qui éclaire ce cabinet, est voilée de gaze ; des parfums, excitant les sens, brûlent; des gâteaux et des liqueurs sont servis sur un guéridon.

La Sœur Maçonne, habituée à ces sortes d'aventures, accepte l'invitation du Frère, qui déploie toutes les ressources de sa galanterie. Quand il juge l'entretien suffisant, le Compagnon se retire, en déclarant à la récipiendaire qu'il ne s'absente que momentanément, « étant appelé à combattre » ; celle-ci, sans chercher à comprendre le sens de ce langage symbolique, le laisse partir, et, piquée par la curiosité, attend ce qui va lui arriver.

Ce qui arrive, c'est un second Frère, non moins galant que le premier.

Nouvelle causerie, nouveau flirtage.

Tout à coup, au moment où le second Frère est occupé à conter fleurette à la postulante, le premier Compagnon fait irruption dans le cabinet.

Ici, une scène, qui ne serait pas déplacée dans un vaudeville. Le Frère n° 1 se prétend trahi, traite la récipiendaire de parjure et cause un tel tapage que les Maître et Maîtresse des Cérémonies accourent.

On entraîne la récipiendaire à l'assemblée des Compagnons d'Ulysse et des Compagnes de Pénélope. Le Frère, qui se dit trahi, accuse la Sœur en termes violents et la dénonce comme indigne du grade qu'elle sollicite. La malheureuse balbutie, ne sachant si c'est sérieux ou si c'est pour rire. Le Chevalier d'Éloquence se lève et prononce contre la coupable un réquisitoire fulminant, invoquant les mânes de Pénélope, de Lucrèce et d'Artémise, dont il montre les tombeaux et dont il rappelle la chasteté conjugale. Bref, la récipiendaire, n'y comprenant décidément plus rien, en est réduite à rappeler les principes de l'amitié maçonnique pour produire une justification de sa conduite, au grand amusement de l'assistance.

Enfin, le président de l'assemblée veut bien se montrer bon enfant. Il juge que la postulante n'est pas si coupable qu'on veut bien le dire ; la légende de Pénélope et d'Ulysse n'est qu'une fable ; si tout le monde suivait l'exemple de la reine d'Ithaque, c'en serait bientôt fait de l'humanité. Du reste, — et c'est là un argument concluant, — la récipiendaire n'a pas demandé à devenir une Pénélope, mais bien une Compagne de Pénélope ; or, l'histoire ne présente pas comme inaccessibles les dames de la cour d'Ithaque. Que la Maçonnerie donne donc une nouvelle preuve de sa bonté en admettant la postulante au Souverain Conseil de la Sagesse.

Applaudissements. « La néophyte est admise avec des formes aimables. » Lisez : au milieu d'une embrassade générale (Chaîne d'Union).

Quant à la Sagesse, dont le nom a été constamment mêlé à cette initiation, elle en pense ce qu'elle veut.

RITE DES MOPSES

Ce rite est essentiellement allemand ; cette origine ne l'empêche pas d'être pratiqué dans tous les pays d'Europe et même en France.

Par une curieuse bizarrerie, le mot « Mopse », qui, dans la pratique du rite, s'applique aussi bien aux Frères qu'aux Sœurs, sert, dans les Loges françaises, à désigner uniquement la Maçonne qui est l'objet des sympathies soutenues d'un Maçon. Quand, à une fête d'Atelier d'Adoption, on voit arriver un Frère accom pagné d'une Sœur auprès de laquelle il s'est montré assidu, lors des fêtes précédentes, on dit : « Voici le Frère Untel *avec sa Mopse.* »

Dans le vocabulaire des expressions maçonniques, usitées en France, qui figure à la fin du Rituel du grade de Maître, par le F∴ Ragon, édition sacrée, on lit cette courte explication :

« MOPSE. Épouse d'un Franc-Maçon. Rite. »

Si l'on considère que la secte s'est fait une règle de changer le sens des mots, afin de dérouter les personnes non initiées, il faut entendre par *épouse*, non la femme légitime qu'un Frère peut avoir dans le monde profane, mais bien sa compagne préférée aux Amusements Mystérieux, c'est-à-dire son *épouse maçonnique.*

Le Rite des Mopses fut créé à la suite d'une bulle du pape Clément XII. Ce souverain pontife, le 24 avril 1738, excommunia les Francs-Maçons. Plusieurs princes catholiques interdirent alors la secte dans leurs états ; en Autriche et en Allemagne surtout, les Loges furent fermées dans toutes les villes.

Plusieurs secrets des Maçons avaient été révélés ; on savait notamment que, dans les hauts grades, les Frères Trois-Points rendaient un culte au Baphomet des Templiers.

Le Baphomet, on ne l'ignore pas, est une idole grossière représentant un bouc ayant des mamelles de femme, de grandes ailes noires et d'autres attributs. Les Maçons disent que ce symbole, objet de leur vénération, figure le dieu Nature : cette idole horrible est en effet l'emblème de la nature, telle que la secte la définit et l'explique à sa manière ; mais elle est en même temps l'emblème dissimulé de Satan, à qui les sectaires maintiennent le nom de Lucifer, après l'avoir appelé Eblis (*diabolos*, diable) dans la légende de la mort d'Hiram.

C'est pourquoi, les Maçons, se souciant peu de l'excommunication du pape, mais ne voulant pas donner prise à de nouvelles interdictions de la part des princes, transformèrent une partie de leur rite en Autriche et en Allemagne. Le 22 septembre 1738, cinq mois après la bulle de Clément XII, l'Ordre des Mopses était fondé à Vienne; les Loges se rouvraient partout en secret sous le nom de Sociétés des Amis Fidèles; et, au bouc hideux des hauts grades, on substituait un chien ignoble, portant la queue retroussée.

Le mot allemand *mopse* ne veut pas dire autre chose que: doguin. C'est notre carlin, une des plus malpropres variétés du bouledogue. Le terme est passé, du reste, dans la langue française; quoiqu'il soit peu usité, on le trouve dans les dictionnaires.

De l'Allemagne et de l'Autriche, le Rite des Mopses se répandit promptement dans notre pays, ainsi qu'en Bavière, en Hollande et dans les Flandres.

A raison des difficultés du moment, les sectaires ne cherchèrent guère alors à faire des prosélytes au rite nouveau; l'important pour eux était de rétablir leurs réunions mystérieuses, que le Vatican avait interrompues en donnant aux princes le signal d'alarme. Aussi, fallait-il être depuis longtemps Maçon ou Maçonne pour être admis aux secrets des Mopses.

Telle est l'origine de ce rite.

Lorsque les Loges purent plus tard se rouvrir, l'Ordre des Mopses devint un grade androgyne, et il est demeuré tel; il faut, pour le recevoir, être pourvu des trois premiers degrés symboliques.

Voyons donc en quoi consiste ce rite en un seul grade; il montre bien combien est profond l'abîme d'avilissement où le culte du Grand Architecte précipite ses fidèles des deux sexes.

Je vais, pour cette divulgation, suivre, page par page,

le rituel, — le dernier rituel des Mopses, imprimé en français, avec la date de 1861.

Au milieu du temple maçonnique, sur les dalles du sol, se trouve le Tableau de la Loge, qui doit être tracé chaque fois à la craie. « On trace un cercle sur un carré, dont un des angles est tourné vers l'Orient. Une bougie à chaque coin indique les points cardinaux. Un doguin, la tête tournée vers l'Orient, la queue retroussée. A droite, une colonne, représentant la fidélité ; sa base figure la sincérité. A gauche, une autre colonne, représentant l'amitié ; sa base figure la constance. Le pavé mosaïque, sur lequel sont posées ces colonnes, est semé de cœurs, unis ensemble par le lien du plaisir, qui prend naissance dans le vase de la raison. Une porte triomphale est en avant du palais de l'amour, placé à l'Orient ; la cheminée de ce palais s'appelle l'éternité. »

La Loge est présidée par un Frère et une Sœur, siégeant ensemble à l'Orient, et portant les titres de Grand Maître et de Grande Maîtresse ; ce sont les deux Grands Mopses de l'Atelier. Il y a des Officiers et des Officières, comme dans les autres grades de la Maçonnerie d'Adoption.

Au lieu d'un maillet, le Grand Maître Mopse, le Mopse Inspecteur et le Mopse Dépositaire sont munis d'un sifflet ; ils sifflent, pour donner leurs ordres à la Loge.

Au lieu de frapper à la porte du temple, pour se faire donner l'entrer par le Mopse Couvreur, on gratte trois fois et l'on pousse un hurlement à la manière des chiens.

Quand tout est prêt pour l'initiation d'une Sœur Maçonne ayant demandé formellement et par écrit à recevoir le grade de Mopse, un Maître des Cérémonies sort du temple et va chercher la récipiendaire qui attend dans la Chambre des Réflexions. Ce Maître des Cérémonies est le conducteur de la postulante pendant les épreuves ; on le nomme : le Fidèle.

Le Fidèle met aux mains de la récipiendaire une chaînette d'acier et au cou un collier de cuivre. Il lui bande les yeux. Après quoi, il la conduit à la porte du temple. On gratte, on hurle, et l'introduction a lieu.

Le Fidèle, tenant la candidate par la main, lui fait faire neuf fois le tour de la salle. Pendant cette promenade, les Frères et Sœurs Mopses sont debout, environnant le tracé du Tableau de la Loge, et ils font un vacarme discordant en froissant des épées, en secouant des chaînes et en frappant le sol avec des bâtons ; quelques-uns des assistants crient d'une voix lugubre et sur tous les tons : *Memento mori !* (Souviens-toi qu'il faut mourir.)

Lorsque la candidate est arrivée à l'occident, son voyage terminé, le Grand Maître donne trois vigoureux coups de sifflet, et le silence se rétablit aussitôt.

Le Grand Maître, au Mopse Inspecteur (Premier Surveillant). — Frère Inspecteur, que signifie ce bruit que je viens d'entendre ?

Le Mopse Inspecteur. — Grand Maître, ce bruit provient de ce qu'il vient d'entrer ici une chienne qui n'est pas Mopse et que les Mopses veulent mordre.

Le Grand Maître. — Demandez-lui ce qu'elle veut.

Le Mopse Inspecteur, au Conducteur. — Fidèle, le Maître demande ce que veut la chienne que vous accompagnez.

Le Fidèle. — Elle veut devenir Mopse.

Le Mopse Inspecteur, au Grand Maître. — Le Fidèle qui accompagne cette chienne affirme, Vénérable Grand Maître, qu'elle veut devenir Mopse.

Le Grand Maître. — Je ne m'y oppose pas, cher

Frère Inspecteur; mais comment pourra se faire cette métamorphose ?

Le Mopse Inspecteur. — Il est nécessaire, Grand Maître, que cette chienne consente à se joindre à nous.

Le Grand Maître. — Eh bien, demandez-lui donc si elle a peur du diable.

Le Mopse Inspecteur, au Conducteur. — Fidèle, demandez à la chienne que vous accompagnez si le diable lui fait peur.

Le Fidèle, à la postulante. — Voyons, répondez; avez-vous peur du diable ?

Réponse de la postulante. Qu'elle dise oui ou non, les épreuves continuent.

Le Mopse Inspecteur transmet au Grand Maître la réponse de la récipiendaire.

Le Grand Maître. — Voyez à présent, Frère Inspecteur, si cette chienne a ce qu'il faut avoir pour être Mopse.

Le Mopse Inspecteur se transporte auprès de la récipiendaire et l'invite à montrer sa langue, à la tirer autant que possible. Si elle s'y refuse, elle n'est point reçue. Si elle obéit, le Mopse Inspecteur prend la langue de la postulante avec les doigts, l'examine, comme s'il s'agissait d'un langueyage (*sic*, dans le rituel); il parle même de la marquer d'un fer chaud, pour effrayer la récipiendaire.

Le Mopse Inspecteur, après l'examen. — Grand Maître, cette chienne possède la qualité requise pour devenir Mopse.

Le Grand Maître. — Fort bien. Il ne nous reste plus alors qu'à lui faire subir la dernière épreuve. Posez à cette chienne la question que vous savez.

Le Frère Inspecteur s'approche de la récipiendaire et lui demande brusquement si elle accepte d'embrasser le derrière d'un chien mopse ou celui du Grand Maître, à son choix (1).

Alors, il s'élève une altercation, dont s'amuse l'assemblée. Mais, de gré ou de force, on applique sur la bouche de la postulante le derrière du Mopse, qui est un petit mannequin de chien recouvert de soie.

Puis, la néophyte est admise à prêter son obligation de ne point révéler les secrets des Mopses. Et devinez sur quel autel la Sœur Maçonne prête ce serment... On la fait jurer, en étendant la main droite, sur une table de toilette, garnie de ses accessoires.

Après la consécration de la néophyte et les aboiements d'éloquence du Mopse Orateur, on récite le catéchisme du grade, lequel est très court.

D. Êtes-vous Mopse? — R. Je ne l'étais pas, il y a trente ans.

D. Qu'étiez-vous donc, il y a trente ans? — R. J'étais une chienne, mais pas une chienne domestique.

D. Quand êtes-vous devenue Mopse? — R. Lorsque

---

(1) Je n'invente rien. Cette dégoûtante question est en toutes lettres dans le rituel de la Maçonnerie d'Adoption ou Franc-Maçonnerie des Dames. Ce rituel, imprimé en 1861, édité à Paris, figurait encore en 1885 sur le Catalogue de la librairie officielle maçonnique établie au siège du Rite Écossais, rue Jean-Jacques-Rousseau ; il est intitulé *Manuel complet de la Maçonnerie d'Adoption ou Maçonnerie des Dames* et est remis, moyennant une contribution de 4 francs, aux Vénérables et Orateurs des Loges androgynes. Au surplus, tout le monde pourra vérifier l'exactitude de ce que je rapporte ; un exemplaire de ce Manuel existe à la Bibliothèque Nationale ; on trouvera, aux pages 125 et suivantes, les détails de l'initiation au grade de Mopse, et l'on constatera que le rituel emploie même les termes les plus malpropres. C'est tellement ignoble que j'ai dû adoucir les expressions employées par ces sectaires obscènes.

mon conducteur se mit à gratter et à hurler à la porte.

D. Comment marchent les Mopses ? — R. On les tire par la chaîne, de l'Occident à l'Orient.

D. D'où vient le vent ? — R. De l'Orient.

D. Quelle heure est-il ? — R. Il est bonne heure.

La séance est ensuite fermée.

On initie un Maçon au grade de Mopse, avec le même cérémonial que celui usité pour une initiation de Maçonne. Seulement, les dialogues ont lieu entre la Grande Maîtresse, la Sœur Inspectrice Mopse et une Fidèle (la conductrice) ; il est, en outre, question de chienne et de Grande Maîtresse, partout où, dans une réception féminine, il est question de chien et de Grand Maître. Enfin, le serment de Frère Mopse se prête sur une épée, et le néophyte jure, non seulement de ne point révéler les secrets du grade, mais encore de défendre ses Sœurs Mopses.

Voici les secrets de ce rite répugnant :

Ordre. On se met à l'ordre en portant la main droite ouverte sur le cœur, mais sans former l'équerre.

Signe de reconnaissance. Les Mopses, pour se reconnaître, font, entre eux, une grimace aussi vile que ridicule. Je la copie textuellement dans le rituel : « Appuyer le doigt médius de la main droite sur le bout du nez, le pouce sous le menton, l'index et l'annulaire sur les coins de la bouche, le petit doigt tendu et écarté, et faire sortir le bout de la langue par le côté droit de la bouche entre l'index et le médius. »

Mot Sacré. MUR. On prononce : *Mour.*

Banquets des Mopses. Pour commander l'exercice des toasts et des libations, le Grand Maître, après un coup de sifflet, dit : « Versez, Mopses !.... Avez-vous versé, Mopses ?.... Surveillants, Étrangers et Étrangères, Officiers et Officières, Nouveaux Reçus et Nouvelles Reçues,

Frères et Sœurs Mopses, la santé que nous allons boire est celle de N..... » On prend le verre entre le pouce et l'index, le petit doigt sous le verre, les deux autres doigts étendus ; on porte le verre aux lèvres, on goûte le vin d'abord, et on le boit ensuite d'un trait ; on pose le verre en le renversant sur une petite assiette. On se lève pour chaque libation, et on s'assied aussitôt après.

Questions d'Ordre. A un Frère Mopse, on demande : « Pourquoi portez-vous l'épée ? » Il répond : « Pour défendre mon pampre et protéger ma rose. » A une Sœur Mopse, on demande : « Savez-vous effeuiller les roses ? » Elle répond : « Aussi les pampres. »

Les rituels de Mopses, imprimés en Allemagne et en Hollande, sont beaucoup plus détaillés que ceux imprimés en France ; ils contiennent des horreurs dont on ne peut se faire une idée.

RITE DES FEUILLANTES

OU DAMES PHILÉIDÉS

L'idée-mère de ce rite a été inspirée par l'Ordre des Mopses ; ses tendances sont les mêmes. Peu de succès, sauf en Bretagne. Le Rite des Feuillantes a été pratiqué, particulièrement, par les Ateliers Maçonniques de Rennes ; mais il a été ensuite abandonné.

Voici néanmoins quelques-uns de ses secrets :

Ordre. On se met à l'ordre en élevant les mains à la hauteur de l'œil, la paume tournée en haut, les cinq doigts joints.

Attouchement. On se prend mutuellement, entre

Frère et Sœur, les deux mains, en entrelaçant les doigts, et on se chatouille ainsi à trois reprises.

Question d'Ordre. D. Avez-vous effeuillé les roses ? — R. Aussi les pampres.

RITE DE LA FÉLICITÉ

Bien que ce rite n'offre qu'un intérêt relatif, il n'est pas mauvais de lui consacrer ici quelques pages, à raison de ce qu'il est d'origine française et, en quelque sorte, le père du Rite Moderne d'Adoption.

Le Rite de la Félicité ou des Félicitaires se compose de quatre grades : 1er degré, *Mousse ;* 2e degré, *Patron ;* 3e degré, *Chef d'Escadre ;* 4e degré, *Vice-Amiral.*

Les emblèmes et le vocabulaire sont nautiques.

La Loge s'appelle *Escadre ;* la ville où se trouve une Escadre est une *Rade.* Il y a quatre Officiers à la tête de chaque Escadre ; le Chef d'Escadre, le Grand Sondeur, l'Inspecteur et le Chérubin (ces deux derniers sont les Surveillants).

Les Sœurs effectuent censément le voyage de l'Ile de la Félicité, sous le voile des Frères et pilotées par eux. Mille polissonneries sont abritées par cette fiction.

Tout récipiendaire s'engage par serment à garder le secret sur le cérémonial qui accompagne l'initiation. En outre, le candidat Maçon jure « de ne jamais entreprendre le mouillage dans aucun port où déjà se trouve à l'ancre un des vaisseaux de l'Ordre ; » la candidate Maçonne, de son côté, jure « de ne jamais recevoir un vaisseau étranger dans son port, tant qu'un vaisseau de l'Ordre y est à l'ancre. » Ces serments de demi-fidélité, quoiqu'il s'agisse d'une fidélité très provisoire, ont beaucoup nui au succès de ce rite ; car, dans les Loges d'Adoption, les Frères Maçons pratiquent sans vergogne la communauté des Sœurs Maçonnes, en vertu du grand principe de l'amitié maçonnique, c'est-à-dire de l'amour réglé par la sagesse. Papillonner de l'une à l'autre Sœur sans s'attacher à aucune, et réciproquement, flirter avec n'importe quel Frère en mettant sous pied toute préférence, c'est là ce que la Maçonnerie appelle gravement « l'art de savoir vaincre ses passions. »

Le Rite des Félicitaires est donc moins « mormon » que le Rite Moderne d'Adoption ; il convient de lui rendre cette justice.

Quand il s'agit d'initier une Sœur et de recevoir son serment, le président de la Loge fait asseoir la postulante à sa place et se met à ses genoux pendant la formalité de l'obligation. On n'est pas plus galant.

Le Mousse

Pour être reçu à bord (entrer en Loge), on frappe deux coups. Tout visiteur, avant d'être introduit, est examiné, tuilé et questionné sur les planches de son vaisseau.

Trois qualités essentielles sont exigées de toute personne aspirant à l'initiation : « de l'agrément dans l'esprit, de la douceur dans le caractère, et des talents pour le service de la mer. »

Signe de reconnaissance. On porte la main droite ouverte au bout de l'oreille droite. En réponse à ce signe, on laisse tomber le bras droit le long de la cuisse.

Cordon. Grand ruban de soie verte. On l'appelle

« cable ». Il est le même pour tous les grades du rite.

Bijou de l'Ordre. Une petite ancre d'argent, portée à la boutonnière. Ce bijou est le même pour tous les grades du rite.

Mot Sacré. Il est double. L'un dit : CHALOM. L'autre répond : LÉKAH. Ce mot signifie, d'après le rituel : « sommeil ambulant ».

On explique encore ainsi le mot sacré de Mousse, en manière d'acrostiche :

C èdre......... 1re planche du vaisseau.
H être......... 2e planche du vaisseau.
A mandier..... 3e planche du vaisseau.
L aurier....... 4e planche du vaisseau.
O ranger....... 5e planche du vaisseau.
M ûrier........ 6e planche du vaisseau.

L iège......... 1re planche de la frégate.
E rable........ 2e planche de la frégate.
K ermès....... 3e planche de la frégate.
A bricotier.... 4e planche de la frégate.
H oublon...... 5e planche de la frégate.

Les admissions dans l'Ordre des Félicitaires ne se font qu'à l'unanimité de l'Escadre. La boîte du scrutin, fermée à clef, est remise, après avoir circulé, au récipiendaire, qui l'ouvre lui-même et juge de son sort ; car une seule boule noire suffit pour l'exclure. Quand le scrutin ne contient que des boules blanches, toute l'Escadre bat des mains et embrasse le ou la néophyte.

Le Patron

Signe de reconnaissance. On se frotte le sourcil droit avec l'index droit. En réponse, on se frotte le dessous du nez avec l'index droit.

Mot Sacré. Le voici, tel que le cahier du grade le

donne, en manière d'acrostiche; les J sont mis pour figurer des I.

F enouil .... 1re fleur du jardin d'Eden.

E glantier... 2e fleur du jardin d'Eden.

L ys........ 3e fleur du jardin d'Eden.

J onquille .. 4e fleur du jardin d'Eden.

C oquelicot . 5e fleur du jardin d'Eden.

J asmin .... 6e fleur du jardin d'Eden.

T ubéreuse.. 7e fleur du jardin d'Eden.

A maranthe . 8e fleur du jardin d'Eden.

S ouci...... 9e fleur du jardin d'Eden.

Le mot sacré de Patron est donc : FELICITAS, nom du rite, traduit en latin.

Le Chef d'Escadre

Signe de reconnaissance. Voici comment, à ce grade, les Frères et Sœurs se reconnaissent entre eux:

Le Frère Maçon Félicitaire se campe devant la Sœur les mains dans les poches, les bras bien déployés.

Alors, la Sœur Maçonne Félicitaire ouvre la bouche à demi, approche la langue au bord des lèvres et la remue un peu, en regardant tendrement le Frère.

Mot Sacré. Il m'est impossible d'imprimer le mot sacré du 3e degré du Rite de la Félicité. Tout ce que je puis dire, c'est que c'est l'infinitif d'un verbe en six lettres appartenant au langage le plus vil et le plus obscène. On le trouve à la manière du mot sacré de quatre lettres des Rose-Croix, lequel est figuré par ces mots: « Igne natura renovatur integra ». De même, le mot sacré de chef d'Escadre est figuré par les six fleurs suivantes: « Fenouil, Oranger, Ulmaire (vulgairement: la reine des prés), Tournesol, Renoncule, Epine-vinette. »

Au sujet de ce mot sacré, le rituel des Félicitaires dit:

« Ce mot, prononcé nautiquement, n'a pas besoin d'explication. »

Nous le croyons sans peine; il est assez ignoble!

Le Vice-Amiral

Signe de reconnaissance. Il consiste dans un salut appelé «coup de rame». On porte la main droite sur l'estomac, puis en avant, en traçant un demi-cercle, et on avance la jambe.

On répond à ce signe par le «salut du chapeau», qui se fait ainsi : on porte son chapeau sur l'estomac, on le balance deux fois perpendiculairement, et on le remet ensuite sur la tête.

Attouchement. On se prend mutuellement la main droite, et on s'en gratte légèrement l'intérieur avec l'index, l'un à l'autre.

Mot Sacré. Il est double. L'un dit : MASEL. L'autre répond : ÉROUACH. Ce mot a une traduction : *Masel* signifie *parabole*, *proverbe*, et *Erouach* signifie *souffle*, *esprit*.

En outre, le cahier du grade donne, en manière d'acrostiche, ce double mot sacré, comme ceci :

M ars.......	représenté par un javelot.
A mour.....	représenté par un carquois.
S aturne....	représenté par une faulx.
E ole.......	représenté par un nuage.
L ares......	représenté par un foyer.
E rigone....	représentée par une grappe de raisin.
R hée.......	représentée par une sphère terrestre.
O rithie.....	représentée par Borée, figure du vent.
U ranie.....	représentée par une étoile.
A strée.....	représentée par une balance.
C alliope...	représentée par une lyre.
H ébé......	représentée par une coupe.

Banquets Félicitaires. La bouteille s'y nomme «dame-jeanne», et le verre, «jarre».

La manœuvre des santés et libations s'exécute ainsi :

Présenter le verre, comme pour choquer, l'index levé; le baisser, comme pour y verser du vin; le retirer sur l'estomac; le balancer deux fois perpendiculairement, et le vider.

Le Rite de la Félicité est pratiqué aux Etats-Unis d'Amérique, sous le nom de *Rite du Vaisseau*.

Une imitation française de ce rite, provenant d'une rivalité de Loges, a existé pendant quelques années sous le nom de *Chevaliers et Chevalières de l'Ancre*.

RITE DES FENDEURS ET FENDEUSES

Les *Fendeuses du Devoir* ne sont que les comparses de la Maçonnerie Forestière, c'est-à-dire les Sœurs des Carbonari.

Elles ne sont pas appelées Sœurs, mais Cousines.

La récipiendaire est une « Briquette ».

Le cérémonial pour l'initiation des Cousines est le même que celui usité dans les admissions de Carbonari. Ce cérémonial a été indiqué au chapitre IX de l'ouvrage *Le Culte du Grand Architecte;* le lecteur est donc prié de s'y reporter.

Toutefois, il est bon de dire que les Cousines Fendeuses n'exercent aucune action politique, comme on pourrait le croire. Elles ne servent qu'à « embellir » les banquets de la Maçonnerie Forestière.

RITE DE LA PERSÉVÉRANCE

Ce rite ne peut être noté ici que pour mémoire. Il n'est plus pratiqué aujourd'hui, du moins en France.

Son origine est polonaise.

Sa devise est: «Nous persévérons dans la droiture! — Amitié! Vertu! Bienfaisance! — Loyauté! Courage! Discrétion!»

Ce rite a joué un certain rôle dans les événements qui ont préparé la Révolution. Il ressemble en quelques points au Rite Moderne.

RITE DES CHEVALIERS

ET DES NYMPHES DE LA ROSE

Le Rite des Chevaliers et Nymphes de la Rose, comme celui des Mopses, ne comporte qu'un seul grade.

La salle des séances, où se font les réceptions, se nomme le Temple de l'Amour. Les murs, ornés de guirlandes de fleurs, sont chargés d'écussons portant en peinture des emblèmes et des devises érotiques.

L'assemblée est présidée par deux Officiers de sexe différent. Le président porte le titre d'Hiérophante, et la présidente, celui de Grande Prêtresse.

Un Chevalier, ayant le titre de Frère Sentiment, et une Nymphe, ayant le titre de Sœur Discrétion, remplissent les fonctions d'introducteurs et aident l'Hiérophante et la Grande Prêtresse dans l'accomplissement des réceptions.

Tous les assistants se qualifient de Frères et de Sœurs.

Les Maçons de ce rite portent en Loge une couronne de myrte; les Maçonnes, une couronne de roses. L'Hiérophante et la Grande Prêtresse sont décorés, en outre, d'un large ruban rose, sur lequel sont brodés deux colombes au centre d'une couronne de myrte.

« L'amour et le mystère, est-il dit dans le rituel de l'Ordre, sont le but principal des Chevaliers et Nymphes de la Rose. »

Au moment où les réceptions ont lieu, la salle n'est éclairée que par une lanterne sourde, tenue à la main par la Sœur Discrétion. Les réceptions achevées, le temple étincelle de la clarté de très nombreuses lumières.

Voici, brièvement, comment s'opèrent les initiations:

Le Frère Sentiment, s'il s'agit d'initier un Chevalier, et la Sœur Discrétion, si c'est une Nymphe qu'on reçoit, dépouillent les récipiendaires de leurs bijoux, diamants, porte-monnaie et armes, leur bandent les yeux, les chargent de chaînes en fer-blanc, et les conduisent à la porte du Temple de l'Amour, à laquelle on frappe deux coups.

Sur l'ordre de l'Hiérophante et de la Grande Prêtresse, le Frère Sentiment et la Sœur Discrétion introduisent les postulants et postulantes.

On leur demande leur nom, leur nationalité, leur profession, enfin ce qu'ils cherchent:

A cette dernière question ils doivent répondre:

— Je cherche le bonheur.

On leur demande encore:

— Quel âge avez-vous?

Ils doivent répondre :

— (Si c'est un Chevalier:) J'ai l'âge d'aimer.

— (Si c'est une Nymphe:) J'ai l'âge de plaire et d'aimer.

Les récipiendaires sont ensuite interrogés sur leurs sentiments particuliers, leurs préjugés, leur conduite en matière de galanterie (*sic*), etc.

Après leurs réponses, l'Hiérophante et la Grande Prêtresse ordonnent que les chaînes dont les postulants et postulantes sont chargés soient brisées et remplacées par celles de l'amour.

Alors, des guirlandes de fleurs succèdent aux chaînes de fer-blanc.

Les récipiendaires ainsi enguirlandés, l'Hiérophante et la Grande Prêtresse ordonnent qu'on leur fasse faire le premier voyage.

Le Frère Sentiment leur fait parcourir un chemin tracé par des nœuds d'amour (*sic*), qui part du trône occupé par la Grande Prêtresse et vient aboutir, à l'autre extrémité de la salle, à la place occupée par le Frère Sentiment et la Sœur Discrétion.

Le second voyage est ensuite ordonné, et il s'effectue en suivant la même route, mais en sens contraire.

S'il y a des aspirantes Nymphes parmi les récipiendaires, c'est la Sœur Discrétion qui les conduit, leur ayant voilé les yeux, comme le Frère Sentiment aux aspirants Chevaliers.

Ces deux voyages terminés, les récipiendaires s'approchent de l'Autel de l'Amour et s'engagent par le serment suivant:

«Je promets et jure, au nom du Grand Architecte de l'Univers, dont le pouvoir se renouvelle sans cesse par le plaisir, son plus doux ouvrage, de ne jamais révéler les secrets du Rite des Chevaliers et Nymphes de la

Rose. Si je viens à manquer à mes serments, que le mystère n'ajoute rien à mes plaisirs! qu'au lieu des roses du bonheur, je ne trouve jamais plus que les épines du repentir! »

Ce serment prononcé, l'Hiérophante et la Grande Prêtresse ordonnent que les néophytes soient conduits, chacun à part, dans un des Bosquets du Mystère qui avoisinent le Temple de l'Amour.

On entend par Bosquets du Mystère de petites pièces faisant partie du local maçonnique et aménagées en boudoirs pour la circonstance.

Chaque aspirante Nymphe, conduite dans un de ces Bosquets, reçoit une rose, et un Chevalier vient ensuite lui tenir compagnie pendant quelques instants. Chaque aspirant Chevalier est pourvu d'une couronne de myrte et reçoit, dans le Bosquet du Mystère, la visite d'une Nymphe.

Pendant ce temps, un orchestre nombreux exécute des airs tendres, mais avec des sourdines.

Au sortir des Bosquets du Mystère, on ramène les récipiendaires au pied de l'Autel de l'Amour; là, on brûle des parfums en l'honneur de Vénus et de Cupidon.

Les Chevaliers et les Nymphes échangent entre eux, en s'embrassant, leurs couronnes de roses et de myrtes

L'Hiérophante lit des vers à la louange du Dieu du Mystère.

Après quoi, il fait enlever les bandeaux qui ont couvert les yeux des récipiendaires pendant toute la cérémonie. Une musique mélodieuse se fait entendre, et, tandis que ses accords remplissent la salle, l'Hiérophante et la Grande Prêtresse donnent aux néophytes la communication des signes secrets de reconnaissance du rite, qui, tous, se rapportent à l'amour et au mystère.

A la fin du *Manuel de la Maçonnerie d'Adoption*, imprimé en 1861, on lit ces lignes:

« OBSERVATION. Les sociétés androgynes, surtout celle des Félicitaires et celle des Chevaliers et Nymphes de la Rose, malgré leur apparence frivole, ont été un agent très puissant pour propager la Maçonnerie d'Adoption et semer dans les esprits le germe des principes maçonniques d'égalité. »

Pas de commentaire, n'est-ce pas?

RITE DES AMANTS DU PLAISIR

Ce rite ne comporte qu'un grade; celui des Chevaliers et Dames Philochoréites (Amants du Plaisir).

Les Loges s'appellent Cercles.

Les titres des Officiers sont ceux-ci : Chevaliers des Nœuds (c'est le président), Chevalier du Défi d'Amour, Chevalier d'Amitié, Chevalier Nocturne, Chevalier de la Grenade, Chevalier Discret, Chevalier du Miroir, etc.

Les Chevaliers sont divisés par Légions ou Cohortes; chaque Légion a son étendard.

Chaque Cercle renferme autant de Légions de Dames que de Légions de Chevaliers.

Les formules de la réception ne sont, comme dans le rite précédent, que des galanteries d'un goût douteux.

Les Amants du Plaisir, tant les Chevaliers que les Dames, portent, en sautoir, un large ruban blanc moiré, avec liseré rose, sur lequel sont brodés les emblèmes et devises de l'Ordre. A l'extrémité de ce cordon pend le bijou du rite.

Pour le Chevalier des Nœuds, président de Cercle,

le bijou représente deux épées croisées dans une couronne de myrte. Pour les Officiers dignitaires, la même couronne, et, au milieu, les attributs de leurs fonctions. Les simples Chevaliers portent une épée sans couronne; les Dames, une couronne sans épée.

Voici enfin les emblèmes et devises du rite :

Premier emblème. — Un Amour tenant un nœud de rubans. Au-dessous, cette devise: « Le dénouera qui pourra ».

Second emblème. — Un nœud du genre dit las d'amour. Au-dessous, cette devise: « Chaque instant le resserre. »

XII

CLEF DES SYMBOLES SECRETS

DE LA FRANC-MAÇONNERIE

Liste des ouvrages maçonniques officiels, donnant en tout ou en partie, la Clef des Symboles Secrets :

1° *Orthodoxie maçonnique*, par le F.·. Ragon, Vénérable de la Loge Symbolique, Chapitrale et Aréopagite « Les Trinosophes de Bercy. » Paris, 1853.

2° *Cours Philosophique et Interprétatif des Initiations*, par le même. Paris, 1842.

3° *Cours oral de Franc-Maçonnerie Symbolique*, par le F.·. Henri Cauchois, Grand Orateur du Grand Orient de France. Paris, 1863.

4° *Speculative Freemasonry*, par le F.·. Jean Yacker, Grand Maître du Rite Ancien et Primitif. Londres, 1873.

5° *Lexicon of Freemasonry*, par le F.·. Albert-Georges Mackey, Grand Secrétaire du Suprême Conseil de la Juridiction Sud des États-Unis d'Amérique, 1873.

6° *La Maçonnerie Occulte*, suivie de *l'Initiation Hermétique*, par le F.·. Ragon, Vénérable de la Loge Symbolique, Chapitrale et Aréopagite « Les Trinosophes de Bercy. » Paris, 1853.

7° *Acta Latomorum*, par le F.·. Thory. Paris, 1815.

8° *Manuel Maçonnique*, ou *Tuileur de tous les Rites*, par le F.·. Wuillaume. Paris, 1820.

9° *L'Arche Sainte*, guide du Franc-Maçon, destiné à perfectionner l'instruction des récipiendaires à tous les degrés, et contenant l'origine, les principes, la doctrine et l'appréciation des divers Rites, par l'un des auteurs de l'*Histoire philosophique de la Franc-Maçonnerie* (le F.·. Kaufmann). Paris, 1865.

10° *Educacion Elemental Masonica*, par le F.·. Antonio Viriato de Castro. La Havane, 1879.

11° *La Chaîne Symbolique*, origines, développement et tendances de l'idée maçonnique, par le F.·. John Galiffe. Paris, 1852.

12° *Dictionary of Symbolical Masonry*, par le F.·. Georges Olivier, Grand Commandeur du Suprême Conseil d'Angleterre. Londres, 1853.

13° *Signs and Symbols*, par le même. Londres, 1859.

14° *L'Hiérophante*, développement complet des mystères maçonniques, par les FF.·. Marconis et Mouttet. Paris, 1840.

15° *Histoire Secrète de la Franc-Maçonnerie*, par le F.·. Goffin. Bruxelles, 1863.

16° *Études Historiques et Symboliques sur la Franc-Maçonnerie*, par le F.·. Adolphe Vaillant. Paris, 1860.

17° *Le Mentor des Initiés*, contenant l'instruction développée des 33 grades de la Maçonnerie, par le F.·. Marconis. Paris, 1864.

18° *Le Sanctuaire de Memphis ou Hermès*, développements secrets des mystères maçonniques, par le même. Paris, 1849.

19° *The Ahiman Rezon on Rituals of Freemasonry*. New-York, 1873.

20° *The Rosicrucian and Masonic Ricord*. Londres, 1877-78.

21° *Veritas*, par le F.·. Henry Melville. Londres, 1874.

22° *The Manual of Freemasonry*, par le F.·. Richard Carlile. Londres, 1876.

23° *Lights and Sadow of Freemasonry*, par le F.·. Robert Morris. New-York, 1866.

24° *The Signet of King Salomon*, par le F.·. Charles-Louis Arnold. New-York, 1868.

25° *Storia, Scoppo et Dottrina della Masoneria*. Bologne, 1870.

26° *Allgemeine Kulturgeshichte von der Urzeit bis auf den Gegenwart*, par le F.·. Otto Henne-Am-Rhyn. Leipzig, 1882.

27° *Système de la Génération universelle des êtres*, par le F.·. Stanislas de l'Aulnaye. Paris, 1821.

28° *Del culto d'Isido presso i Romani*, par le F.·. Germain de Gordes. Mantoue, 1807.

29° *Die Hebraïschen Mysterien*, par le F.·. Otto Decius. Leipzig, 1878.

30° *Les Religions de l'Antiquité dans leurs formes symboliques*, par le F.·. Guillaume Creuzer; traduction du F.·. Guignant. Paris, 1841.

31° *History of Freemasonry*, par le F.·. Jacques-Georges Fould. Londres, 1884.

32° *The Masonic Manual*, par le F.·. Jonathas Ashe. Londres, 1870.

33° *The Freemasonry Treasury*, par le F.·. Georges Olivier, Souverain Grand Commandeur du Suprême Conseil d'Angleterre. Londres, 1863.

34° *The New Masonic Trestle-Board*, par le F.·. Charles-Guillaume Moore. Boston, 1872.

35° *Rituel secret de Maître*, manuscrit portant le n° 786 de la collection du Grand Orient de France.

36° *The Book of the Ancient and Accepted Scottish Rite of Freemasonry*, par le F.·. Charles-Thomas Mac-Clenachan, Grand Maître des Cérémonies du Suprême Conseil de la Juridiction Nord des Etats-Unis d'Amérique. New-York, 1873.

37° *Les Origines Humaines*, conférence maçonnique du F.·. Geissler, à la Loge « Humanitas » de Vienne, reproduite par le *Zirkel*, organe de la Franc-Maçonnerie autrichienne. Vienne, 1885.

38° *Diccionario Enciclopedico de la Masoneria*, par le F.·. Luis-Richard Fors. Barcelone, 1884-85

9° *Le Rameau d'or d'Eleusis*, par le F.·. Marconis,

Grand Hiérophante du Rite de Misraïm. Paris, 1860.

40° *The Book of the Lodge*, par le F.·. Georges Olivier, Souverain Commandeur Grand Maître du Suprême Conseil d'Angleterre. Londres, 1867.

41° *The History of Initiation*, par le même. Londres, 1861.

42° *The Traditions of Freemasonry*, par le F.·. Pearson, Grand Maître des Loges Templières des Etats-Unis d'Amérique. New-York, 1870.

43° *Rituel secret de Souverain Grand Inspecteur Général, 33° degré*, manuscrit portant le n° 367 de la collection du Grand Orient de France.

44° *The Mysteries of Freemasonry*, par le F.·. Richard Carlile. Londres, sans date.

45°. *Rituel secret de Rose-Croix*, manuscrit portant le n° 429 de la Collection du Grand Orient de France.

46° *Rituel de Rose-Croix*, par le F.·. Ragon, Vénérable de la Loge Symbolique, Chapitrale et Aréopagite « Les Trinosophes de Bercy ». Paris, 1866.

47° *Rituel de Chevalier Kadosch*, par le même. Paris, 1866.

48° *Bibliotheca Masonica o Instruaçao completa do Franc-Maçon Libre e Aceito*. Paris, 1840.

49° *Ritual de Soberano Gran Inspector Général*, par le F.·. Andreas Viriato de Castro, Souverain Commandeur Grand Maître du Suprême Conseil de Colon. Madrid, 1884.

50° *Rituel développé des 2e et 3e Grades Symboliques*, par le F.·. Charassin. Paris, 1844.

51° *Manual de la Masoneria*, par le F.·. André Cassard. New-York, 1881.

52° *Tableau des Grades Écossais suivant l'ordre général décrété par le Suprême Conseil du 33e degré*, par le F.·. de Grasse-Tilly. Paris, 22 décembre 1804.

53° *Instructions Secrètes des Souverains Grands Inspecteurs Généraux, pour la conduite des Loges, Chapitres et Conseils*, par le F.·. de la Jonquière. Manuscrit portant le n° 43, de la Collection des « La Jonquière Manuscripts » de la Grande Loge d'Edimbourg.

54° *Ritual of Sovereing Grand Inspector Général, 33°, Supreme Council for England and Wales*. Manuscrit de la collection du Suprême Conseil d'Angleterre, siégeant à Londres.

55° *Rituale di Sovrano Grande Inspettore Generale*, par le F.·. Domenico Anghera, Grand Maître de la Maçonnerie Italienne. Rome, 1876.

56° *Dogme et Morale*, discours sur les divers degrés, du 1er au 32e inclusivement, préparés pour les Ateliers de la Juridiction, par le F.·. Albert Pike, Souverain Commandeur Grand Maître du Suprême Conseil de la Juridiction Sud des Etats-Unis d'Amérique. Washington, 1885.

57° *Discours sur le Symbolisme*, par le même. Ouvrage tiré à 150 exmplaires (planches détruites) pour les 33es seuls, Washington, 1885.

58° *Le Livre des Paroles, Sephar H'Debarim*, contenant une explication de la signification vraie des mots des divers degrés depuis le 1er jusqu'au 32e inclusivement, le Nom Ineffable et tous les noms de la Divinité connus et usités en Maçonnerie. Ouvrage tiré à 150 exemplaires pour les 32es et 33es seuls. Washington, 1885.

59° *Ritual of Sovereing Grand Inspector Général*, manuscrit, par le même.

60° *Legenda Magistralia*, à l'usage exclusif des Souverains Grands Inspecteurs Généraux, par le même. Dernière édition secrète. Charleston, 1885.

J'affirme, de la façon la plus nette et la plus expresse, que ce qui va suivre est la vraie Clef des Symboles Secrets de la Franc-Maçonnerie:

Cette instruction mystérieuse, réservée aux membres des hauts grades, est tellement abominable que j'ai dû, pour éviter le danger de sa publication en langue vulgaire, la traduire en latin et ne la mettre ainsi qu'à la portée des personnes ayant fait des études spéciales.

Je mets au défi n'importe quel Franc-Maçon, pourvu au moins du grade de Rose-Croix, de contester l'exactitude de mes révélations, de prouver que, dans les lignes suivantes, une seule virgule a été inventée. Ce défi ne s'adresse pas aux Maçons des grades inférieurs, qui peuvent ne pas avoir soupçonné ces infamies et dont les dénégations seraient par conséquent sans valeur; car c'est seulement dans les Chapitres de Rose-Croix que les voiles du symbolisme commencent à être déchirés.

Mais que les simples Apprentis, Compagnons et Maîtres, connaissant le latin, veuillent bien faire un retour sur eux-mêmes! qu'ils voient à quel abîme ils se laissaient peu à peu entraîner! Puisse l'horreur des secrets auxquels on les préparait les faire reculer d'épouvante et leur donner à comprendre que, dupes (*) jusqu'à ce jour, ils deviendraient maintenant complices, s'ils n'avaient pas le courage de se retirer immédiatement d'une secte aussi honteuse!

(*) Toutefois, il ne faudrait pas conclure, de ce que je dis ici, que tous les Maîtres soient dupes. Dans la masse et hors des naïfs, il y a certainement des Maçons des grades inférieurs qui, grâce à leurs dispositions d'esprit et grâce à leur intelligence, comprennent, sans attendre l'explication donnée aux grades supérieurs, le sens secret des symboles mis sous leurs yeux; c'est de ces Maîtres-là, précisément, qu'on fait des Rose-Croix et des Chevaliers Kadosch.

Au grade de Maître, le sectaire peut commencer à s'expliquer bien des choses. On ne lui parle encore, il est vrai, qu'à demi mot; mais, seul, un esprit complètement borné pourrait ne rien comprendre aux discours à double et triple sens qui lui sont déjà tenus à ce troisième degré.

Il est dit, du reste, dans l'Orthodoxie Maçonnique, *par le F∴ Ragon, page 367: « Il faut une âme libre de préjugés pour parvenir dans le sanctuaire du temple des Maîtres. La lettre G, qui signifie Géométrie et Génération, instruit le Compagnon que la science, aussi bien que la vertu, en est le chemin, et l'Etoile Flamboyante lui fait pressentir qu'une glorieuse récompense sera le fruit de ses travaux.» Et, un peu plus loin, à la même page: « Le Maître apprend des vérités flatteuses et affligeantes que l'on ne peut déposer que dans un cœur discret, ferme et magnanime, vérités qui troubleraient les esprits d'un enfant et d'un jeune homme que l'infortune et la félicité n'ont point encore éprouvés. »*

Donc, si, au grade de Maître, un Maçon peut être encore dupe, il ne l'est qu'à demi, et, bien que ne pouvant franchir que le seuil des Loges, est, en quelque sorte, à demi complice des abominations des Chapitres.

Debet humanum genus permanere. Ergo, nulla magis humana esse potest actio quam ea quâ genus illud renovatur et gignitur, id est copulatio.

Cœterum, hanc solam vere rationabilem vereque logicam significationem continet absconditam absurda ista christiana superstitio. Etenim, christiani quamdam trinitatem mendosè conceptam venerantur. Quos enim si audias, Pater in æternum gignit, Filius in æternum gignitur, et Spiritus Sanctus in æternum Patrem Filio jungit; nihil aliud significare potest trinitatis dogma. Sed apud homines qui humanitatis progressum cupiunt, et intellectum scientiamque habent, qui verò dicuntur *les Maçons*, illa eadem conceptio, eo quod ad naturam reducitur, efficit religionem quamdam verè sanctam et ethicen verè puram. Sexuum conjunctio est *l'Alpha et l'Oméga de la Religion Maçonnique;* nam, eo quod divinitas utriusque sexûs est, copulatio est actio Dei hermaphroditi, qui gignit in æternum Filium suum in æterna voluptate.

Quibus causis, *en Maçonnerie,* omnes symboli sexuum conjunctioni reducuntur.

In initiatione ad gradum *Apprenti*, evolvuntur origo et nativitas Dei-Naturæ, *Grand Tout.*

Ergo, *l'Apprenti*, qui intelligeret quod facit et personam quam sustinet, sciret significationem absconditam istius gradûs esse illam :

Ens nullum est verè incorporale. Fuit semper, etiam à sæculorum principio, generatio et non creatio, *Ordo ab chao.* Duo primordia, id est materia et forma, ignis et aqua, mas et femina, semper duo in uno et unum in duobus, copulantur. Ergo, Deus est utriusque sexûs, hermaphroditus, ex necessitate ipsa, et creatio nihil aliud est quam copulativæ actionis effectus.

Illa quidem initiatio in trino numero unicè vertitur, sic ut significetur genitivum principium esse unum in integritate sua, sed triplex in manifestationibus suis, quæ sunt:

1° Causa, quæ facit, mas;

2° Ratio, quæ patitur, femina;

3° Effectus, qui gignitur, creationis partus.

In gradu dicto *Compagnon*, explanatio adaugetur, sed non planè adhuc divulgatur doctrina, nimius enim fulgor perstringere posset oculos illius qui vix egreditur e societate erroribus imbutâ.

Initiatio secundi gradûs adducit illum qui recipitur ad humani corporis studium: tunc agitur de numero *quinque*, quinque sexuum causâ.

L'Etoile Flamboyante neophyto ostenditur. Quæ stella quinque acumina habet et est simul corporis humani et genitalis principii simulacrum.

Etenim, superius, acumen animo effingit caput, duo alia effingunt tensos lacertos, et inferiora acumina divaricata crura. Littera *G*, quæ significat Generationem, consilio ponitur ubi divaricant crura, ut genitales indicet partes.

Dicunt etiam litteram G significare Geometriam, eo quod *l'Etoile Flamboyante* geometrico modo depingit copulativam actionem. Et sic: vir incubans, reipsà, membrum prominens in medio corporis intendit; procubans mulier, contrà, concavo sinu patet; et coïtus, implicationem virilium cum genitalibus mulieris afferens, depingit stellam quinque acuminibus; quinta linea quæ figuram complet hic est graphidis tantum causâ et necessitate.

Ecce vir: Λ

Ecce mulier: V

Quibus quidem implexis, et linea ducta, ut acumina non juncta jungantur, fit *l'Etoile Flamboyante*.

In origine, in medio stellæ ponebatur non littera G, sed ea tyria littera quæ eamdem habet significationem quam *iod* apud Hebræos, et quæ formâ depingit canales duos seminales et ureteres, qui sunt in membro virili precipuæ partes.

In his verò non tota jacet abscondita initiationis significatio quæ datur in secundo gradu.

L'Apprenti unam templi columnam noscit; *le Compagnon*, duas.

Fulgens columna, aliter columna J, virum indicat, generativum principium; Obscura columna, aliter columna B, indicat feminam, exitiosum principium.

Id est:

Feminæ semen sterile manet, nisi viri accipiat semen cui miscetur copulativâ actione.

Est ergo femina obscuritas, mas autem lumen quod vivificat. Opus ipsum creationis tantum in tertio gradu evolvetur.

Attamen, *le Compagnon* jam noscit vocabula Booz et Jakin, dum *l'Apprenti* unum solum ex his noscit. Jakin id est phallus; Booz, id est uterus.

Simulatur femina nigrâ columnâ, causâque exitiosâ, eo quod hominis semen in utero exceptum, est, ut ita dicant, feminæ semine destructum.

Simulant etiam hanc duplicem causam, virilem et femineam, genitivam et exitiosam, lucidam et tenebrosam, *le Pavé Mosaïque*, albis et nigris scutulis compositus, *le Compas*, Cœli, Solis, virique ignum, et *l'Equerre*, Terræ, Isis, feminæque signum.

Initiatio ad gradum *Maître* signum dat copulationis ipsius, ejusque operis et effectuum.

La Maçonne, in secundo gradu, cognoscit *l'Arbre du Milieu* et *le Maçon*, in tertio gradu, cognoscit *la Chambre du Milieu*, et ex hoc dicitur *la Loge*. Secundus gradus tertio junctus explanat copulationem; nam, *l'Arbre du*

Milieu est phallus, et *la Chambre du Milieu* est uterus.

In tertio gradu, perfectum est triangulum. Ambæ columnæ, virilis et muliebris, inter se coëunt. Virile semen et muliebre mixta putrescunt. Ex quâ corruptione fit fecundatio :

Ex morte nascitur vita.

Nihil faciliùs demonstrari potest.

Phallo in uterum ingresso, utrumque semen corrumpitur; at corruptio nihil aliud est quam mors. Putrefacta autem semina confervescunt; ex quo fervore surgit nova vita; sic mors generat vitam. Ex quâ germinum corruptione nascitur infans.

Jakin, vir, et Booz, femina, moriuntur in Mac-Benac, in corruptione, et fit humanitatis resurrectio. Hic latet tam ingens obscurum naturæ arcanum.

Quod ùt evolvatur arcanum fictâ Hiram *Les Maçons* utuntur historiâ.

Quod evenit in humano genere, evenit etiam in universo mundo.

Sit verbi gratiâ frumenti granum. Granum istud natum ex simili frumenti grano, est simul causa et effectus. Allegoricè, potest haberi modo ut Pater, modo ut Filius. In se genitale habet semen; ergo non solum est Pater et Filius, sed etiam Spiritus vivificans et fructificans. In Terrâ deponitur; et Terra, ipsius Mater, fit ejusdem Conjux, siquidem copulantur. Cujus etiam eadem est Soror; nam, omni fecundatione eamdem naturam requirente, Terra soror est principii in grano inclusi. Vi grani Terræque genitivis viribus conjunctis, granum turgescit, fermentescit et putrescit.

Diversa grani elementa de morte et vita pugnant inter se ; vicit mors, omnis coagmentatio disjungitur, grânum corrumpitur, et « omne consummatum est ». Factâ dissolutione, germen inclusum parvulo quodam involucro, sese expedit, exsurgit, apparet atque vitâ jam fruitur. Statim atque nascitur germen, ipsius pater, granum è vita discedit, grani enim dissolutio ortum et vitam germinis effecerunt.

Sic, *Hiram*, qui figurat humanum genus, moritur tantum ut reviviscat. Humanum genus, quamvis mors obstat, œternum est, quia seminis corruptio muliebris atque virilis novas producit vitas.

Ideo religiosa verè dici potest actio copulativa; coïreque quam sœpissime, nihil aliud est quam verè humano sacerdotio fungi.

Gignere, id est verbi creatoris domui honores tribuere; uterus enim phalli haberi debet templum; *la Chambre du Milieu* tantum creata est ad *l'Arbre du Milieu.*

Ceterum, verè æquè dici potest: quæ sit agentis causæ natura? Spargere. Quæ sit causæ quæ patitur? Colligere et fecundare. Quis sit vir? Est initium, is est qui frangit, arat et serit. Quæ sit femina? Ea est quæ dat formam, jungit, adspergit et metit. Quæ sit sapientia? Utriusque causæ conjunctio. Quid sit humanum officium? Frequens copulationis peractio ut adangeatur novarum vitarum numerus.

Oportet vero copulationem non circumscribi matrimonio, ut credunt catholici, neque celibatu tolli, ut sentiunt sacerdotes, monachi et monachæ. Matrimonium arbitrarium est pactum; cœlibatus ecclesiasticus, vitium et flagitium.

Quævis mulier in promptu habere debet quemvis virum, et quivis vir quamlibet mulierem; in his tantum justitia est.

Quod dicitur incestum ratione approbari potest, et inconsultè vituperatu sexuum in eadem familia conjunctio. Ut extollatur ergo incestum, in gradu dicto *Maître*, æque colitur vocabulum Moabon ac vocabu lum MAC-BENAC. Quod enim vocabulum indicat corruptione procreari vitam, et elegerunt verbum MOABON ut memoriam renovarent filii nati incesto Loth cum filiâ, id est, viri nati conjunctione Solis cum filiâ Terrâ.

Is verè est *Maçon* qui tertii gradûs signa percipit, antequam ipsi evolvantur.

Templum est corporis humani simulacrum. Duæ partes quæ disjunguntur obscuro velo quod scindit *la Loge*, indicant : quæ vergit ad occidentem, obscurâ et unicâ face illustrata, sedem mortis, non fecundati seminis, id est mulieris organum quod ova continet ; quæ vergit ad orientem, splendida fulgensque, idem mulieris organum, postquam ova coïtu fecundata fuerunt, in utero semine viri absorpto.

Quos tenent scapos papyraceos manu *les Surveillants*, ii virile reprœsentant membrum.

Sepulchrum in quo jacet *le Récipiendaire*, ut priùs moriatur et deinde ad vitam revocetur, representat cubile in quo fiunt copulationis mysteria.

In dicta *Maçonnerie d'Adoption*, Noe archa simulat mysticum hunc locum in quo fit humanorum creatio, abditâ viri mulierisque conjunctione.

In gradu dicto *Maîtresse Parfaite*, mallei manubrium, quod introducitur in annulum dictum arcani annulum, significat virile membrum quod in uterum introducitur. Avis in obscuritate mersa simulacrum est phalli continere coacti ; quæ quidem a muliere liberata statim evolat ; et eo quod phallus in æternum renovabitur, mystica avis dicitur *l'Eternel*.

Quibus statutis, *le Maçon*, intelligere debet arcanam significationem omnium vocabulorum quæ videbantur ipsi obscura, omniumque simulacrorum quœ ipsi erant ignota.

Denique, simulacrum gradûs dicti *Rose-Croix* altam profundi arcani naturæ doctrinam totam continet.

La Croix Maçonnique ex duabus fingitur partibus; alia est recta, aliaque transversa, quarum junctione est rosa.

Rectus asser erectum simulat phallum, id est vitam; transversus asser, in statu absolutè adversò, simulat mortem. Asser rectus transversum asserem transfodit; ergo, est perlucidum vitæ superantis mortem simulacrum. Ubi autem fit illa victoria? Duorum asserum conjunctione, ubi jacet rosa, quæ, arcanâ formâ plane idoneum mulieri organum figurat.

Quapropter istùd mirandum gradus *Rose-Croix* simulacrum omninò continet *la Loi Maçonnique* : semper, phallus in uterum introducendus est, ut semper vita mortem superet.

Ista crux est *Stauros des Gnostiques*, simulacrum humani generis, quod veri Dei gratiâ renovatur, adversus invictum et detestabilem suum inimicum.

CONCLUSION

Maintenant, que les honnêtes gens jugent la Franc-Maçonnerie !

Les documents accusateurs, d'une authenticité absolument indiscutable, ont été produits ; les témoins ont déposé devant l'opinion publique ; les pièces de conviction sont là.

On savait, depuis quelque temps, à quoi s'en tenir sur la probité, tant politique que sociale, de la secte ; on connaît à présent ce que vaut sa moralité.

Il me semble, pour conclure, que j'assiste à une séance d'assises, où le jury n'est autre que l'humanité tout entière, avec son immense bigarrure de races, de partis, de religions. La Maçonnerie est au banc des accusés.

Le genre humain rend son verdict.

— Cette secte est scélérate dans la plus complète acception du mot, clame l'universel jury.

— Je la déclare honnête, riposte une voix.

— Cette secte est immonde, crient par millions et milliards les bouches de l'humanité.

— Je la déclare vertueuse, réplique une autre voix.

Un tumulte indescriptible se produit; on se demande en frémissant, comment il peut se trouver deux individus, dans l'espèce humaine, pour affirmer encore la non-culpabilité de la secte accusée.

Enfin le silence se rétablit.

Le président se lève.

— Comment te nommes-tu, interroge-t-il, toi qui proclames la probité de la Franc-Maçonnerie ?

— Je m'appelle Barrabas.

— Et qui es-tu, toi qui proclames la Franc-Maçonnerie vertueuse?

— Je suis Messaline.

TABLE DES MATIÈRES

OUVRAGES

SUR LA

FRANC-MAÇONNERIE

Révélations complètes sur la Franc-Maçonnerie, par **Léo Taxil**, 4 forts volumes in-12 d'environ 450 pages. Prix de chaque volume . . . . 3 fr. 50

1° **Les Frères Trois-Points**, organisation, grades et secrets des Francs-Maçons, 39e édit. 2 beaux vol. in-12 de 430 pages et 460 pages. Prix . . . . 7 fr.

SOMMAIRE DE L'OUVRAGE. — I. *Préliminaires*. 1. But de l'ouvrage. 2. Mes démêlés avec le Grand Orient. — II. *Effectif de la Maçonnerie Universelle.* Nomenclature des Grandes Loges, Suprêmes Conseils et Grands Orients de tous les pays du monde, avec noms et adresses des hauts dignitaires de chaque nation. Chiffres exacts et détaillés des forces de la secte. — III. *Organisation de la Maçonnerie en France.* 1. Rite Français : sa Constitution et ses Règlements. 2. Rite Ecossais ; sa Constitution et ses Règlements. 3. Rite de

Misraïm et Grande Loge Symbolique : aperçu. — IV. *Les Rites et les Grades.* Etude générale et explicative. — V. *Grade d'apprenti.* 1. Comment se pratique l'enrôlement. 2. Epreuves et cérémonial de la réception. 3. Catéchisme d'Apprenti. — VI. *Grade de Compagnon.* 1. Cérémonial de la réception. 2. Catéchisme du Compagnon. — VII. *Grade de Maître.* 1. Cérémonial de la réception. 2. Catéchisme du Maître. 3. Impressions de l'initié Maître. — VIII. *Le Rose-Croix et les Grades Capitulaires.* 1. Les premiers Grades Capitulaires. 2. Le Rose-Croix : sa réception et son Catéchisme. — IX. *Le Chevalier Kadosch et les Grades Philosophiques.* 1. Les premiers Grades Philosophiques. 2. Le Kadosch : sa réception et son Catéchisme. — X. *La Direction Suprême.* 1. La Hiérarchie des Ateliers. 2. Les Grades Supérieurs. 3. L'autorité fictive et l'autorité réelle. — XI. *Les Secrets Maçonniques.* — Divulgation complète des secrets révélés à chacun des 156 grades pratiqués en France. — XII. *Rôle politique et social de la Secte.* 1. La prétendue bienfaisance maçonnique. 2. L'espionnage fraternel. 3. Tripotages politiques de la Maçonnerie. 4. Comment on se débarrasse des gêneurs. 5. Les infamies anti-patriotiques. 6. Les Frères Trois-Points ont-ils des Sœurs? — *Conclusion.* Comment finira la Franc-Maçonnerie.

2° **Le Culte du Grand Architecte,** Solennités des temples maçonniques, Carbonari, juges, philosophes, liste des loges et arrière-loges. — 25e édit. Beau vol. in-12 de 416 pages. Prix . . . . 3 fr. 50

Solennités des temples maçonniques : Consécration d'un Temple; Installation d'un Vénérable; Baptême d'un Louveteau; Reconnaissance Conjugale ou Mariage Maçonnique; Pompe Funèbre Maçonnique; Banquets et Agapes, etc. — *Nomenclature complète des Loges et Arrière-Loges de France :* Adresse des Locaux dans chaque ville; jours et heures des réunions ; noms, adresses et professions civiles des Vénérables et des principaux chefs inconnus de la Maçonnerie française. — *La Maçonnerie Forestière :* Organisation des Carbonari ou Charbonniers Fendeurs, branche politique occulte de la Franc-Maçonnerie. — *Les Juges Philosophes :* Régime secret des Kadosch appelés à la direction des vengeances maçonniques ; leur noviciat ; leurs études spéciales ; leurs mystères. — *L'Argot des Enfants de la Veuve :* Vocabulaire alphabétique et explicatif de tous les mots et expressions qui composent l'argot de la secte. — *La Paperasse dite sacrée :* Reproduction des principaux documents officiels maçonniques. — *Appendice :* Statuts du Rite de Misraïm ; Statuts des Chevaliers Défenseurs de la Maçonnerie universelle.

3° **Les Sœurs Maçonnes** ou Franc-Maçonnerie des dames, 28e édit. Beau vol. in-12 de 400 pages. Prix . . . . 3 fr. 50

Entière divulgation des cérémonies des Loges de Dames. — *Réception aux divers grades :* Les Apprenties, les Compagnonnes, les Maîtresses, les Maîtresses parfaites, les Sublimes Ecossaises ; — les Elues, les Chevalières de la Colombe, les Fendeuses du Devoir, les Nymphes de la Rose, etc. — *Banquets et Spectacles de la Maçonnerie Androgyne :* Les Maçons de Cythère, ou Vénus et ses Enfants reçus membres de la Franc-Maçonnerie ; Principaux Cantiques des Frères Trois-Points et de leurs Sœurs. — *Rites divers de la Maçonnerie des Dames :* Rite Egyptien, Rite du Mont-Thabor, Rites des Feuillantes, Rite de la Félicité, etc. — *Clef des Symboles Secrets de la Maçonnerie.*

Les Mystères de la Franc-Maçonnerie, dévoilés par **Léo Taxil**, beau vol. grand in-8° jésus, orné de plus de 100 magn. dessins par les meilleurs artistes. Prix . . . . 10 fr.

Cet ouvrage, d'une importance capitale, est certainement le plus clair de tous ceux qui ont été publiés sur la Franc-Maçonnerie. Il n'est pas une révélation de l'auteur qui ne soit accompagnée d'un document à l'appui. Dès ses premières divulgations, en 1885, M. Léo Taxil a montré qu'il était armé de toutes pièces, et il l'a si bien établi que pas un Franc-Maçon n'a osé contester l'existence des rituels reproduits dans les *Frères Trois-Points, le Culte du Grand Architecte et les Sœurs Maçonnes*, ni l'exactitude des récits impartiaux de l'auteur. Quelques journaux, inféodés à la Franc-Maçonnerie, ont crié à la trahison ; mais aucun n'a songé un instant à nier ; ils savaient bien qu'en présence d'une lumière aussi éclatante, le moindre démenti ne pouvait être opposé à une publication étayée par les documents les plus authentiques. M. Léo Taxil a donné à cette œuvre une nouvelle forme ; c'est un ouvrage vraiment encyclopédique qu'il écrit au sujet de la Franc-Maçonnerie. Tout est passé en revue, tout est exposé avec une netteté et une précision dont personne n'a approché jusqu'à ce jour. Enfin, ce qui rend cet ouvrage parfait, c'est l'accompagnement du texte par des dessins explicatifs, rendant, d'une manière irréprochable, la physionomie de tous les incidents mystérieux les plus saillants des Loges et Arrière-Loges.

DIVISION DE L'OUVRAGE. — AVANT-PROPOS. — *La Maçonnerie jalouse de ses secrets.*

PREMIÈRE PARTIE. — *Les Loges de la Maçonnerie Bleue.* — I. *La Loge des Apprentis.* — 1. L'enrôlement. — 2. Initiation de l'Apprenti (1er degré). — 3. Catéchisme de l'Apprenti. — 4. Les séances ordinaires. — II. *La Loge des Compagnons.* — 1. L'initiation du Compagnon (2e degré). — 2. Catéchisme des Compagnons. — 3. Les séances ordinaires. — III. *La Chambre du Milieu ou Loge des Maîtres.* —

1. Initiation du Maître (3e degré). — 2. Catéchisme du Maître. — 3. Impressions de l'initié Maître. — 4 Les séances ordinaires. — IV. *Banquets des Loges.* — V. *Ensemble des secrets de la Maçonnerie Bleue.*

DEUXIÈME PARTIE. — *Les Chapitres ou la Maçonnerie Rouge.* — I. *La sélection.* — II. *Le Chapitre des Maîtres Parfaits.* — 1. Le Maître Secret (4e degré). — 2. Le Maître Parfait (5e degré). — 3. Le Secrétaire Intime (6e degré). — 4. Le Prévôt et Juge (7e degré). — 5. L'Intendant des Bâtiments (8e degré). — III. *Le Conseil des Elus ou Grand Chapitre.* — 1. Le Maître Elu des Neuf (9e degré). — 2. L'Illustre Elu des Quinze (10e degré). — 3. Le Sublime Chevalier Elu (11e degré). — IV. *La Voûte de Perfection.* — 1. Le Grand Maître Architecte (12e degré). — 2. Le Royale-Arche (13e degré). — 3. Le Grand Écossais de la Voûte Sacrée (14e degré). — V. *Le Grand Conseil.* — 1. Le Chevalier d'Orient ou de l'Epée (15e degré). — 2. Le Prince de Jérusalem (16e degré). — 3. Le Chevalier d'Orient et d'Occident (17e degré). — VI. *Le Souverain Chapitre.* — 1. Le Rose-Croix (18e degré). — 2. La Cène. — 3. Catéchisme du Rose-Croix. — 4. Les séances ordinaires. — VII. *Banquets des Chapitres.* — 1. Banquets des Élus. — 2. Banquets des Écossais. — 3. Agapes des Rose-Croix. — VIII. *Ensemble des secrets de la Maçonnerie Rouge.*

TROISIÈME PARTIE. — *Les Aréopages ou la Maçonnerie Noire.* — I. *Le Collège ou Conseil du Liban.* — 1. Le Grand Pontife de la Jérusalem céleste (19e degré). — 2. Le Grand Patriarche Vénérable Maître *ad vitam* (20e degré). — 3. Le Chevalier Prussien Noachite (21e degré). — 4 Le Prince du Liban Royale-Arche (22e degré). — II. *La Cour.* — 1 Le Chef du Tabernacle (23e degré). — 2. Le Prince du Tabernacle (24e degré). — 3. Le Chevalier du Serpent d'Airain (25e degré). — 4. Le Prince de Merci (26e degré). — 5. Le Souverain Commandeur du Temple (27e degré). — III. *La*

Grande Loge. — 1. Le Chevalier du Soleil, Prince Adepte (28e degré). — 2. Le Grand Écossais de Saint-André d'Écosse (29e degré). — IV. *L'Aréopage ou Conseil.* — 1. Le Kadosch, ou Grand Élu Chevalier Kadosch, Parfait Initié (30e degré). — 2. Catéchisme du Kadosch. — 3. Les séances ordinaires. — V. *Banquets des Aréopages.* — VI. *Ensemble des secrets de la Maçonnerie Noire.*

QUATRIÈME PARTIE. — *La Direction suprême ou la Maçonnerie Blanche.* — I. *Le Noviciat.* — 1. Les Juges Philosophes Grands Commandeurs Inconnus. — 2. Secrets des Juges Philosophes. — 3. Règlement du régime. — II. *Le Souverain Tribunal.* — 1. L'Inquisiteur Inspecteur Commandeur (31e degré). — 2. La Suprématie judiciaire. — III. *Le Consistoire ou Grand Campement.* — 1. Le Prince de Royal-Secret (32e degré). — 2. La Suprématie Exécutive. — IV. *Le Suprême Conseil.* — 1. Le Souverain Grand Inspecteur Général (33e degré). — 2. La Suprématie Gouvernementale. — V. *L'autorité fictive.* — VI. *Ensemble des secrets de la Maçonnerie Blanche.*

CINQUIÈME PARTIE. — *La Maçonnerie Forestière ou Carbonarisme.* — I. *Hiérarchie des Ventes.* — II. *Les Grades Forestiers.* — 1. L'Apprenti Bon Cousin (1er degré). — 2. Le Maître Bon Cousin (2e degré). — 3. Le Grand Élu Bon Cousin (3e degré). — 4. Le Grand Maître Bon Cousin (4e degré). — 5. Banquets des Ventes. — III. *Les Carbonari à l'œuvre.* — IV. *Ensemble des secrets de la Maçonnerie Forestière.*

SIXIÈME PARTIE. — *Les Sœurs Maçonnes.* — I. *Idée-mère de la Maçonnerie des Dames.* — II. *La Maçonnerie d'adoption.* — 1. L'Apprentie (1er degré). — 2. La Compagnonne (2e degré). — 3. La Maîtresse (3e degré). — 4. La Maîtresse Parfaite (4e degré). — 5. La Sublime Écossaise (5e degré). — III. *La Maçonnerie Palladique.* — 1. L'Ordre des Sept Sages. — 2. L'Ordre du Palladium : l'Adelphe, le Compagnon d'Ulysse et la Compagne de Pénélope. — IV. *Banquets Androgynes.* — V. *Les Amusements Mystérieux.* — VI. *Ensemble des secrets de la Maçonnerie des Dames.*

SEPTIÈME PARTIE. — *La Franc-Maçonnerie dans la Société.* — I. *La Philanthropie Maçonnique.* — II. *La Surveillance Fraternelle.* — III. *Les Francs-Maçons et la Politique.* — IV. *Les Francs-Maçons et la Patrie.* — V. *Les Exécutions Maçonniques.*

HUITIÈME PARTIE. — *Cérémonies diverses.* — I. *Les Solennités d'Atelier.* — 1. Consécration d'un Temple. — 2. Inauguration d'une Loge. — 3. Installation d'un Vénérable. — II. *Les Tenues Blanches.* — 1. Baptême de Louveteaux. — 2. Reconnaissance Conjugale. — 3. Pompes Funèbres maçonniques.

NEUVIÈME PARTIE. — *Rites Maçonniques divers.* — I. *Maçonnerie Masculine.* — 1. Rite d'York ou de Royale-Arche. — 2. Rite d'Hérodom. — 3. Rite Écossais Ancien Réformé. — 4. Rite Écossais Philosophique. — 5. Rite de Zinnendorf. — 6. Rite éclectique. — 7. Rite de Swedenborg. — 8. Rite de Misraïm. — II. *Maçonnerie Androgyne.* — 1. Rite des Écossaisses de Perfection. — 2. Rite Égyptien dit de *Cagliostro.* — 3. Rite du Mont-Thabor. — 4. Rite des Mopses. — 5. Rite des Feuillantes ou Dames Phileides. — 6. Rite de la Félicité. — 7. Rite des Fendeuses du Devoir. — 8. Rite de la Persévérance. — 9. Rite des Chevaliers et Nymphes de la Rose. — 10. Rite des Philochorètes ou Amants du plaisir.

DIXIÈME PARTIE. — *Revue sommaire de la Franc-Maçonnerie : les ancêtres de la secte et la Maçonnerie contemporaine.* — Les Précurseurs : les Gnostiques ; les Ophites ; les Manichéens ; les Albigeois ; les Lucifériens ; les Templiers ; les Ismaëliens ; les Assassins ; les Sociniens ; les Francs-Juges ; les Frères de la Rose-Croix. — La Maçonnerie contemporaine : sa fondation et ses rapides progrès; en Angleterre; en Allemagne; en Autriche; en Belgique; en Hollande; en Danemark; en Suède; en Russie; en Suisse; en Italie; en Espagne; en Portugal; en Amérique; en France.

CONCLUSION.

Le Vatican et les Francs-Maçons, par **Léo Taxil**, ouvrage contenant comme documents tous les actes apostoliques du Saint-Siège contre la Franc-Maçonnerie. — Jolie brochure in-12, de 128 pages. Prix. . . . . 1 fr.

Ce petit volume forme l'appendice des trois grandes publications de M. Léo Taxil. Il y a réuni non seulement toutes les encycliques dirigées exclusivement contre la franc-maçonnerie depuis celle de Clément XII, mais encore les diverses allocutions et encycliques où il est question des Sociétés secrètes. C'est donc le recueil le plus complet de ce genre. L'auteur a joint à chacun de ces actes pontificaux quelques notes historiques sur les Papes qui les ont publiés. Celles consacrées à Clément XII et à Benoît XIV, sont particulièrement intéressantes. A propos de Pie IX, M. Léo Taxil réfute une fois de plus la calomnie lancée par une Loge de Grenoble, d'après laquelle le vénéré pontife avait été reçu Franc-Maçon dans sa jeunesse. Les principaux organes maçonniques ont dû en reconnaître eux-mêmes la fausseté. Mais, comme cette stupide calomnie sera certainement répétée encore bien des fois, il est utile d'en avoir sous la main le dossier complet. (*Polybiblion.*)

La Franc-Maçonnerie dévoilée et expliquée, par **Léo Taxil**, édition populaire résumant les révélations complètes. Fort volume in-18, de 320 p. Prix . . . . 2 fr.

Ce volume est un abrégé fort bien fait des quatre volumes qu'a publiés M. Léo Taxil. Ses extraits sont habilement choisis ; ils sont présentés sous la forme d'un récit complet parfaitement lié et offrent un vif intérêt à la lecture. C'est un excellent livre de propagande. Il convient non seulement au peuple, mais encore aux lecteurs qui n'ont qu'un temps limité pour prendre une connaissance générale de la question de la Franc-Maçonnerie, et qui sont disposés à croire l'auteur en sachant qu'il a publié ailleurs les documents sur lesquels il s'appuie. (*Polybiblion.*)

Cours de Maçonnerie pratique, enseignement supérieur de la Franc-Maçonnerie (rite écossais ancien et accepté), par le Très Puissant Souverain Grand Commandeur d'un des Suprêmes Conseils confédérés à Lausanne. 2 très forts vol. in-12, de plus de 500 pag., ornés de planches explicatives. . . . . 7 fr.

Nous ne saurions trop attirer l'attention sur ce document d'une authenticité absolue. L'auteur, mieux que personne, pouvait juger la Franc-Maçonnerie. Pourvu de tous les degrés, il a passé la plus grande partie de sa vie à compulser tous les ouvrages secrets de la secte.

Malgré les horreurs et la perversité que l'on rencontre à chaque page, nous n'avons pas hésité à publier cet ouvrage capital qui jette un jour tout nouveau sur les doctrines immorales et socialistes de la Secte.

Du reste, rien ne peut mieux prouver l'exactitude et l'authenticité de ce livre, que les articles violents que la *Chaîne d'Union*, l'organe le plus accrédité de la Franc-Maçonnerie française, lui a consacré dans six de ses numéros.

Relevons d'abord quelques aveux.

Le F.·. Hubert, 33e, rédacteur en chef du journal nous dit :

« Il est des ouvrages qui attirent profondément l'attention quoique profondément hostiles, mais ils sont sérieusement écrits et méritent par conséquent d'être lus. Le *cours de maçonnerie pratique* est dans ces conditions... » et plus loin : « Je l'ai dit, et je tiens à le confirmer, c'est un ouvrage SÉRIEUSEMENT écrit, et qui ne doit pas être passé sous silence. »

Le F.·. Albert Pike, Souverain Grand Commandeur du Suprême Conseil de la Juridiction Sud des États-Unis, n'a pu rester dans la réserve où il se renferme d'ordinaire. Les qualifications injurieuses n'ont pas fait défaut. Mais, ce qui l'inquiète le plus, c'est de savoir comment l'auteur a pu se se procurer tous les documents.

La Franc-Maçonnerie sous la 3e République, d'après les discours maçonniques prononcés dans les loges par les FF.·. **Brisson**, Jules **Ferry**, Albert **Ferry, Le Royer, Floquet, Andrieux, Clémenceau**, Emmanuel **Arago, de Hérédia, Caubet**, Anatole **de la Forge**, Paul **Bert, etc.**, par le **F.·. Ad. Leroux, 33e**, Souverain Grand-Inspecteur général. 2e édition, 2 beaux volumes in-12 de plus de 450 pages . . . . 7 fr.

Cet ouvrage, recueil unique de documents indiscutables, est un monument de la haine hypocrite que la Franc-Maçonnerie porte à la religion et à la société. Pris au milieu de mille autres, ils ont été groupés avec soin de manière à faire voir l'unité parfaite qui règne dans tout leur ensemble.

Les orateurs qui ont, en cent occasions diverses, prononcé ces allocutions, dont beaucoup sont parfaitement littéraires, ont tous des noms fort connus en Politique ou en Maçonnerie, ce sont évidemment des Maîtres dont nul ne saurait contester la compétence ou l'autorité.

Le premier volume contient les discours ayant pour objet la campagne religieuse, le second, ceux ayant trait à la campagne politique, que mène la Maçonnerie contre la société.

L'œuvre religieuse, ou pour dire plus vrai, l'œuvre antireligieuse s'ouvre, comme il convient, par des proclamations ou *appels* contre le cléricalisme; on montre ensuite sa mission, sa philosophie, sa théorie, sa morale et son culte; puis enfin on s'étend sur l'enseignement dont elle entend se servir pour propager ses doctrines.

L'œuvre politique est également complète. Le premier chapitre présente d'abord au lecteur la Loge en grande tenue de cérémonie; puis, après connaissance faite, on entend développer le programme politique que doivent suivre les Enfants de la Veuve, raconter l'histoire des temps modernes comme la comprennent les Francs-Maçons, expliquer les principes politiques et les principes sociaux qui dirigent la Maçonnerie; et on la voit enfin joindre la pratique à la théorie et, travailler avec une ardeur et une persévérance dignes d'une meilleure cause, à la réalisation effective du plan qu'ils ont rêvé.

Et cependant ne lit-on pas, en tête de ses règlements des principes :

« *Elle interdit dans ses Ateliers toute discussion politique et religieuse; elle accueille tout profane quelles que soient ses opinions en politique et en religion, pourvu qu'il soit juste et de bonnes mœurs.* »

Mais, à quoi bon insister, relisons avec admiration cet article sublime. (Règl. généraux, art. 22.)

Tout Maçon est nécessairement un homme fidèle à l'honneur, à sa patrie et soumis aux lois.

Ce serait peut-être vrai si on eût affirmé le contraire.

Ce genre de publication, dit le *Polybiblion*, était indispensable pour mettre aux mains des publicistes et des hommes politiques, un véritable arsenal où ils trouveront les meilleures armes pour confondre les sectaires qui sont en train de perdre la France.

6539 Paris. — Imprimerie G. Picquoin, 53, Rue de Lille.

www.ingramcontent.com/pod-product-compliance
Lightning Source LLC
Chambersburg PA
CBHW072012270326
41928CB00009B/1628

* 9 7 8 2 0 1 2 6 2 4 3 6 8 *